信州探検隊

B級スポット　未知への探訪

長野・群馬・新潟・岐阜・山梨・富山

文／写真
日野　東

信濃毎日新聞社

今日からあなたも信州探検隊の一員です！

そもそも探検とは何か。手元にある広辞苑を引くと「未知のものなどを実地に探りしらべること。また、危険を冒して実地を探ること」とある。一方、似た言葉として冒険があるが、こちらは「①危険をおかすこと。②成功のたしかでないことをあえてすること」とあった。つまり単に危険を冒すだけの冒険と違い、探検は調べたり探ったりすることが前提になるため、より知的な行為といえるかもしれない。

明治末期に世界初の南極点到達を目指した陸軍中尉の白瀬矗《のぶ》は、「南極探検家」と称されるが、なぜ冒険家ではなくて探検家なのだろうか。それは、白瀬隊が南極で学術調査や気象観測もしたことによるのだろう。ただ、実際は探検家と冒険家の境界は曖昧で、同じ人でも両方で呼ばれることもあり、ふたつの言葉をどう定義するかによっても違ってくる。

白瀬が南極探検に出かけた頃と違って、現代では、未知の場所はほとんどなくなった。今やインターネット上で世界中の様子を、時にリアルタイムで見ることができる時代である。それでも知られていない場所やモノはたくさん残っているだろうが、確かに昔と比べれば、ロマンはなくなったといえるかもしれない。

しかし、個人レベルでいえば、まだまだ探検は可能だ。自分にとって未知の場所へ行き、実際に目にするとどうなのか確認したり、あるいは疑問に感じた点を調べてみたり……。そこが、容易に行けない場所であろうとなかろうと、これはもう十分に「探検」なのだ。探検は冒険と違って、必ずしも危険を冒さなくてもよいのは前述した通り。探検だからといって、ヘルメットとザイルが必要になるわけではない。

定番の観光地や登山コースに、ちょっと飽きてきたと思っている、みなさん。少し視点を変えて、「定番ではないけれど楽しめる場所やモノ」を探検してみるのはいかがだろうか。ほとんどのことを知っているつもりの信州にも、意外と知らない場所やモノが、たくさんあることに気づくかもしれない。誰も行かない穴場だけあって、混雑することもなく占有感を味わうこともできる。それは、間違いなく新鮮な刺激をあなたに与えてくれるはずだ。

信州って結構面白い。いや、日本国内どこでも、面白いものやユニークなものは、まだまだあちこちに眠っているに違いない。家族や友人が2人以上集まれば、もう立派な信州探検隊。今度の週末は、みんなそろって探検に出発だ!

目次

国道最高地点（P157）から白根山や本白根山、浅間山方面のパノラマ

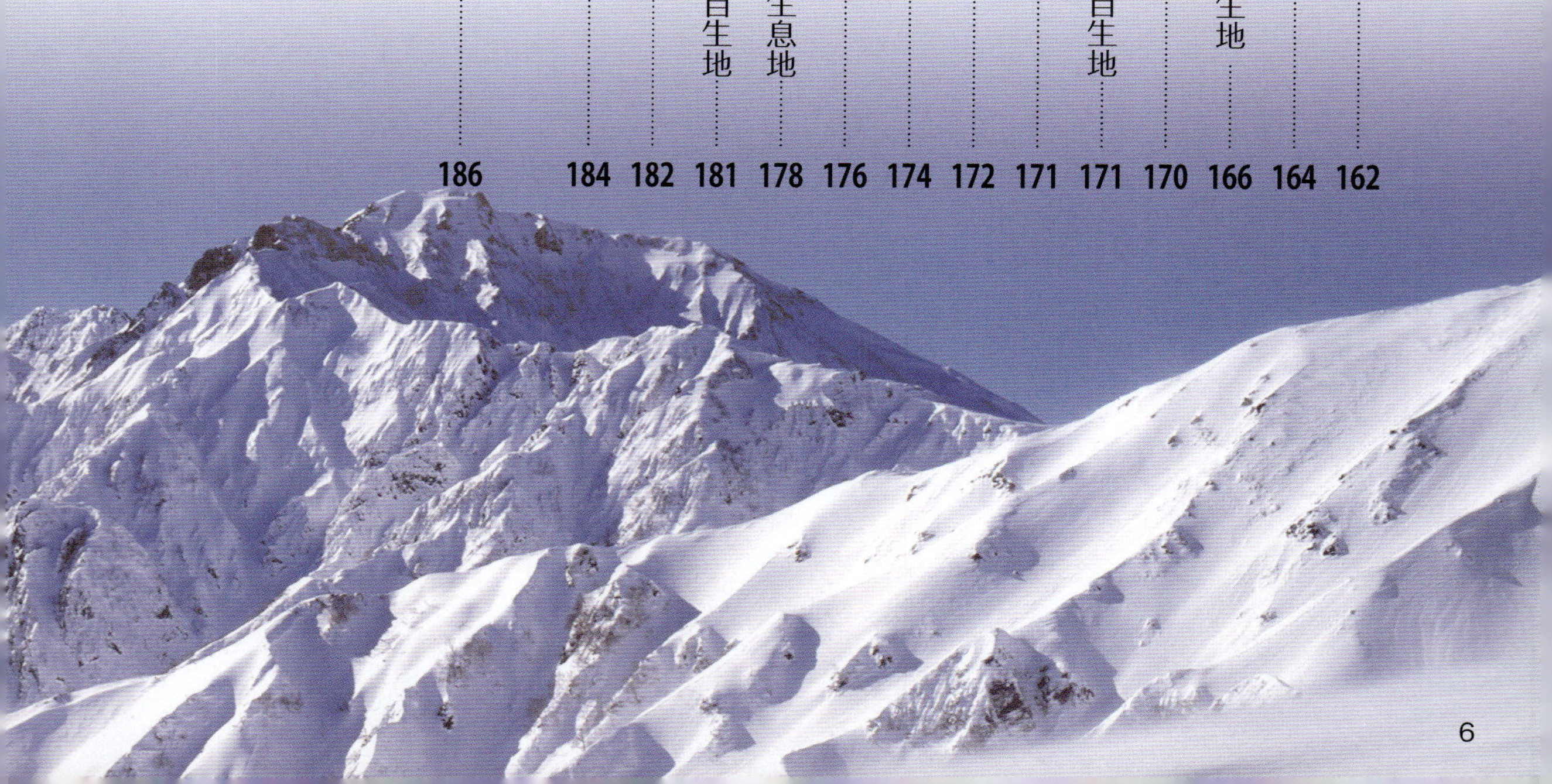

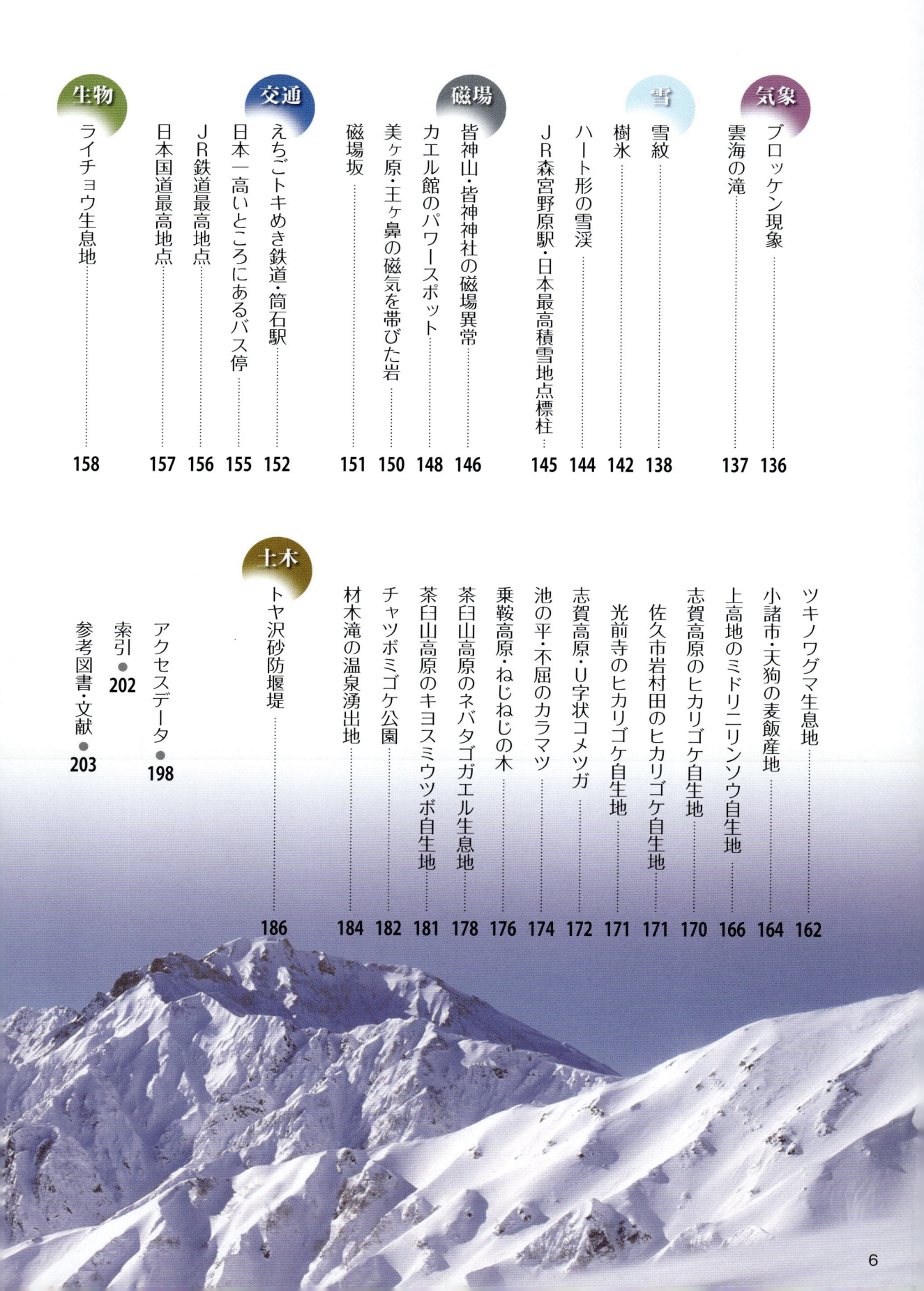

プラスα

冬期の八方尾根(P138)から五竜岳(右)と鹿島槍ヶ岳(左)を望む

本書の使い方

本書では、長野県内とその隣県エリアにある、あまり知られていない「面白い」「びっくり」スポットに光を当て「歴史」「地理」「温泉」「気象」「生物」といった分野別に紹介していきます。二つの分野にまたがる物件もありますが、著者の独断で分類しました。また「B級」には、「陳腐」なイメージがつきまといますが、本書では、あくまで穴場的な意味で使用しています。

実際に足を運んで自分の目で確認する――。ぜひ、忌憚ない視点でできる限り現地を訪ねてみてください。ただし、紹介する物件全てが安全ではないことをご承知おきの上、活用してください。

●タイトルと基本情報

場所の特徴をわかりやすく伝えると共に、市町村名（＋隣県名）、アクセスレベル、歩行時間、遭遇難度、アクセスデータ掲載ページを併記しました。

アクセスレベルは、家族連れ（子供連れ可能）、一般（標準的な成人体力）、健脚（標準以上の体力）、上級者（体力と技術と経験が必要）の４段階評価としました。

遭遇難度は★（遭遇は容易）～★★★★★（遭遇は困難）の５段階評価です。★は行けば確実に見られますが、★★★★★は行くこと自体が困難、あるいは、到達しても遭遇頻度は低いことを意味します。二つの指標を参考に、訪問の是非を判断してください。

Ｄマークは、後述するアクセスデータの掲載ページです。

●コラム「プラスα」

本文に関連する博物館や資料館の情報、あるいは本文で紹介しきれなかった別の情報です。

なお、博物館や資料館等は、入館受付締め切り時間や大人以外の入館料を省略している場合がありますので、ご注意下さい。大人以外の料金体系は、館によっても異なります。詳しくは各施設のサイトなどで確認してください。

●アクセスデータ

アクセスデータは、各物件ごとでなく、タイトルに併記したＤが示す巻末ページにまとめました。主な内容は、該当物件の緯度経度、アクセス方法（マイカー、公共交通）、駐車場の有無、駐車場の位置情報、アドバイス、問い合わせ電話番号です。

駐車場の位置情報（緯度経度とマップコード）は、あらかじめインターネットの地図で位置を確認したり、カーナビに目的地として設定できます。

国土地理院の地図サイト「地理院地図」http://watchizu.gsi.go.jp/ で、緯度経度を入力すると地図上に表示されます。本書も同サイトも、世界測地系の60進法[dd°mm′ss″]形式を採用していますので、そのまま使えます（10進法採用の地図サイトでは要変換）。フリーソフト「カシミール３Ｄ」では、「地図表示」の「表示測地系」を「ＷＧＳ84」に変更してから「ジャンプ」→「緯度・経度へ」で数値を入力してください。

マップコードは、対応カーナビであれば目的地設定の際に便利です（詳しくはカバー裏面の袖部を参照）。

問い合わせ先は、物件が「観光」色が強いか、そうでないかで異なります。観光物件は当該自治体の観光課や観光協会の電話番号を記載しました。ただし、対応不可、あるいは、一般的なアクセス情報程度しか対応できない場合もあります。観光課などでは対応困難だと思われる特殊な物件では「問い合わせ先なし」とせざるを得なかったものもあります。

掲載データは２０１９年１月現在です。時間が経つと当然ながら変更が生じるほか、今後、道路等の通行止め、バス路線の廃止等もあり得ます。特に、融雪や台風、大雨の後は十分に確認した上での訪問をお勧めします。

●地図について

全てに等高線入りの詳しい地図を併用しました。駐車場、遊歩道、目的地だけでなく、周辺の施設や目印などの位置関係が把握しやすくなっています。

コースタイムの設定は「ややゆっくりめ」です。歩く速さは個人差があり、休憩時間などは含みません。十分な余裕をみて計画してください。

徒歩で現地に向かう物件では原則、コースを赤実線で示しましたが、徒歩数分程度の物件では省略しました。赤点線は、険しく歩行が容易ではない道など、歩行要注意の「難路」を示します。地図内には、該当する２万５０００分の１地形図の図葉名も記載しました。

●危険な場所も紹介～訪問時の注意点

本書の掲載内容は、基本的に著者の現地取材に基づいて紹介しています。しかし、安全な場所ばかりではなく、管轄行政や観光部署が必ずしも推奨していないもの、さらには「訪問は控えてほしい」と考えているものも含みます。また、現在「立ち入り禁止」となっている場所、今後そうなる可能性が高い場所もあります。

「立ち入り禁止」には、危険度が高いために法的、もしくはそれに近い認識の下に禁止されている場合もあれば、事故防止の注意喚起を狙ったものもあります。後者の場合は、技術と経験が豊富な人が綿密な計画を立て、あくまで自分自身の責任で、万全の態勢で慎重に立ち入れば、ほとんど問題ない場合もあります。

本書では、各方面への諸状況も確認した上で現地を取材しています。とはいえ、全物件に誰でも自由かつ安全に立ち入れるわけではありません。けがをしたり、道に迷ったり、命の危険に晒《さら》される可能性に加え、今後立ち入りの規制が強められることもあり得ます。

そのため、上級者向けの物件は、あくまでも「こんな知られざる場所がある」ことを一般向けに紹介することが狙いです。上級者向けに最小限の情報は提供しますが、全読者に現地訪問を推奨する意図は一切ありません。

万が一、立ち入る場合でも、登山靴や渓流靴、ヘルメット等の専用装備を整えた上で経験者やガイドに同行してもらう等の対応を、必ずしてください。山岳コースでは早め早めのスタートに徹し、十分な登山装備の下、総じて慎重なプランを組むことをお勧めします。ツアーガイドを派遣する地元団体や会社には、上級者向けコースを用意しているところもあります。

また、難度にかかわらず、たとえ立ち入り禁止でなくても自然の中を歩く登山道や遊歩道を個人で歩くことは、安全を自ら管理・確保するのが基本です。ただし、家族向きや一般向きであれば、あまり神経質に考える必要はありません。

最後に、どんな場所であっても、訪問や足を踏み入れることで環境等にマイナスの影響がばないよう、配慮をお願いします。

地図凡例

- ＝本文で解説したコース
- ＝歩行が容易ではない難路
- ＝コースの起点
- ＝コースタイムの基点
- 0:30 ＝赤丸区間の歩行所要時間
- ＝その他の登山道や遊歩道
- ＝滝
- ＝湿原
- ＝山小屋・避難小屋

用語解説

本書で使用した専門用語をまとめて解説します。

あ

磐座（いわくら） 古代祭祀において神の依り代とされた岩のこと。

右岸・左岸（うがん・さがん） 川や沢の上流を背にして見たときの右側を右岸、左側を左岸という。

液果（えきか） ブドウやモモのように果皮（薄い外果皮は除く）が多肉質で、熟したあとも果汁を多く含むタイプの果実のこと。

枝沢（えださわ） 沢の支流。

オーバーハング 岩壁が庇〔ひさし〕状に張り出した部分。

か

崖錐地形（がいすいちけい） 風化や剥離〔はくり〕によって生じた岩石片が、山の斜面下に落ちて作る円錐状の堆積してできた地形のこと。

火砕流（かさいりゅう） 火山の噴火時に火口から噴き出した数百度にも及ぶ高温の火山砕屑物（火山灰や岩など溶岩以外のもの）と火山ガス、水蒸気などが、一体となって山体斜面を高速で流れ下る現象。

河床（かしょう） 河川の底。

極相林（きょくそうりん） 植物群落が移り変わる遷移〔せんい〕を経て安定的な状態に落ち着いた林。本州日本海側では、ブナ林が極相林だが、北海道ではエゾマツ林、西日本沿岸部では、タブやシイ類の林が極相林になる。裸地から極相林になるまでは数百年から千年を要する。

渓相（けいそう） 渓谷や渓流の特徴や様相。

渓流靴（けいりゅうぐつ） 登山靴のようなゴム製のソールではなく、ぬれた岩の上でも滑りにくいフェルト等の素材を靴底に使用した沢登り専用の靴。沢靴、渓流シューズともいう。

構造線（こうぞうせん） 両側の地質構造が著しく異なる大断層のこと。

さ

ザイル 登山やクライミング用のロープ。

左岸（さがん） →右岸〔うがん〕

蒴果（さくか） アサガオやホウセンカ、ユリ類のように複数の袋状果皮からなり、乾燥して裂けて種子を放出するタイプの果実。

蚕種（さんしゅ） 蚕〔カイコガ〕の卵。

磁気（じき） 鉄片を引き寄せるような磁石が持つ、特有の物理的な性質のこと。

磁性（じせい） 磁気と同じ。

磁場（じば） 磁気の力が作用する空間。磁界ともいう。

褶曲（しゅうきょく） 地層に大きな力がかかって、圧縮変形して曲がりくねること。

周氷河地形（しょうひょうがちけい） 寒冷な氷河の周辺において、気温が激しく変動することで地中水分の凍結と融解が繰り返されて形成される地形。

ゼロ磁場 N極とS極の磁気が打ち消し合って、見かけ上、磁場が低い状態を保つ意味として使用されるが、「ゼロ磁場＝パワースポット」は仮説にすぎない。

遡行（そこう） 沢登り用語で、川や沢を上流に向けてさかのぼること。

た

高巻き（たかまき） 沢登りで、そのまま登るのが困難な滝のような場所を避けて遠回りすること。

断層破砕帯（だんそうはさいたい） 地層や岩盤に大きな力がかかると、割れて断層になるが、さらに力が加わり続けると断層面周辺の岩盤は破砕されて隙間が多い状態になる。断層に沿った、こうした軟弱な帯状部分を呼ぶ。地下水の通り道となり、トンネル工事で大量出水事故の原因にもなる。

地磁気（ちじき） 地球が持つ磁気。

柱状節理（ちゅうじょうせつり） マグマ等が冷却して固まる時に規則的な割れ目が生じることを節理といい、この節理が柱状になったものをいう。

直瀑（ちょくばく） 断崖からそのまま一直線に落下する滝の形態。

出合（であい） 川や沢が合流する地点や、登山道が川や沢に出る地点のことをいう。例えば沢の本流にA沢が合流する地点を「A沢出合」といったりする。

同定（どうてい） 生物の種類を特定すること。

徒渉（としょう） 川や沢の中を歩いて渡ること。登山道と沢が交差する地点のうち、橋が架かっていなければ、これを徒渉地点、あるいは徒渉点と呼ぶ。

トラバース 山腹のような斜面を横切ること。

な

ナメ 川や沢が、緩やかな傾斜の岩盤上を流れている場所のこと。滑。

入渓（にゅうけい） 沢登りの際に渓谷や沢に入ること。そのポイントを入渓地点とか入渓点という。逆に渓谷や沢から出ることを退渓〔たいけい〕と呼ぶ。

は

ハーネス ザイルを身体に固定するために装着する安全ベルト。→ザイル

板状節理（ばんじょうせつり） マグマ等が冷却して固まる時に規則的な割れ目が生じることを節理といい、この節理が板状になったものをいう。

ピストン 同じコースを往復すること。必ずしも登山口と山頂の間とは限らない。

ま・や

巻き道（まきみち） 登山用語で迂回路のこと。

野湯（やとう・のゆ） 自然状態のまま温泉が湧き出している場所に穴を掘るとか、岩を寄せるとかして、ごく簡単な湯船が作られ入浴できる場所のこと。

ヤブコギ 道がないヤブ〔ブッシュ〕の中をかき分けて進むこと。藪漕ぎ。

油徴（ゆちょう） 原油が地層からにじみ出すような徴候のこと。地下に原油があることを示す。

溶岩ドーム（ようがんどーむ） 火山から噴出した粘性の高いマグマが、ドーム状に盛り上がった地形。※本来は「熔岩」が正しいが、近年は教科書の表記に合わせて「溶岩」を使うことが多くなっている。

溶結凝灰岩（ようけつぎょうかいがん） 火山の噴火で放出された火山灰や岩などが、高温の状態のままに堆積し、熱と自重によって溶融し圧縮されてできた凝灰岩の一種のこと。溶結凝灰岩が、ゆっくり冷えると、柱状節理が発達することもよくある。→柱状節理。

ら

流身（りゅうしん） 滝の落下地点である滝口から滝壺に至る水の流れ。つまり滝そのもの。

ルートファインディング 登山などで正しいルートを見つけ出すこと。

露頭（ろとう） 地層や岩石が、地表に露出している場所。重要な地質情報を読み取れる。

広域目次マップ①
東信～北信～新潟・群馬
新潟県
群馬県
八方の風穴 P107
牧峠の人面岩 P124
トヤ沢砂防堰堤 P186
山伏山の風穴 P104
龍ヶ窪 P62
JR森宮野原駅・
日本最高積雪地点標柱 P145
見倉の風穴 P107
上野原の風穴 P107
切明温泉・河原の湯 P88
志賀高原のヒカリゴケ自生地 P170
志賀高原のU字状コメツガ P172
ガラン谷 P16
常布の滝 P68
日本国道
最高地点 P157
チャツボミゴケ公園 P182
香草温泉 P82
嫗仙の滝 P76
草津白根山・鏡池の構造土 P89
小串
硫黄鉱山跡
P26
池の平・不屈のカラマツ
P174
血の池・
おはぐろ池 P65
血の滝（赤滝） P66
小諸市・天狗の麦飯産地
P164
北越急行ほくほく線
JR飯山線
JR上越線
JR吾妻線
JR信越本線
長野電鉄
しなの鉄道
北陸新幹線
上越新幹線
えちごトキめき鉄道
妙高はねうまライン
北陸自動車道
関越自動車道
上信越自動車道
万座ハイウェイ
鬼押ハイウェイ
十日町市
上越市
妙高市
南魚沼市
津南町
栄村
野沢温泉村
木島平村
飯山市
中野市
山ノ内町
湯沢町
みなかみ町
小布施町
須坂市
高山村
中之条町
草津町
長野原町
東吾妻町
渋川市
嬬恋村
東御市
上田市
小諸市
軽井沢町
御代田町
安中市
高崎市
菱ヶ岳
鍋倉山
斑尾山
鳥甲山
苗場山
谷川岳
平標山
巻機山
白砂山
横手山
本白根山
四阿山
湯ノ丸山
浅間山
野々海池
野反湖
田代湖
関田山脈
秋山郷
志賀高原
渋峠
三国峠
信濃川
中津川
清津川
白砂川
吾妻川
千曲川
六日町IC
塩沢石打IC
湯沢IC
水上IC
豊田飯山IC
信州中野IC
須坂長野東IC
上田菅平IC
東部湯の丸IC
東部湯の丸SA
小諸IC
松井田妙義IC
N
0
10km
1:380,000

広域目次マップ②
北信～中信～新潟

広域目次マップ③
東信～群馬・埼玉・山梨

燕岳のメガネ岩 P120
ブロッケン現象 P136
樹氷 P142
岳沢の風穴 P108
上高地のミドリニリンソウ自生地 P166
天神沢の地獄 P95
豊科本村の神代文字碑 P34
美ヶ原・王ヶ鼻の磁気を帯びた岩 P150
蚕蚓神社 P38
雨境峠の鳴石 P40
風穴の里（稲核風穴） P108
平出の泉 P60
川の源流・天竜川起点 P51
川の源流・木曽川源流 P50
川の源流・木曽川源流碑（境峠） P50
日本中心の標 P56
ゼロポイント P56
横川の蛇石 P116
南箕輪村飛び地 P59
中央構造線・溝口露頭 P99
駒ヶ根高原の切石・重ね石 P119
光前寺のヒカリゴケ自生地 P171
中央構造線・北川露頭 P96
大町市
野口五郎岳
燕岳
有明山
大天井岳
槍ヶ岳
常念岳
奥穂高岳
蝶ヶ岳
上高地
松川村
池田町
生坂村
麻績村
麻績IC
筑北村
青木村
坂城IC
上信越自動車道
上田城跡
上田菅平IC
上田市
上田電鉄
しなの鉄道
東御市
北陸新幹線
立科町
長和町
美ヶ原
佐久市
女神湖
白樺湖
蓼科山
霧ヶ峰
下諏訪町
諏訪市
蓼科高原
茅野市
原村
富士見町
安曇野市
安曇野IC
梓川SA
松本IC
松本城
松本市
アルピコ交通（松本電鉄）
塩尻北IC
山形村
松本空港
梓湖
朝日村
塩尻市
塩尻IC
岡谷IC
岡谷JCT
岡谷市
諏訪湖
高島城
諏訪湖SA
諏訪IC
諏訪南IC
小淵沢IC
木祖村
奈良井宿
辰野町
伊北IC
箕輪町
南箕輪村
伊那IC
権兵衛トンネル
木曽町
伊那市
美和湖
山梨県
甲斐駒ヶ岳
上松町
木曽駒ヶ岳
宮田村
駒ヶ根IC
駒ヶ岳SA
空木岳
駒ヶ根市
仙丈ヶ岳
大桑村
飯島町
北岳
間ノ岳
農鳥岳
鳳凰山
南アルプス市
北杜市
入笠山
中川村
松川町
松川IC
小渋湖
大鹿村
JR大糸線
JR篠ノ井線
長野自動車道
JR中央本線
中央自動車道
JR飯田線
天竜川
奈良井川
三峰川
依田川
千曲川
犀川
梓川
木曽川
伊奈川
三才山トンネル
0
10km
1:380,000

広域目次マップ④
東信～中信～南信

広域目次マップ⑤

南信～岐阜

広域目次マップ⑥
中信〜富山・岐阜

富山湾
魚津IC
うなづきおんせん
黒部市
朝日町
雪倉岳
白馬乗鞍岳
ハート形の雪渓 P144
白馬岳
小谷村
黒部峡谷鉄道
魚津市
あいの風とやま鉄道
北陸新幹線
滑川IC
かみいち
北陸自動車道
立山IC
毛勝山
けやきだいら
唐松岳
雪紋 P138
白馬村
JR大糸線
五竜岳
かみしろ
黒部川
新潟
富山
群馬
長野
岐阜
埼玉
山梨
愛知
静岡
上市町
富山県
川の源流・姫川源流 P49
鹿島槍ヶ岳
剱岳
青木湖
中綱湖
ライチョウ生息地（立山・室堂平）P158
爺ヶ岳
えっちゅうやつお
神通川
富山市
いわくらじ
たてやま
富山地方鉄道
立山町
立山
ありみねぐち
立山黒部アルペンルート
黒部ダム
扇沢
うみのくち
木崎湖
ささづ
称名渓谷・悪城の壁 P134
黒部湖
有峰林道
針ノ木岳
JR高山本線
上原遺跡のストーンサークル P36
大町市
烏帽子岳
いのたに
薬師岳
有峰湖
147
野口五郎岳
水晶岳
松川村
しなのまつかわ
燕岳
燕岳のメガネ岩 P120
鷲羽岳
41
黒部五郎岳
三俣蓮華岳
有明山
大天井岳
ブロッケン現象 P136
槍ヶ岳
飛騨市
岐阜県
笠ヶ岳
常念岳
安曇野市
樹氷 P142
奥穂高岳
蝶ヶ岳
西穂高岳
奥飛騨温泉郷
岳沢の風穴 P108
上高地のミドリニリンソウ自生地 P166
上高地
ひだふるかわ
高原川
焼岳
松本市
471
アルピコ交通（松本電鉄）
安房峠道路
梓川
しんしまじま
158
山形
たかやま
日本一高いところにあるバス停 P155
風穴の里（稲核風穴）P108
ライチョウ生息地（乗鞍岳・畳平）P158
梓湖
雲海の滝 P137
乗鞍岳
乗鞍高原・ねじねじの木 P176
乗鞍高原
朝日村
41
361
飛騨川
川の源流・木曽川源流 P50
高山市
くぐの
N
塩尻市
野麦峠
位山巨石群 P122
JR高山本線
川の源流・木曽川源流碑（境峠）P50
JR中央本線
木祖村
0
10km
1:380,000
木曽町
きそひらさわ
19
下呂市

歴史

真相は闇の中—戦前の怪事件 舞台となったガラン谷は 遭難多発の“魔の谷”だった⁉

群馬県中之条町／一般～上級者／徒歩3時間45分（往復7時間35分）
遭遇難度★★★★ D P198

2018（平成30）年8月、群馬県の防災ヘリコプターが、横手山北東側のガラン沢付近に墜落し、県防災航空隊の隊員4人と消防職員5人、計9人の尊い命が失われた。この報道に接して「またガラン沢か」と因縁めいたものを感じた地元の人は多かったのではないだろうか。ガラン沢は、横手山や鉢山など、上信国境の山々に発する長笹川《ながささがわ》の支流で、ガラン谷とも呼ばれ、昔から遭難事故が跡を絶たない歴史的な経緯があるからだ。

1939（昭和14）年2月には、志賀高原からスキーで草津に向かった、丸の内と横浜の会社に勤務するドイツ人青年2人が、3日間もガラン谷を迷い歩いた末に炭焼小屋にたどり着いて助けられたほか、1963（昭和38）年6月には東京と千葉から来ていた20代の女性2人が、ハイキングで志賀高原から草津へ向かう途中、草津峠付近でこの谷に迷い込み、9日間さまよった末に奇跡的に救助隊に発見されたこともあった。

後者の例では、初夏だったことや、わずかな食料を食いつないだことで生存につながったと考えられる。ほかにもスキーや登山、山菜採り等で入山して同様にガラン谷で遭難した事例は過去に多々あり、死亡例もある。「魔の谷」と恐れられるゆえんである。

水質は強酸性とはいえ、見た目は穏やかな表情を見せるガラン沢の流れ。ただ、ガランは「峨乱」と書き、「険しく乱れる」の意があるのは明らか。ガラン谷の核心部はこんなものじゃない…と考えた方がよさそうだ

ピーコック事件とは何か

　そんな過去に数々あった遭難の中でも極めつけといえるのが、戦前にあったピーコック事件といえるだろう。現在でもその真相はまったく不明で、〝怪事件〟と呼ぶよりほかにない不可解な遭難であった。

　1938（昭和13）年1月。志賀高原・丸池ホテルに宿泊した在シンガポールの英国軍駐在武官T・A・ピーコック砲兵中尉は、翌日、日本人案内人・浅村とともにスキーで白根山へ向かった。熊の湯を経由し、白根山に到着する手前でピーコックのスキーが折れるトラブルが発生。白根山の湯釜南西側にあった硫黄採掘小屋に立ち寄り、1人残っていた鉱山員にスキーを修理してもらい、志賀高原に引き返す途中で2人は行方不明になった。

　渋峠東側の比較的平たんな場所では、昔から方向感覚を失って遭難する人が多かった。そのため、注意を促す意味も込めてダマシ平と呼ばれているが、彼らもここでコースアウトしてしまったのかもしれない。

　英国大使館の要請もあって大規模な捜索が行われたが、発見には至らなかった。ところが4月になって、熊狩りの猟師がガラン谷の日陰ガランと呼ばれる岩壁にある洞窟で凍死体一体を発見。遺体のそばにザックはなく、スキーが1本あるだけだった。

　警察が調べたところ、遺体は、どうも浅村らしかった。凍り付いた上着ポケットの中にはピーコックの懐中時計や外国紙幣などがあった。だが、中でも警察が驚いたのは、ダイナマイトの雷管と導火線、ピストルまで出てきたことである。

　ピストルの弾倉は、6連発で3発が残っており、あとの3発は最近発射された形跡があった。発射は2発とする説もあるが、いずれにしても、ありきたりの遭難事故ではないことは明白である。

　このため、今日に至るまでさまざまな憶測が流れた。例えば、ピーコックが持っていた宝石に目がくらんだ浅村が、宝石欲しさにピーコックの銃を奪って殺したのではないか……等々。

　しかし駐在武官というのは、軍事情報の収集が任務である。やはり軍事的な背景がある可能性の方が高いのではないか。ちなみに当時の国際情勢といえば、次の通りである。

　――事件前年の昭和12年11月には、日独伊防共協定が成立。翌月には日本軍が南京を陥落させ、年が明けた13年1月の、事件が発生する直前には近衛文麿首相が「国民政府を対手とせず」との声明を出すなど、東アジアの情勢が緊迫する中にあった。在シンガポールの英国軍駐在武官がスキー休暇のために来日したとは思えない。表向きはそうだったとしても、日本国内の軍事情報収集が真の目的だった可能性は高いだろう。

　駐在武官が、相手国政府から公式に許可を得て工場などを視察することも慣例としてはあったようだが、ピーコックの場合は非公式の情報収集が目的だったのではないだろうか。彼らがスキーで向かったエリアには、硫黄や褐鉄鉱石を産する複数の鉱山があったほか、少し足を伸ばせば大規模な白根硫黄鉱山や小串《おぐし》硫黄鉱山（P26参照）もある。これら鉱山の実相を確認するのが目的だったとも想像される。

　ところで白根硫黄鉱山では昭和11年に2人が亡くなる雪崩が発生、翌年には白根山も噴火しており、さらには小串硫黄鉱山でも事件前の昭和12年11月に大規模な地滑りが鉱山を飲み込み、死者245人を数える大災害も起きている（P29参照）。

　こうした情報はピーコックも当然把握していたと思われる。小串硫黄鉱山の復旧は、関係者ですら不可能と思われていた。だが、被災や復旧の状況を確認する目的があった可能性も考えられる。もちろん東京の英国大使館にも別の駐在武官がいたはずだが、現地が冬期間の山岳地ということもあり、登山家でもあるピーコックに白羽の矢が立ち、わざわざ来日したのではないか……。

　一方、浅村の正体は現在でも不明である。一説では「浅村」は偽名ともいわれ、それが事実だとすれば、事件の背景は余計にきな臭くなる。ピーコックが金で雇った協力者だった可能性もあるが、筆者は、日本側の諜報関係者だったのではないか、と推測した。だとすれば、身元すら判明しなかった、もしくは判明したが公表されなかったのも説明がつく。

　国際情勢が緊迫する中、当時の日本側当局が、外国の駐在武官による国内の情報収集活動に神経をとがらせ、監視対象にしていたのは間違いない。監視していたのが特別高等警察（いわゆる「特高」）だったのか、軍だったのかは知らないが、ピーコックも常に監視されていたと考えるのが自然だろう。その任を担ったのが、浅村だったのではないか。

　ピーコックと浅村が知り合ったのは、上海だったともいわれ、監視のために周到なシナリオが練られた可能性もある。浅村は、民間人を装ってピーコックに接近。浅村が巧みだったためにピーコックは完全にだまされたのか、あるいは浅村が諜報関係者であることは百も承知で、むしろ逆に利用できると考えてだまされたふりをしていたのか。いずれにしろ2人は行動を共にすることになる。

浅村のポケットにあったピストルは、ピーコックのものとされてきたが、浅村がピストルとダイナマイトの両方を用意した可能性はどうだろうか。ピーコックも別のピストルを持っていたが、出て来たのはあくまで浅村のものだった……という可能性である。そうだとすると、複数の断片が矛盾なくつながるのも事実だ。例えば、こういうことは考えられないだろうか。

白根山へのスキーツアー直前。日本国にとって非常に不都合な情報をピーコックに握られてしまい、当局はピーコックを山岳遭難に偽装して殺害することを浅村に指示。浅村は、故意に人けのないガラン谷に誘い、用意したピストルで射殺。しかし、英国軍駐在武官の射殺体をそのままにする訳にはいかない。いくら地元警察に手を回すことは容易だとしても、民間人に発見されると厄介だ。たとえうわさ話でも英国大使館に伝われば、外交問題化は必須。雪の中に埋めて隠したとしても雪解けに伴って下流に流れ出ないとも限らない。そこでガラン谷の洞窟などに遺体を入れ、ダイナマイトで岩盤ごと崩落させて大量の岩礫と土砂で完全に埋没させた？　それなら永久に遺体を葬り去ることができる。

そのためダイナマイトは全て使用し、予備として持参していた雷管と導火線だけがポケットに残った。浅村は、任務完了後、ガラン谷を脱出して「スキーツアーの途中でピーコックとはぐれてしまった」と、あくまで案内人として通報する予定だったが、予想以上に険しいガラン谷の地形に阻まれて脱出に失敗。その途中で片方のスキーが折れるか、失われるかした。また元々任務を果たすのが目的だったため、ザックには限られたもの（ダイナマイトなど）しか入っていなかった。そのため任務完了後は不要となり破棄したとも想像できる。ただ、食料も十分にないために、なんとか見つけた洞窟で疲労凍死してしまった――。

そんなスパイ映画さながらの謀略が実際にあるとは思えない？　だが、戦時中にはイタリアで連合国側のパルチザンによって日本海軍駐在武官が射殺される事件も実際に発生している。この時、武官が運んでいたのは、アメリカの原爆開発に関する情報だったともいわれる。こうした事例を考えると、その逆がないとは思えない。

その後もピーコックの遺体は見つからないまま今日に至っている。昭和50年代には、当時の駐日英国大使による追悼文が刻まれたピーコック碑が、ガラン谷の湯ノ沢出合付近に建立された。事件の記憶は、わずかにこの碑が伝えるにすぎないが、ガラン谷を訪れる人は極めてまれで、ピーコック碑の存在を知る人もごくごく限られている。

ピーコック事件の真相は、結局のところ謎である。浅村＝日本側諜報関係者説も、あくまで筆者の勝手な推測にすぎない。情報が少なければ、真実に迫ることは難しい。もしかすると、過去に語られたすべての説が事実と反するかもしれない。真相は神のみぞ知る……である。

なお、新田《にった》次郎の山岳小説『消えたシュプール』は、ピーコック事件をヒントに書かれ、事件をほうふつとさせるストーリーで読み応えがある。

（筆者注：事件の資料間には、いくつもの食い違いが見られ、筆者独断で情報の取捨選択をせざるを得なかった点はお断りしておきたい）

ピーコックと浅村のスキーツアールート推測図

ガラン沢入口～小倉口間は、一部を除いて今のところおおむね明瞭だが、惣吉地蔵手前には写真のようにササが覆い気味の区間もある

魔のガラン谷遡行記

おお、これが魔のガラン谷か……。本書の取材でガラン谷の小倉《こくら》口に立った筆者は、ひとり感慨にふけっていた。自分の人生でガラン谷に来ることがあろうとは完全に予想外だ。だからこそ余計に見えない何かに導かれたような気さえしていた。

「魔のガラン谷」と恐れられる割には、目の前には至って穏やかな沢がサラサラと流れていた。ガラン谷の核心部ではないとはいえ、ちょっと拍子抜けするほどだ。

筆者が、初めてピーコック事件を知ったのは、今から約30年も前のこと。大学の山仲間だった友人が、「昔、こんな事件があったらしい」と記事のコピーを渡してくれた。以来、事件の真相とともに魔のガラン谷とは、どんな場所なのか、ずっと気になっていた。今回、ピーコック事件とともにガラン谷を紹介できれば、話題としても興味深いと考えた。何としても現地を取材するしかない。目標は「ピーコック碑」としよう。

旧・六合《くに》村。現在の中之条町小倉地区の奥に私立の白根開善学校があり、さらに奥に進むと林道ゲートが設置され、通常は鍵が掛けられている。ゲート横の駐車スペースに車を置き、ガラン谷に向けて未舗装の小倉林道を歩き始める。

大高山《おおたかやま》登山口を見送った先で林道を離れて、か細い踏み跡へ。踏み跡は、すぐに不明瞭になり、ミズナラの大木が立つあたりで、早くも道を失う。右往左往して、それらしい踏み跡をなんとか見つけたのもつかの間、幅の広い道との四差路に出て、また困惑。肝心の道標がなく、どの道が正しいのか、まるでわからない。当てずっぽうで斜め左前方の道に進んでみたが、行き止まり。正解は、左手前側に続く平たんな道だった。

馬止沢《うまどめざわ》とキノコ沢を過ぎ、林床がササに覆われた斜面をトラバース（横断）すると、前方の岩棚に「惣吉地蔵と犬の石像」が見えてきた。

――1916（大正5）年2月。猟師の本多惣吉は愛犬とともにガラン谷に入り、黒ゼンで滑落して背骨を折ってしまう。運命を悟った惣吉さんは、鉄砲で自ら命を絶ってしまった。ところが愛犬は山を駆け下り、村人に事態を知らせようとした。村人も犬のただならぬ気配に気づき、捜索して惣吉さんを発見。しかし時すでに遅く、惣吉さんは果てていた――。そんな悲話が伝わる。

やがて遠くに沢音が聞こえ始め、ガラン谷をわずかに俯瞰《ふかん》できるポイントを通過。歩きやすいとは言い難い急斜面を下り、ようやくガラン谷の小倉口に出た。

ここからは谷を遡行《そこう》（さかのぼること）するので、登山靴から渓流靴にチェンジ。水量は、直前までの天候にもよるだろうが、筆者の取材時には、ルートさえ選べば、膝下～膝くらいで、容易に遡行できた。少なくとも付近の渓相《けいそう》は至って穏やかで、どこにも「魔の谷」を連想させるものはない。むしろ快適なくらいだ。

水深の浅いところを選びながら右岸から左岸へ。左岸から右岸へ何度も徒渉（川や沢を歩いて渡ること）を繰り返す。9月初旬の沢水は、さほど冷たくもなく心地よい。

湯ノ沢出合に出たところで、前方右岸側に大きな崩壊地が見えてきた。大量の岩礫と土砂が河床に達していた。「峨乱」と名付けられた理由にようやく納得する。

ピーコック碑は、この辺りにあるはずだ。実は、事前に碑の様子を知ろうとネット検索したが1件もなかった。いかに人が来ない場所かが、よく分かった。碑の大きさや形がまったく不明なので、あの岩か、この岩か……と、それっぽい大岩を順に見ていくが、なかなか見つからない。見つからなかったら困るな……。せっかく、ここまで来たのに記事が成立しないじゃないか！…と思っていると、崩壊地の向かい辺り、やや左岸寄りの大岩に下流側に向けて黒い碑が貼り付けられているのを発見。あった。ピーコック碑だ！

20×30㎝ほどの御影石製の碑には「1938年1月、悲劇的な死をとげた登山家T・A・ピーコック氏がこの記念碑で後世に残ることをうれしく思います」との文が掲げられていた。

ただ、検索しても英国大使で「ミッチェル・ウェーガード」なる人物はヒットしない。おそらく昭和50～55年に駐日大使を務めたSir Michael Wilford氏を誤記したものと想像された。Michaelは英語圏では「マイケル」と読むので、カタカナ表記としてはマイケル・ウィルフォードとするのが妥当だろう。碑を製作する際に手書きの筆記体を読み間違えたと思われるが、それにしても随分いい加減なものだ。

さらにローソク岩まで遡行すると日向ガランと日陰ガランの岩壁が両岸から迫り、険しさが増すようだが、小倉口～ピーコック碑間に限れば、沢登りとしては初級レベルだ。とはいえ沢登りの経験がない人は渓流靴などの装備を準備した上で経験者と入渓《にゅうけい》する方がお勧めである。

沢はとうとうと流れ、その水面はキラキラと輝く。ここが魔の谷とは信じられないほどの心地よさ。小倉口〜ピーコック碑・遡行ルートの中間地点付近

❶ 小倉林道のゲート。ここを越えて歩き始める。❷ キノコ沢は、サラサラと流れる清流。手頃な休憩ポイントだ。❸ 林道の三差路にある大高山登山口。「赤石山・野反湖登山口」の標柱が立っている。❹ 大正時代の悲話が伝わる惣吉地蔵と犬の石像。高さ十数 m はある岩壁下部の岩棚に置かれている。❺ 立ち木に付けられた湯ノ沢出合を示す標識。本文でも書いたように道標の整備は不十分だが、ガラン沢入口、馬止沢、キノコ沢、小倉口に標識はあることはある。❻ 途中で見かけたオクモミジハグマ。キク科の多年草だ。❼ ピーコック碑向かいには、巨大な崩壊地が…。上流には、こうした険しい景観が続くと思われる

1

4

3

2

7

5

6

プラスα

平安時代にあった大高山城

本文でも紹介した大高山《おおたかやま》登山口。この山には平安時代末期に山城があったという。大高山山頂の南側直下、天狗平にあったとされ、木曽義仲の家来で草津温泉の開湯伝説にも登場する細野御殿之《ほそのみどのの》介幸久《すけゆきひさ》の城と伝わる。

天狗平は別名、ミドノ平とも呼ばれ、現在の国土地理院地図では湿原表示になっている。また付近にはミドノ尾根もあり、「ミドノ」とは「御殿」で城主の名前に由来し、オッタテ峰（御館峰・押立峰）は、大高山城にちなむともいわれる。

それにしても現代にあっても容易に行けない深山である。城の規模は不明だが、こんな場所に城を建てるとは、驚き以外の何ものでもない。

知られざるガラン谷温泉

ピーコック碑の手前、湯ノ沢出合から湯ノ沢と鯛ノ沢、さらに鯛ノ沢左岸側の小さな沢を詰めるとガラン谷温泉（ガラン温泉ともいう）がある。

昭和30年代に長野原町の人が２日間ガラン谷を探し回って見つけたという説と、それより以前に中之条町の人が見つけて源泉を所有していたとの２説があり、かつては誰かがポリ浴槽を担ぎ上げて設置し、湯温43℃の酸化みょうばん泉に入浴できたが、その後、浴槽は壊れて現在は入浴できないらしい。

一方、湯ノ沢出合よりも上流、草沢出合奥のガラン沢本流右岸高台には小屋跡があり、これも温泉だったとされる。

ピーコック事件を今に伝えるピーコック碑。筆者は、碑の前で英国軍駐在武官T・A・ピーコック砲兵中尉と日本人案内人・浅村氏に黙とうを捧げた。ところで、碑の足元には紺色と白色の水がたまっており、温泉ではないかと思って手を浸けてみたが常温だった。何らかの地下成分でも出ているのだろうか

歴史

最盛期は約1500人が暮らしたゴーストタウン小串硫黄鉱山跡へ

群馬県嬬恋村／一般／徒歩35～50分（往復1時間15分～1時間50分。鉱山跡内は別途1～3時間）

遭遇難度★★～★★★ D P198

変電所跡。屋根を支える鉄骨はむき出しになり、壁面も一部が崩れ、足元にはがれきが散乱。機能していた頃の姿は想像もできない

前項「ガラン谷」でも触れた小串《おぐし》硫黄鉱山跡は、長野・群馬県境上の毛無峠の南方約１㎞ほどの位置にあり、１９７１（昭和46）年に閉山するまで国内トップクラスの硫黄産出を続けた優良硫黄鉱山があった。

小串鉱山が発見されたのは１９２３（大正12）年といわれるが、信州側では明治以前に鉱床が見つかっており、16（大正５）年から高井鉱山として操業していた。さらに昭和４年になると小串鉱山を経営する会社が変わり、従業員の家族も住み始めて鉱山街が誕生する。最盛期の昭和35年頃には、約１５００人が生活し、村立の保育園に小中学校、診療所、遊園地、マーケット、公衆浴場まであったそうだ。

現在、施設はほとんどが朽ち果て、辛うじて残っているものもかなり荒れているが、そのまま放置され、かつての繁栄を今に伝えている。

建前上は「立ち入り禁止」とされているが、知る人ぞ知る〝ゴーストタウン〟として、近年ひそかに注目されている。信州探検隊としては、ぜひ足を運びたい場所である。

御飯岳《おめし》と破風岳《はふ》の鞍部《あんぶ》。県道112号の実質上終点に当たる毛無峠は、風衝地《ふうしょうち》のためか高い木が生えておらず、眺めは申し分ない。かつて硫黄を長野県側へ運び出す際に使われた索道のさび付いた鉄塔5基が、訪問者を静かに迎えてくれる。

南東方向に目を向けると、緑一面の山肌の中に砂地がむき出しになった場所があり、これが小串硫黄鉱山跡。峠から見ると、結構距離がありそうだが、鉱山跡の入り口までは徒歩で40分ほどしかかからない。

ゲートを越え、未舗装道を下る。まるで林道だが、実は鉱山跡までは県道である。国土交通省が設置した無人の小串雨量観測所が立つカーブの先で左手に下る踏み跡があり、「鉱山近道」のコンクリート片が無造作に置かれている。そのまま未舗装の県道を下ってもよいが、時間がかかる。近道の方がお勧めだ。

所々に置かれた道標を確認しながら、終始眺めのいいササ原を進むと、やがて地蔵堂に出る。鉱山で亡くなった死者を弔う地蔵堂と、昭和12年の地滑りで亡くなった245人を供養する地蔵堂、さらに山神を祀《まつ》ったお堂が三つ並んでいる。

地蔵堂のすぐ先には変電所跡がある。天井は落ちているが、壁面や内部の配電装置が残り、いかにも廃虚といった感じ。ただ、屋根の部材がぶら下がっているなど、少々危険なので長居は禁物だ。

峠から下ってくる県道と合流して以降、周囲には鉱山による何らかの原因があるのか、一部に緑が戻っているものの、それでも広範囲に荒れ地が広がり、まるで造成して間もない裸地みたいだ。そんな異質な空間に一人、身を置いていると別世界に迷い込んだような不思議な感覚にとらわれる。

正面にかすむ浅間山を眺めていたときのこと。視野の隅に何か動くものが！「ひょっとしてクマか?」と緊張して眼下の荒れ地に目を凝らすと、山菜採りのおじさんだった。鉱山跡探訪者に限らず、意外と訪問者はいるようだ。

鉱山跡には、廃車が放置されていたり、設備の残骸があったり……。中でも坑口や選鉱所跡は施設が比較的残っており、見どころである。とにかく普通の登山コースとは異なる、別の新鮮な面白さがある。

ただ、全域を見て回るのは時間がかかるので、ある程度絞った方がいい。しかも、鉱山跡内に限れば道はないも同然。道標や案内板のような気の利いたものも、もちろん一切ない。入り口に戻ろうにも迷う可能性もあり、スマートフォンの地図アプリで現在地を把握できるようにしておく方がいいだろう。

❶毛無峠に残る鉄塔。掘り出した硫黄は、この索道で長野県側へ運搬された。❷慰霊の地蔵が祀られた地蔵堂。ベンチもあり、休憩に最適。❸トンネルのような穴は坑口。下の廃虚は選鉱所跡。❹ころがっていた耐火レンガ。❺荒れ地が広がる小串硫黄鉱山跡。背景左側の山は破風岳。❻斜面に放置されていた廃車。鉱山の閉山よりも新しい車種？

5

3

6

1

4

2

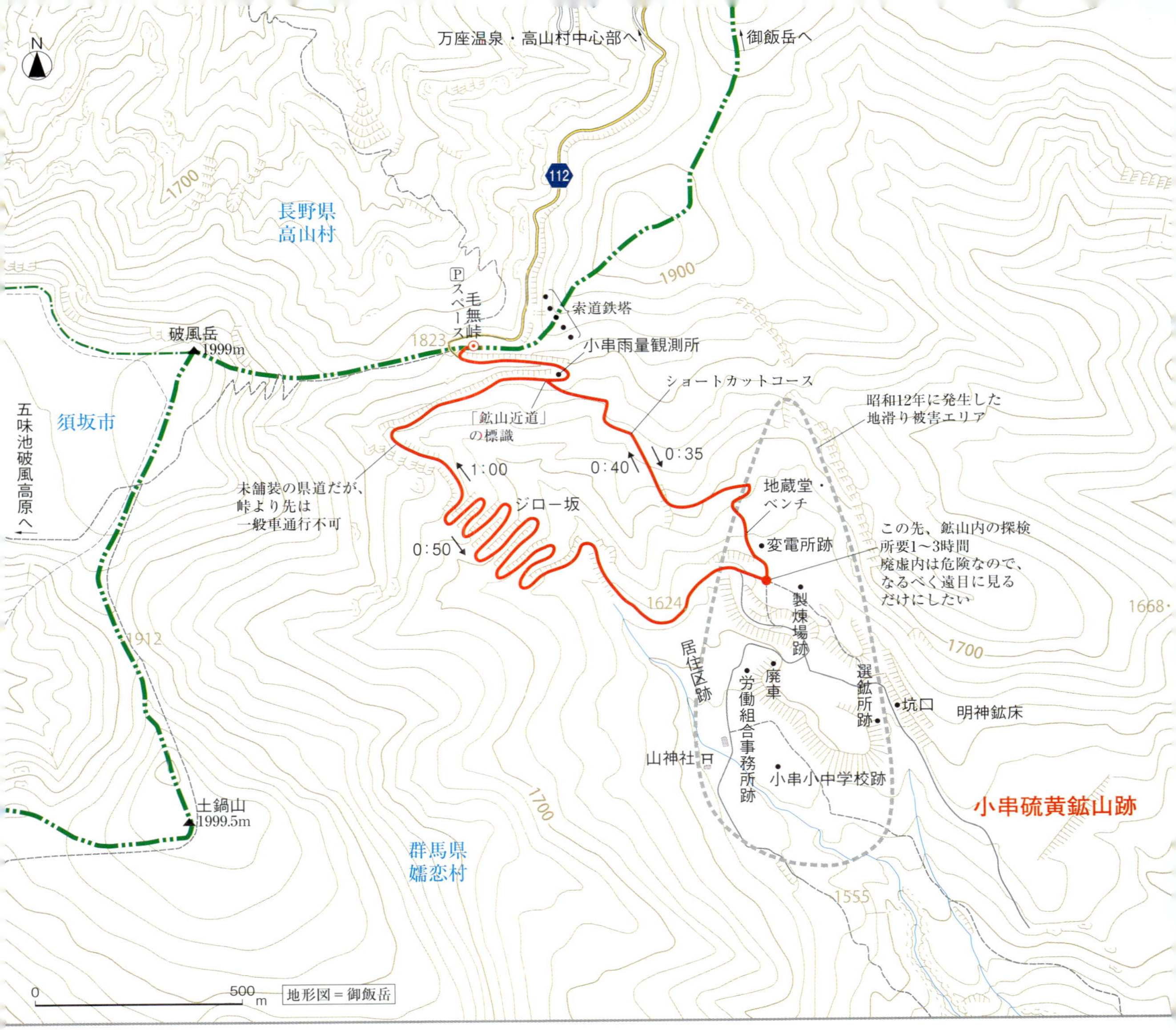

プラスα

245人もの犠牲者—地滑り大災害

小串鑛山に大山津浪！

四坑道二百名を封鎖

一千餘名の住家襲來

御飯、土鍋兩山突如大崩潰

死傷五六百名を突破

小串鑛山惨報到る

火薬庫附近の五六百名は絶命

泥沼の中から聲

手足を持つて引出す

救護班派遣

小串鉱山地滑り災害を伝える昭和12年11月12日付の信濃毎日新聞

本文でも少し触れたように小串鉱山では戦前に地滑りによる大災害を受けたことがある。

1937（昭和12）年11月11日午後3時40分頃。突如、小串鉱山上部の斜面で地滑りが発生し、8万4000㎥に及ぶ土砂と水が一瞬のうちに鉱山に押し寄せてきた（被害エリアは上の地図参照）。

多くの建物は、埋没や倒壊し、出火して焼失したりした。昼夜を徹する救出作業の甲斐もなく死者245人、負傷者32人もの大災害となった。

翌日付の信濃毎日新聞は「小串鑛山に大山津浪！」と速報を打ち、「同鑛山は須坂町より約六里の山中で電話なく詳細不明」としながらも、被害を知らせに下山してきた関係者の話などを伝えている。

この災害で小串鉱山の再起は無理と誰しも思ったが、わずか3年後に操業再開にこぎ着けたという。その後、神武景気にも支えられて設備が増強されたが、昭和30年代後半から昭和40年代になると、石油精製の際に得られるアメリカの安価な硫黄の流入で経営が厳しくなり、1971（昭和46）年6月に閉山した。

歴史

古墳の石室に祀られた皆神山の岩戸神社は歴史を感じる幽玄な空間

長野市／家族／徒歩すぐ

遭遇難度★ D P198

筆者取材時には、少しガスがかかって、より一層幽玄な雰囲気を醸し出していた。そばの解説板には「皆神山ピラミッドの入り口」とあり、一説にはタバコの煙が岩の隙間に吸い込まれるので、さらに何らかの内部構造があるのではないかという人もいる

ストロボ撮影した岩戸神社の石室内

松代町の皆神山《みなかみやま》は、そのドームのような独特な山容だけでなく、大戦末期に掘られた碁盤の目のような地下壕《ごう》・松代大本営跡や、1965（昭和40）年から71年の松代群発地震の震源だったこともあり、標高659mという低山にもかかわらず、注目を浴び続けてきた。

山頂部には、皆神神社（P146参照）が鎮座しているが、その手前中腹には、岩戸《いわと》神社がある。これがなかなかユニークな神社なのだ。

皆神神社に続く舗装道路の途中に「岩戸神社」の標識と石段がある。これを少し登ると土が盛られた古墳みたいなものがあり、石組みの入り口が見えてくる。神社というよりも古墳だが、まさにその通りで、5～6世紀頃に作られた南大平《みなみおおだいら》古墳と呼ばれる本物の古墳。つまり、古墳を神社として祀ってあり、石室内には鏡と紙垂《しで》が置かれ、榊《さかき》も供えられていた。おそらく石室のたたずまいを日本神話の「天の岩戸伝説」に見立てたのだろう。祭神が、天照大《あまてらすおおみ》神《かみ》なのもうなずける。

石室は、かなり大きな岩も使用して造られ、しかも奥の壁面に使われている岩どうしは、一部その接合面を平らにしてピッタリ合わせてあった。古墳の石室としては、高度な加工といえるのではないだろうか。当時、この地にそれなりの権力者がいたことをうかがわせる。

プラスα

石室内に謎の光るクモが生息!?

筆者が、岩戸神社を取材した際は全く気づかなかったのだが、帰宅して石室内をストロボ撮影した写真をパソコン上で確認した時のこと。画面上に白い点があるのに気づいて拡大してみた。そこにはクモらしきものが写っていて、その頭部が淡い黄緑色に光っていた（写真）。同様に頭部が光っていたクモは、ほかに約10匹もいた。

もちろん発光しているわけではなく、ストロボ光を反射しているだけだと思われる。ただ、そうだとしても光を反射させる体表組織を持っていることになり（あるいは単眼に反射？）、どんなクモなのか気になる。筆者はその後、岩戸神社に行っていないので、この謎を確認できずにいる。読者のみなさんが神社の石室に入られた際は、代わりにどんなクモか、ぜひ見てきてほしい。

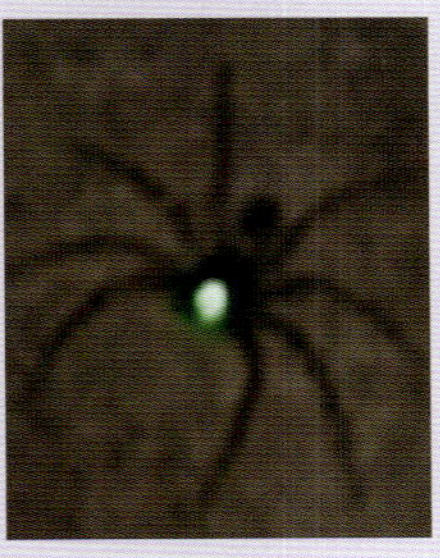

歴史

田んぼのあぜ道に立つ 縄文中期に作られた文化財 北沢大石棒の妙な存在感

佐久穂町／家族／徒歩4分(往復8分)／遭遇難度★ D P198

町文化財指定の2年前には、石棒の補強工場も行われた。「石柱」とされる岩も隣に鎮座

中部横断自動車道・佐久穂IC近く。北沢川《きたざわがわ》沿いの田んぼの一角に北沢大石棒と呼ばれる、巨大な石の棒が立っている。そのサイズは、全長が2m23㎝、直径は25㎝もあるという。1919(大正8)年に北沢川から出土したのち、ここに移された。1984(昭和59)年、町文化財に指定。

豊作や子孫繁栄を願って製作されたと想像される。何を模したものかはいうまでもないが、同様の石棒の中では日本一とされる。

「う、うらやましい」とかいっている男性諸氏のみなさん。感心するのはそこじゃないです。この石棒が、何よりスゴイのは、大きさはもとより、今からおよそ四千数百年前の縄文時代中期後半につくられたということ。溶結凝灰岩《ようけつぎょうかいがん》(佐久石)を手作業で少しずつ削りながら仕上げたと思われるが、膨大な手間が掛かっていることは容易に想像できる。

歴史

八ヶ岳山麓の森の中に続く 70年前に木材を運んだ 渋森林軌道のレール

小海町／家族／徒歩1時間10分（往復2時間5分）／遭遇難度★★ D P198

みどり池の手前、登山道に今も残る渋森林軌道のレールと枕木

八ヶ岳のみどり池に向けて登って行くと、所々に線路の残骸が放置されている。こんな場所に昔は鉄道が通っていたのか!?……と驚くが、これは渋森林軌道という木材搬出用鉄道の跡。ちなみに森林軌道とは、森林鉄道よりも格下の規格に当たる。

渋森林軌道は1949（昭和24）年に1・9㎞敷設。その後、全長4・2㎞まで延長されたが、58（昭和33）年には役目を終えた。

全国的に見ると動力車が導入された例も多いが、渋森林軌道では、空の運材代車を馬に牽引させて回送し、帰路は木材を満載して、ブレーキ操作をしながら貯木場まで自重で下っていたそうだ。

動力車も使用されたかどうかは不明だが、どちらにしてもぐねぐね曲がる軌道である。ブレーキを掛ける際は、脱線しないようにコツが必要だったのではないか。

歴史

漢字渡来以前の日本にあった!? 謎の阿比留文字が刻まれた 豊科本村の神代文字碑

安曇野市／家族／徒歩すぐ

遭遇難度★ D P198

中国から漢字が伝えられる以前に古代日本で独自に生まれた文字、いわゆる「神代《じんだい》文字」はあったのか、なかったのか。専門家の間では「なかった」とする見解が一般的だが、「あった」との主張もある。彼らに言わせると、いくつもの種類があり、今も神社の神事などで使用されているという。

日本に超古代文明があったなど、古史《こし》古伝《こでん》とともに、専門家からは否定される内容の古史古伝とともに、過去には神代文字についてもさまざまな言説が語られてきた。そんな神代文字の代表例とされるのが「阿比留《あびる》文字」である。

対馬の阿比留家に伝わる文字とされ、朝鮮半島のハングルに形が似ていることに加えて、対馬という地理的なつながりもあって、両者の関連を指摘する声があるらしい。

ところが、そんな阿比留文字が刻まれた石碑が、なんと対馬から遠く離れた安曇野市豊科に現存しているというので、早速行ってみた。

場所は、南豊科駅の200m西側。本村《ほんむら》区コミュニティセンターや大日如来堂が隣接する一角に双体道祖神などと並んで、ガラス製扉付きのお堂の中に確かに安置されていた。一見するとハングルに似ているが、同じとも思えない独特な文字が石の表面に刻まれている。

解説板によると「平田国学の影響下、江戸時代末に造立されたものと考えられる」とある。おそらく神代文字を研究し、著書の中で阿比留文字を紹介したことでも知られる江戸時代の国学者・平田篤胤《あつたね》に傾倒した人物が刻んだものなのだろう。つまり、この碑が存在することをもって、古代日本に阿比留文字があったとする証拠にはならないわけだ。

ところで、前述のハングル関連説だが、実はこれも怪しい。ハングルは李氏朝鮮第4代国王・世宗《セジョン》が1446年に公布した文字とされている。よって、朝鮮半島から古代日本にハングルが伝わって阿比留文字が生まれた——と考えるのも完全に無理がある。

そもそも、古代日本で使われた上《じょう》代《だい》日本語では、音節が87音もしくは88音ともいわれ、現代と同じ50音しかない阿比留文字が、古代日本で作られたわけがない……とする見解は、結構説得力がある。

ただ、もともとは屋敷神として祀られていたようなので、民俗学的な価値は十分にありそうだ。安曇野市有形文化財に指定されているのも、そうした評価からだろう。

この碑が古代のものではなくても「もし神代文字があったとしたらワクワクするなぁ」と想像して歴史のロマンに浸ることはできる。そういう意味で行ってみて損はない。

男女2体の双体道祖神などとともに安置された「豊科本村の神代文字碑」

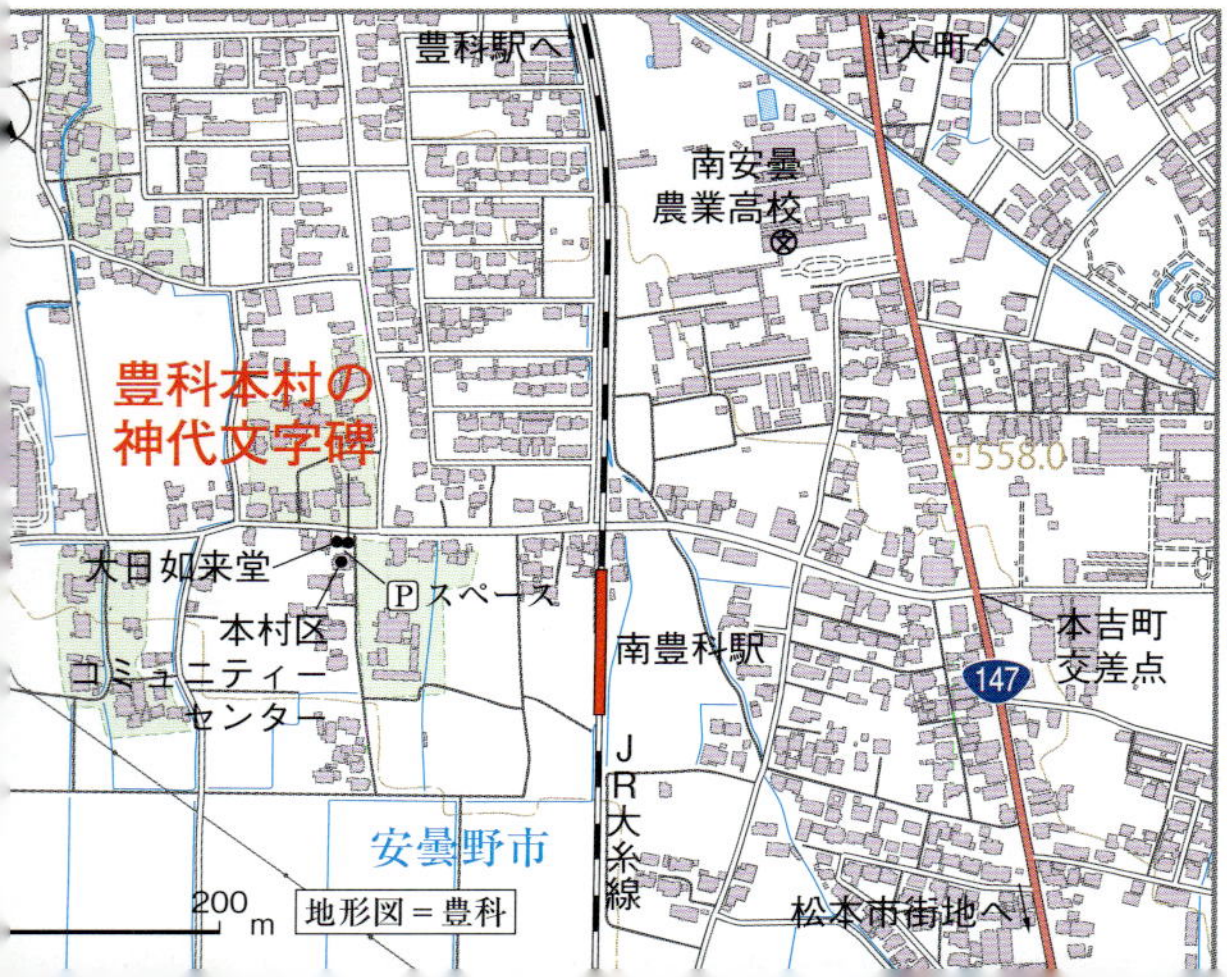

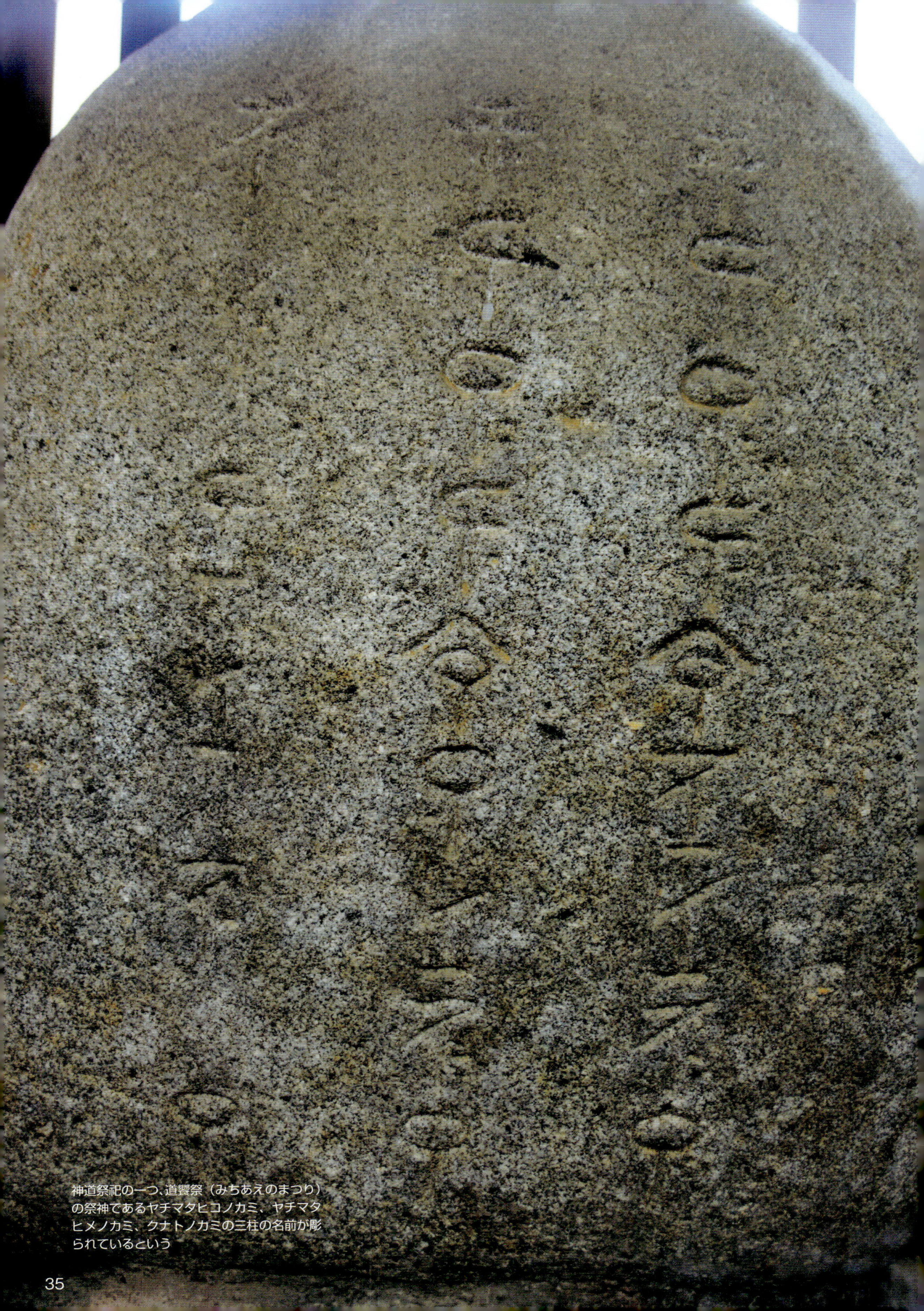

神道祭祀の一つ、道饗祭（みちあえのまつり）の祭神であるヤチマタヒコノカミ、ヤチマタヒメノカミ、クナトノカミの三柱の名前が彫られているという

信仰

約5000年前にさかのぼる山岳信仰の祭場だった!? 上原遺跡のストーンサークル

大町市／家族／徒歩すぐ
遭遇難度★ D P198

ストーンサークルと聞いて、まず思い出すのは？ 国内でいえば、秋田県鹿角《かづの》市の大湯環状列石。あるいは英国ソールズベリーのストーンヘンジを挙げる人も多いはず。

ストーンサークル（環状列石）は、大湯に限らず、東日本各地にいくつも知られる。例えば、北海道小樽市の忍路《おしょろ》環状列石、西隣・余市町の西崎山環状列石なども有名だが、実は長野県内にも存在する。それが大町市にある上原遺跡だ。「上原」と書いて「わっぱら」と読む。

目標は大町温泉郷の南側。のどかな畑に囲まれ、遺跡は柵が巡らされているが、中に入って間近に見学もできる。

1950（昭和25）年から3回行われた発掘調査で、配石跡のほか土器や石器などが出土した。配石跡は中心に1個の石柱を置き、周囲に12個の石柱を南北3・6m、東西2・2mの楕円形に配置した1号群と、中心に1個、周囲に6個の石柱を配した径1・8mの2号群の配石が復元されている。遺跡がつくられたのは、約5000年前の縄文時代前期中葉とされる。

西側に後立山連峰を望み、当時の人々も雪を頂く峰々に「神の聖座」を感じて、信仰したのだろう。上原遺跡のストーンサークルは、こうした山岳信仰の祭場としてつくられた可能性が高そうだ。

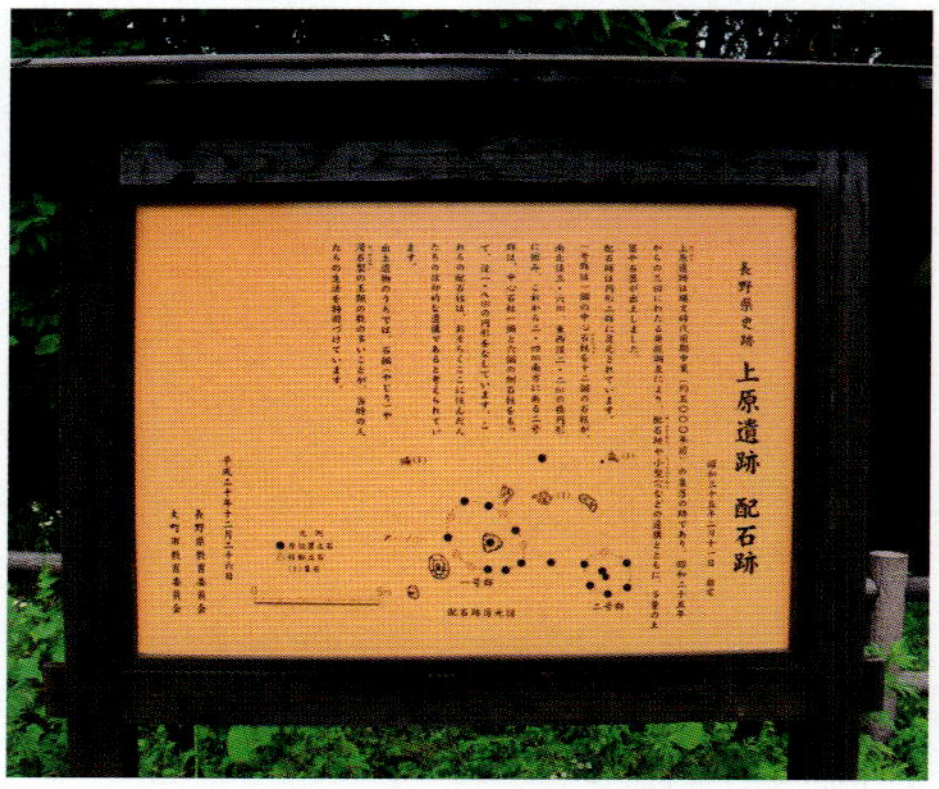

長野県史跡でもある上原遺跡配石跡の解説板

南側にある径1・8mの2号群

取材時は、雲が多くて見えなかったが、晴れていれば後立山連峰の三ツ岳や北葛岳、蓮華岳などが望める

中山道和田宿近くにある ミミズを神様として祀った 蚯蚓神社はトタン造り

長和町／家族／徒歩5分（往復9分）／遭遇難度★ D P198

❶車庫の脇から路地へ進む。❷トタン造りの神社というのも珍しい。❸祭壇前でおひるね中のミミズさん。❹祭壇とミミズさん。このミミズさんには、体節まで再現されていて、なかなか生物学的なのであった（笑）

世界的に見ると狩猟民族が一神教なのに対して、農耕民族は多神教になる傾向があるそうだ。農耕民族であるわが国も例外ではなく、多神教である神道が生まれ、記紀《きき》が「八百万《やおよろず》の神々」というように自然物や自然現象、あるいは人物も含めて森羅万《しんらばん》象《しょう》あらゆるものを神としてあがめてきた。ゆえに全国には、さまざまな神を祀った神社が存在する。

しかし長和町《ながわまち》の蚯蚓神社は、その中でもまれな存在かもしれない。なんといってもこの神社に祀られているのはミミズ。そう、畑にいる、あのミミズだ。蚯蚓は「きゅういん」と読み、ミミズの別名。ここから地元では親しみを込めて神社のことを「おきんさま」と呼んでいるそうだ。祭神は、ミミズの神様である蚯蚓大権現とされる。

その昔、何日も大雨が続き、大水が出て長さ1尺（約30㎝）もある大きなミミズが群れて死んでいた。そんな時、村々に伝染病が流行《はや》ったことから「きっとミミズのたたりに違いない」と人々は神社を建て、ミミズを祀ったのが始まりという。

長和町和田地区は、中山道の和田宿があった場所だが、神社は、和田宿よりも東側に位置する。上田市方面からアクセスする場合は、国道142号から町道に入り、和田観光の大きな車庫のすぐ手前右側が神社の入り口に当たる。ここから歩いて路地に入ると、民家と田んぼの間を抜け、少し山道を登れば、もう目的地だ。

本殿はトタン造りで風情はないが、神社の来歴は400年もさかのぼれるという。床にはミミズを模した愛嬌《あいきょう》のある御神体（？）がゴロンと転がり、わざわざ「みみずさんのおひるね」と書かれていた。

町道沿いに立つミミズの石碑

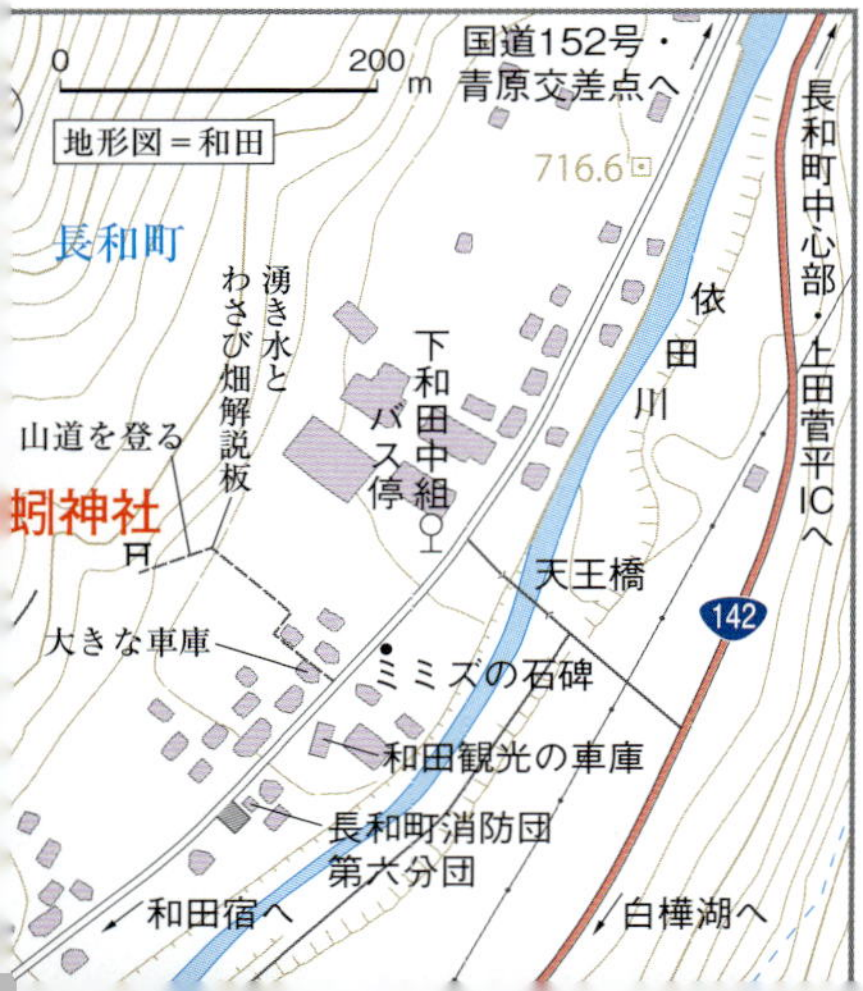

鉄道神社（正式には鉄道最高地点神社）。隣にはＪＲ鉄道最高地点を示す標柱も立つ

信仰

ＳＬの車輪がシンボル 鉄道神社に参拝して 探検の安全を祈願しよう

南牧村／家族／徒歩すぐ／遭遇難度★

D P198

南牧村《みなみまきむら》のＪＲ鉄道最高地点（Ｐ156）に隣接するのは、これまたビックリの「鉄道神社」だ。

鳥居はあるが本殿はない。代わりにＳＬの車輪が置かれている。この車輪こそが御神体なのかと思いきや、車輪はあくまで神社のシンボルで、御神体はその下に貼り付けられているレールの方らしい。まあ、どっちでもいいが……。

2005（平成17）年に「ＪＲ最高地点を愛する会」が建てた。最高地点の標高1375ｍが「ひとみなこうふく」「ひとみなごうかく」と読める（？）ことから、最高地点を目指してほしい……と建立したとのことだ。また二つの車輪のように夫婦が仲良く力を合わせていくことへの願いも込められている。

語呂合わせに若干無理があるとはいえ、多くの絵馬が奉納され「ＪＲに入社できますように」とか「運転士試験に合格しますように」などの切実な願いも見受けられた。

さまざまな願いが書かれた絵馬が、たくさん奉納されていた

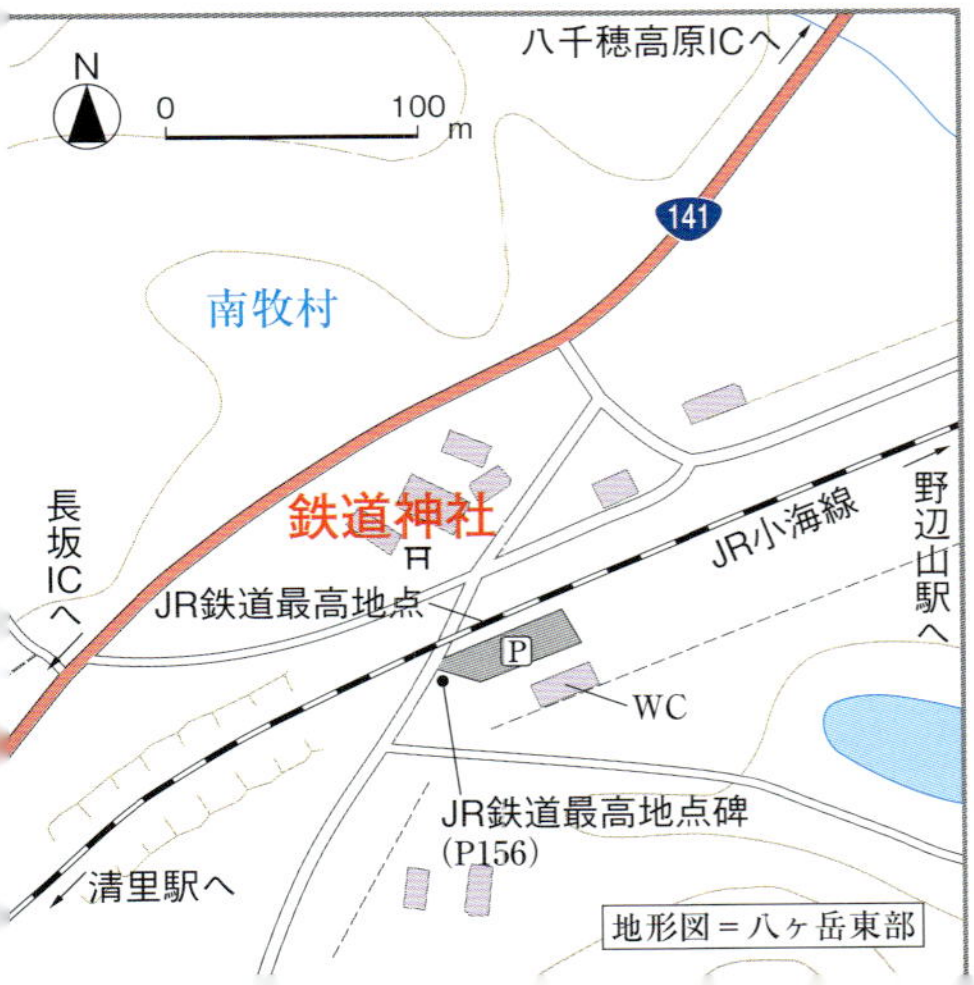

信仰

たたくと「コーン」と音がする不思議な形をした鳴石は古代人の祭祀場だった⁉

立科町／家族／徒歩2分（往復4分）／遭遇難度★ D P197

「或《あ》る時石工が玄能にてこの石を割らんとすれば山鳴り谷にこたえて雲り火の雨降り石工は悶死《もだえじに》する」。このように『蓼科山略記』が伝える鳴石《なるいし》は、今も蓼科山北麓の雨境《あまざかい》峠で木立に囲まれて、ひっそりとある。大小二つの岩が少し距離を置いて鎮座し、合わせて鳴石と呼ばれる。

古代東山道《とうさんどう》の祭祀遺跡群の一つで、5世紀〜中世に信仰の対象とされた磐座《いわくら》だったという。確かに不思議な存在感があり、上の岩は、例えるならハンチング帽に似て、北側の方が角度と高さがある。南側に向けて緩やかに傾斜しながら、先がわずかに窄《すぼ》まる形状をしている。

視点を低くして横から見ると、岩の間にはわずかな隙間があり、別々の岩を人為的に重ねたように見える。また、上の岩の西側だけへこんだ線が半周するように付けられており、加工された跡のようでもある。そもそも、全体も人の手が加わっているとしか思えない形だ。

鳴石の由来は、たたくと「コーン」と余韻を残す音がすることから（実際にたたくのは禁止）。硬いものでたたくと「カンカン」と澄んだ音がする讃岐岩《さぬきがん》もあるとはいえ、通常の岩はたたいてもそんな音はしない。元々音がしやすい岩質なのか、あるいは中に空洞があるのか。見た限りでは、答えは出なかった。

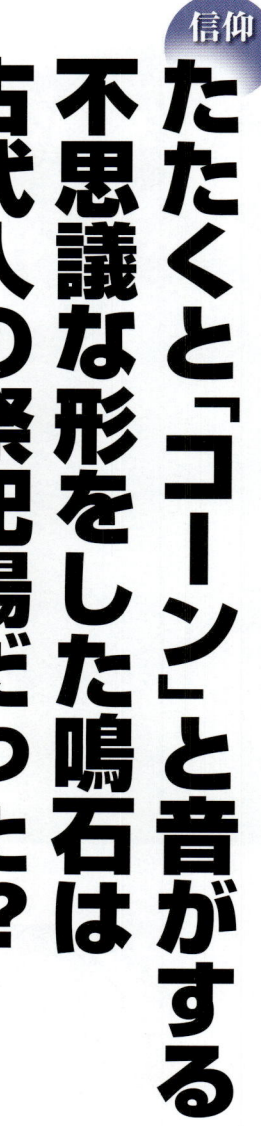

西側から見た鳴石。上の岩にはへこんだ線が彫られているのがわかる。重ね餅にも似ていることから、かつては鏡石とも呼ばれた。立科町の文化財に指定されている

正面（南側）から見た鳴石

駐車場から鳴石に続く小径

信仰

小楢山の中腹・焼山峠に並ぶ
見れば確実に圧倒される
壮観な〝お地蔵さんの大集団〟!?

山梨県山梨市／家族／徒歩すぐ／遭遇難度★ D P197

お地蔵さんというのは、通常は道端に一体。せいぜい多くても六地蔵くらいまでが普通だと思う。が、それをはるかに上回るお地蔵さんの大集団が知られている。

目標とするのは、小楢山《こならやま》の北西側にある焼山《やけやま》峠。近くには、初夏にレンゲツツジが咲く乙女高原が広がり、手軽な散策コースものびている。

そんな高原の入り口。2本の舗装林道が交差する焼山峠の一角にそれはある。「焼山峠の子授け地蔵尊」と呼ばれ、江戸時代中期にさかのぼる伝説が語り継がれている。

ある日、木地師《きじし》の夫婦が、焼山峠で木を切っていた。すると、どこからか子供の泣き声が聞こえてくる。不思議に思って声の方に行ってみると、子供の形をした石地蔵があった。子に恵まれなかった夫婦は、地蔵をそのままにするのが忍びなくて、それを持ち帰り、供物を供え、祈りをささげたところ、祈りが通じて子供を授かった……。

喜んだ夫婦は、お礼にもう一体の新しい石地蔵を作って一緒に元の場所に戻した。それ以来、子授け地蔵として知られるようになり、願いがかなった夫婦が石地蔵を置くようになった。恩恵にあずかった夫婦は県内外に多く、そのため今も新しい石地蔵が少しずつ増えているという。

また、旅のお坊さんからいわれた

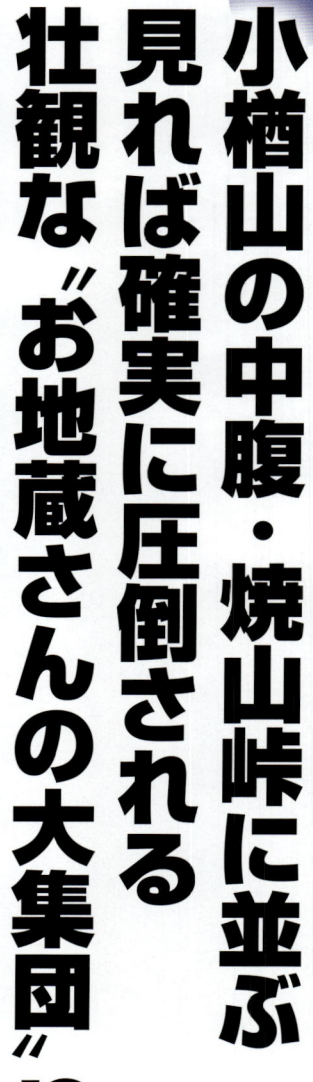

焼山峠の子授け地蔵尊。付近は、鎌倉時代から室町時代にかけての臨済宗の禅僧・夢窓疎石（むそうそせき）が修行をした地でもある

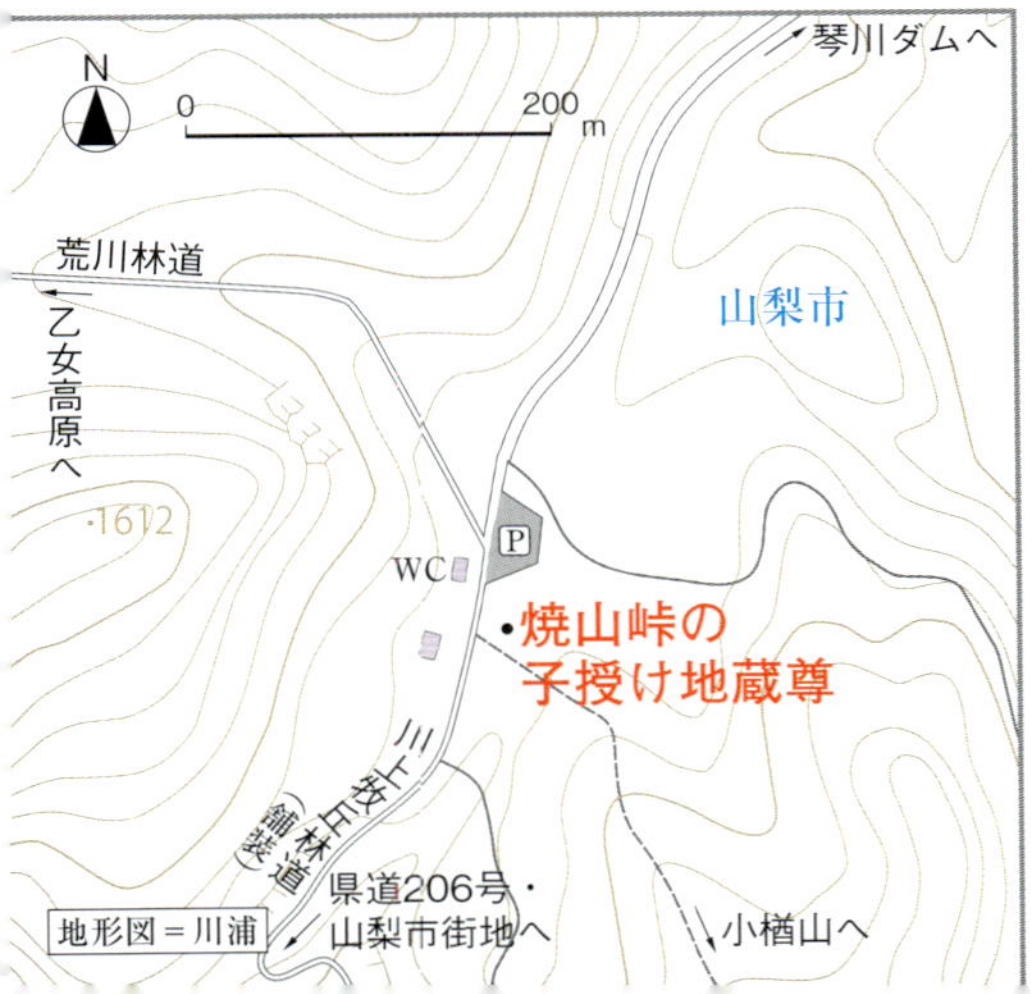

若干、傾向が異なる方も混じっていた。しかも、ちょっと怖い…

通りに石地蔵を持ち帰り、祈願すると子供を授かった……とする別の伝説も残っている。

実際に目にすると、なかなか壮観である。写真は2012（平成24）年撮影なので、現在はさらに数が増えているかもしれない。

地理

三つの県境が1点に集中 3歩で3県制覇する3県境点が長野県には8ヵ所もあった！

三国山　川上村・埼玉県秩父市・群馬県上野村／家族／徒歩40分（往復1時間10分）
遭遇難度★★　D P197

唐突だが、ここで問題。たった3歩で3県を巡るには、どうすればよいか？　タイトルで既にお気づきの通り、その答えは「3県境点に行く」だ。3県境点とは、地理学用語ではないが、3県が1点で接しているポイントのこと。

地図を拡大すると、3県境点と三角点が離れていることもよくあるが、登山道などが同じ県境ライン上にある場合、線どうしが重なるために便宜上ずらして表示されている。ただ、必ずしも「三角点＝3県境点」とは限らない。どちらにしても条件として三角点がある3県境点でないと、現地の見た目では分からないので注意が必要だ。

現地に着いたら、まず地図とコンパスを見ながら三角点の周囲に3県それぞれの県境線を示す印を地面に付けて、それをまたぐようにして3歩で巡ればOKだ。

もっといえば三角点の上に片足で立つ荒技もあることはある。これなら「一度に3県を踏める」ことになる。ただ、国土地理院に確認すると「三角点の上に立ったからといって倒れたり壊れたりすることはないと思いますが、国土地理院としては、やはり控えてほしいとしか言えません」とのことだった。確かに三角点は地図を作る上でとっても重要なものだ。なので「一度に3県を踏む」ことは断念しよう。

続けて第2問。長野県には3県境点が8ヵ所あることはタイトルに示した通りだが、これって全国第何位か？　内陸県の長野県は、周囲すべてを他県に囲まれているので、いかにも3県境点も多そうだ。きっと長野県が第1位に違いない？

ブー。残念！　答えは「全国第2位」。意外なことに第1位は三重県で9ヵ所。そんなに他県に囲まれている印象はないが、それでも三重県がトップである理由は、地図を広げて和歌山県との県境を見てみれば一目瞭然。その部分だけ、わかりやすく地図で示すとP47左下のようになる。それにしても和歌山県の飛び地が、なんかスゴイことになっている。三重県の3県境点は、この図以外に4ヵ所もあるので計9ヵ所。まさかの伏兵・三重県。恐るべし！

ところで長野県内の3県境点は、さすがに山岳県だけのことはあって高い山の山頂にあることが多い。しかし、比較的容易に行ける3県境点もある。その一つが長野県川上村、埼玉県秩父市、群馬県上野村が接する三国山山頂だ。最寄りの三国峠から山頂まで、わずか40分ほど。一部に岩場もあるが、手軽に登れる。

国土地理院地図では、三国山の三角点と3県境点が群馬県側に少しズレているが、これが便宜上の表示なのか、本当にズレているのか、群馬県上野村役場に聞いてみたが、「理由はわからない」とのことだった。本書では、取りあえず三角点に3県境点があるとして紹介する。

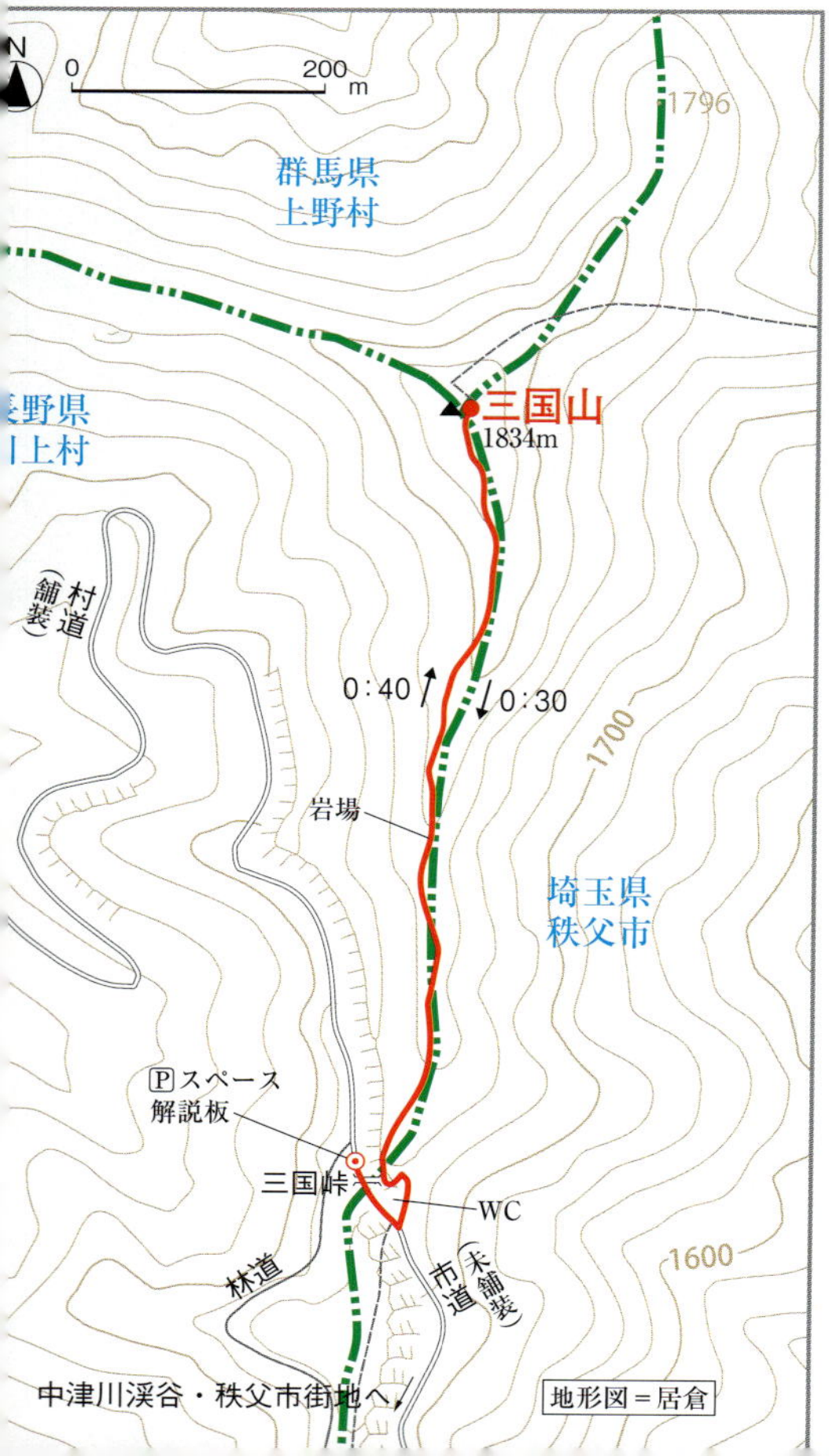

長野県、埼玉県、群馬県が接する３県境点と思われる三国山山頂の三角点。このまわりを３歩でまわれば数秒で３県を巡ったことになる!?　奥秩父方面の展望も楽しみたい

三国山

根羽村・愛知県豊田市・岐阜県恵那市
一般／徒歩38分(往復1時間11分)
遭遇難度★★★ D P197

長野県根羽村、愛知県豊田市、岐阜県恵那市が接する、もう一つの三国山。この山も登山口から山頂まで、わずか40分ほどしかかからない。しかもコースのほとんどが林道歩きなのは気楽な点だが、それ以外のコース整備は十分とはいえず、山頂手前にヤブコギを要する区間もある。

加えて3県境点は山頂ではなく、70m東側のモトクロスコース付近にあり、三角点がないので、正確な位置はわかりにくい。3県境点としては、あまりお勧めではない。

登山口は、亀甲岩(P125)の近く。途中、並行するモトクロスコースに出れば、ヤブコギを避けられるが、危険なので通行禁止とのことだ。

●そのほかの3県境点

白砂山《しらすなやま》の東北東0・2㎞

長野県栄村、新潟県湯沢町、群馬県中之条町が接するのは、標高2139・8mの白砂山より東に200mほどの地点。3県境点は、多くが山頂にあるが、ここは例外だ。近年、群馬県が整備している全長100㎞にもなる「ぐんま県境稜線トレイル」上に位置する。

甲武信《こぶし》ヶ岳《がたけ》山頂

前頁の三国山から、わずか10㎞南にある甲武信ヶ岳も3県境点の山だ。長野県川上村、埼玉県秩父市、山梨県山梨市が接する日本百名山のひとつで、甲州、武州、信州に由来し、まさに3県境点の山としてふさわしい名前。標高は2475m。長野県側から登る場合は、毛木場《もうきば》駐車場から約4時間を要す。ただし、意外なことに山頂には三角点がない。地図はP49参照。

三峰岳《みぶだけ》山頂

長野県伊那市、山梨県南アルプス市、静岡県静岡市葵区が接する。南アルプス・間《あい》ノ岳《だけ》のすぐ西側にあるピークで、標高は2999m。間ノ岳からピストンするだけでも往復1時間30分もかかる。仙丈ヶ岳や塩見岳への縦走プランに組み込むくらいだろうか。

天龍村役場の南南西7・2㎞

長野県天龍村、静岡県浜松市天竜区、愛知県豊根村が接する。秘境駅として知られるJR飯田線小和田駅近くの天竜川の中にあり、通常は行けない。仮にボートで行ってみたとしても正確な3県境点はGPSで確認するしか方法はなく、川の流れに逆らって一点で留まることも難しい。中州があるわけでもないようだ。

三国《みくに》境《さかい》

長野県・白馬村、新潟県糸魚川市、富山県朝日町が接する。白馬岳《しろうまだけ》の北北東0・9㎞にある小ピークで、標高は2751m。もう完全に3県境点そのままの名前。ここも行くとしたら結構大変。しかも、白馬岳と白馬大池を結ぶ登山道は、三国境のピーク北西側を巻いているので3県境点は登山道上にはない。

三俣蓮華岳《みつまたれんげだけ》山頂

長野県大町市、岐阜県高山市、富山県富山市が接する北アルプスの一峰。標高は2841・4m。それとなく3県境点を感じさせる名前だが、3県境点は山頂にあるものの、三角点が設置されたピークではなく、少しずれているようだ。

三国山山頂は、木立に囲まれて展望は得られず、これといって特筆すべきものもない地味な場所だ

同山頂から踏み跡をたどり、モトクロスコースに出た付近に3県境点があるが、三角点がないのでわかりにくい

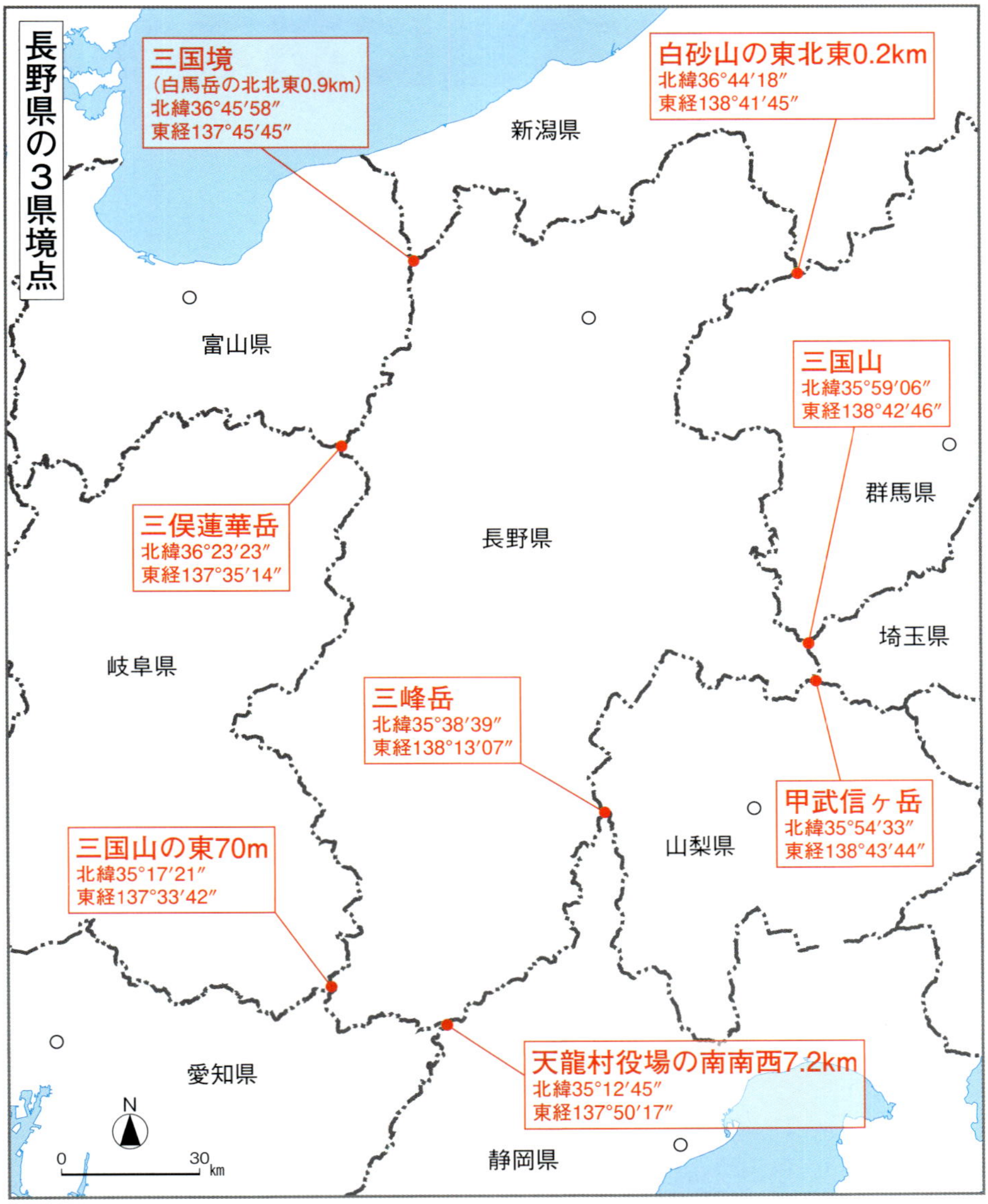

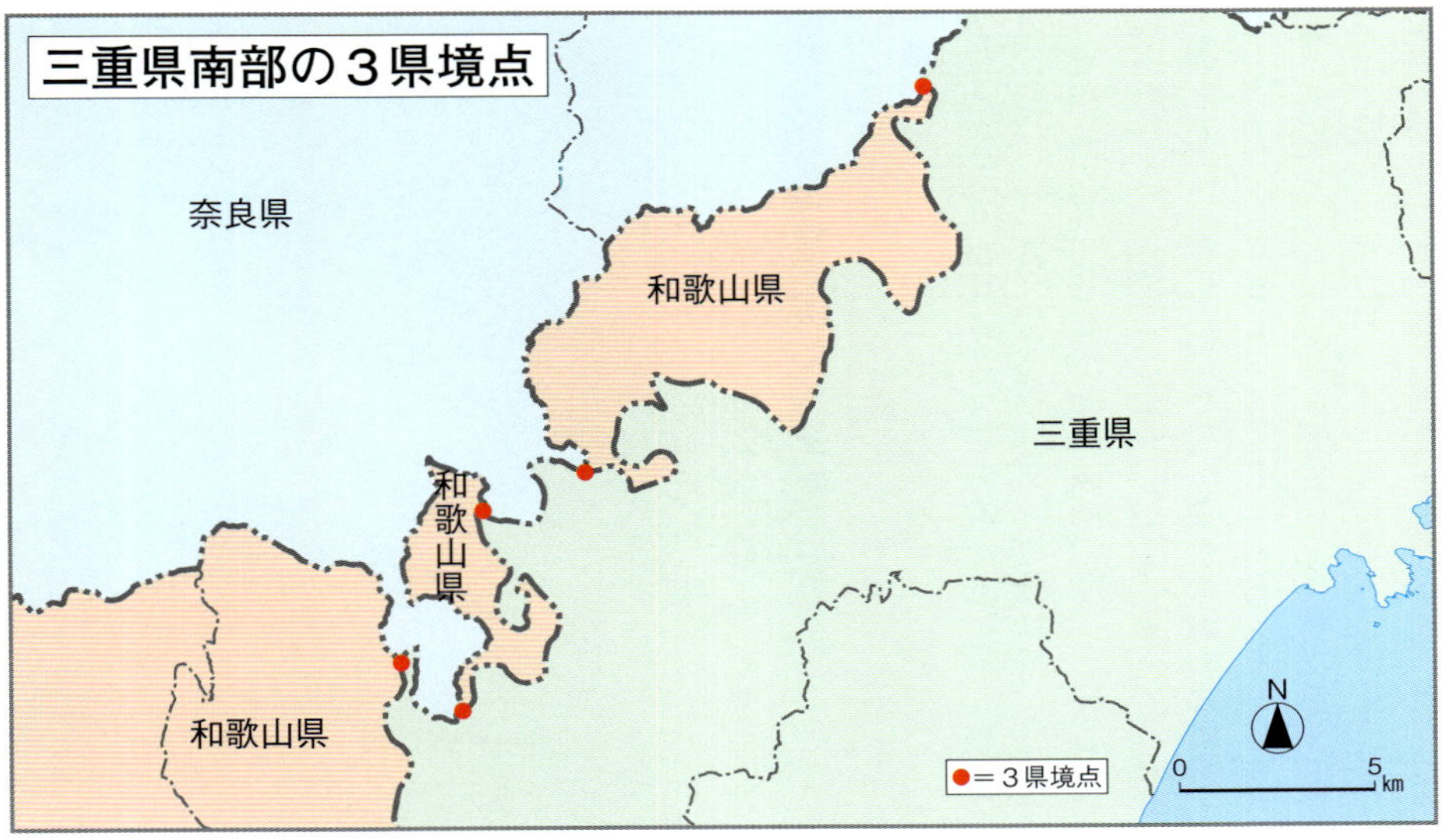

47都道府県の3県境点数

	3県境点数
北海道	0
青森県	1
岩手県	2
秋田県	3
宮城県	3
山形県	3
福島県	5
茨城県	3
栃木県	4
群馬県	5
埼玉県	7
千葉県	2
東京都	3
神奈川県	2
山梨県	5
長野県	**8**
新潟県	4
静岡県	3
岐阜県	7
愛知県	3
三重県	9
富山県	3
石川県	2
福井県	3
滋賀県	4
京都府	5
大阪府	3
奈良県	8
和歌山県	6
兵庫県	2
岡山県	2
広島県	3
鳥取県	3
島根県	2
山口県	1
香川県	1
徳島県	2
愛媛県	2
高知県	1
福岡県	1
大分県	2
佐賀県	0
長崎県	0
熊本県	3
宮崎県	2
鹿児島県	1
沖縄県	0

「最初の一滴」は本当にある？長野県内に知られる主要な川の源流を訪ねて

千曲川源流

川上村／一般／徒歩3時間15分（往復6時間5分）／遭遇難度★★★ D P197

「源流」という言葉の響きに、どこかロマンを感じてしまうのは筆者だけだろうか。いや、きっと多くの人が、同じ感覚を抱くに違いない。源流は、深山にあることが多いため、人跡未踏のようなイメージが生まれやすく、そこに誰しも感応してしまうのだろう。

さて、長野県内を流れる川の源流とは、どんな場所だろうか。よくよく考えれば、知っている場所は極めて限られる。そこで主な川の源流を選んで実際に行ってみた。

その結果、最も源流らしい源流といえるのは、千曲川の源流だと筆者は思った。ちょっと大変だが、行ってみる価値は十分にある。

起点となるのは、甲武信ヶ岳《こぶしがたけ》の毛木場《もうきば》登山口。しばらく林道を歩くが、大山祇《おおやまづみ》神社を見送ると、そのまま西沢沿いに続く千曲川源流遊歩道に導かれる。せせらぎの音を聞きながら、途中、ナメ滝を見て、やがて「千曲川・信濃川水源地標」と書かれた標柱が立つ場所に到着。

駐車場から3時間以上かかり、さらにコースは甲武信ヶ岳山頂へと続くが、ここまでなら標準的な体力で十分にこなせる。というかトレッキングコースとして見れば、お勧めしたいくらいに快適だ。

源流の水は、「信州の名水・秘水」にも選定されるほど水質がいい。ただ、付近では、ある程度の水量が集まっているので、最初の一滴はどこにも見あたらない。「一滴」は、もっと奥に無数にあるのだろう。それはともかく深閑とした森のたたずまいは、「さすがに源流の森は素晴らしい」と評したいほどである。

千曲川は、ここを発して214km も下り、新潟県に入ったところで信濃川と名前が変わる。さらに新潟県内を153km下って新潟市で日本海に注いでいる。千曲川も含めた信濃川水系の本流として見れば、日本で一番長い川だ。また信濃川水系全体では、流域面積は11900平方km、流域内人口は295万人に及ぶといわれる。

古くは、万葉集で「信濃なる 千曲の川の さざれ石《し》も 君し踏みてば 玉と拾はむ」と詠われ、島崎藤村も『千曲川旅情の歌』という詩の中で「千曲川いざよふ波の 岸近き宿にのぼりつ 濁り酒濁れる飲みて 草枕しばし慰《なぐさ》む」と詠んでいる。さらに唱歌『朧月夜《おぼろづきよ》』の舞台も千曲川とされ、人々に愛され続けてきた川ということがよくわかる。そんな身近な川の源流を訪ねてみれば、新鮮な感動を覚えるに違いない。

ちなみに本地点から、さらに登山道をたどった甲武信ヶ岳の甲武信小屋裏手には「荒川水源の碑」があり、小屋から少し下った地点には「荒川源流点の碑」も立っている。

千曲川源流遊歩道沿いで水を落とすナメ滝

源流に立つ「千曲川・信濃川水源地標」

姫川源流

白馬村／家族／徒歩10分(往復20分)

遭遇難度★ D P197

おそらく県内に幾多ある川の源流の中でも、最も訪問者が多いのはここだろう。フクジュソウやニリンソウなどが咲き継ぐ花の名所として知られ、隣接する親海《およみ》湿原とともに姫川源流自然探勝園として遊歩道や桟道が整備されている。

国道148号沿いの白馬さのさかスキー場の第1駐車場に車を置き、小径を下れば徒歩10分ほどで源流に着く手軽さも魅力だ。つまり、国道の近くに源流があるわけで、これは全国的にも珍しいそうだ。

厳密には、隣の親海湿原が水源とされ、伏流水で地上に現れた場所に姫川源流の石碑が置かれている。バイカモが生育するほど水質がよく、名水百選にも選定されている。

姫川は、ここを発してから白馬村と小谷村、さらに新潟県糸魚川市を抜け、日本海に至るまで60㎞続く。流域面積は722平方㎞だ。

名前は、『古事記』や『出雲国風土記』などに登場する奴《ぬ》奈《な》川《かわ》姫（沼河比売）に由来するという。現在の福井県から新潟県にあったとされる高志国《こしのくに》（越国）のお姫様で、昭和初期に出版された『北安曇郡郷土誌稿』には、「奴奈川姫が休まれたところを姫ヶ淵といい、姫川という名前もここから出た」とある。

「名水百選・姫川源流湧水」の石碑

木曽川源流・境峠

木祖村／家族／徒歩すぐ
遭遇難度★ D P197

木曽川は、長野県に発して岐阜、愛知、三重と4県をつなぐように流れて、桑名市と木曽岬町《きそさきちょう》の境で伊勢湾に達す。延長は229㎞、流域面積5275平方㎞である。

源流は、鉢盛山《はちもりやま》南側直下にあるワサビ沢の始点だが、それより少し下流側、峰越《みねこし》林道で沢を渡る地点に「木曽川源流」の標柱が立てられている。昭和62年に木曽三川治水百周年記念事業として設置され、現在のものは、のちに作り直された2代目。柱には「母なる川ここに生まれる」とある。

ただ、薮原林道入口にゲートがあって常に施錠され（国有林の事業専用で管理する林道のため）、薮原林道、およびその奥の峰越林道は、ともに一般車の通行は原則不可だが、徒歩での進入は可能。ゲートから源流碑まで片道約12㎞、約3時間。

その代わりというほどでもないが、奈川と木祖村を結ぶ県道26号の境峠に「木曽川の源流　ふるさと木祖村」の石碑がある。厳密にいうと源流を示す碑ではないが、手軽に行けるので、こちらを訪ねてみよう。

鉢盛山の峰越林道に立つ「木曽川源流」標柱とワサビ沢

境峠にある「木曽川の源流　ふるさと木祖村」石碑

プラスα

味噌川ダム防災資料館
（木曽川源流ふれあい館）

下流の味噌川ダム左岸側湖畔にある施設で、木曽川源流の旧・標柱（写真、提供：味噌川ダム管理所）や源流の森等に関する展示を見学できる。

4月中旬～11月末日・水曜休・10～16時・入館無料・☎0264-24-0171

天竜川起点

岡谷市／家族／徒歩2分（往復4分）
遭遇難度★ D P197

天竜川は、諏訪湖の釜口《かまぐち》水門から流れ出す川なので、〝水源〟は諏訪湖ということになる。もちろん諏訪湖の水は、もともとは八ヶ岳などから集まっているわけだが、あくまで天竜川の起点は釜口水門なのだ。そのため天竜川自体に「最初の一滴」は、そもそもあり得ない。

その昔、諏訪湖は氾濫《はんらん》を繰り返していたため、江戸時代から対策工事が進められ、1936（昭和11）年には諏訪湖の水位を調整する初代・釜口水門が完成。現在の水門は、10年間にも及ぶ工事の末に88（昭和63）年に完成した2代目である。

人工的な水門なので「源流」のイメージにはほど遠いが、容易にアクセスできる利点は大きい。諏訪湖の西側に位置し、付近は湖畔公園として整備されている。駐車場やバス停からも近い。

釜口水門を見学したら、管理事務所に立ち寄り、無料配布されているダムカードならぬ水門カードを記念に入手したいところだ。また併設された水の資料館（無休・8時30分〜17時15分・入館無料）には、釜口水門に関する展示もある。

ここから流れ出した天竜川は、愛知県と静岡県を抜け、浜松市と磐田市の境で太平洋に注ぐ。その距離は213km。流域面積は5090平方kmに及ぶ。

諏訪湖の水位を調整する役割がある釜口水門

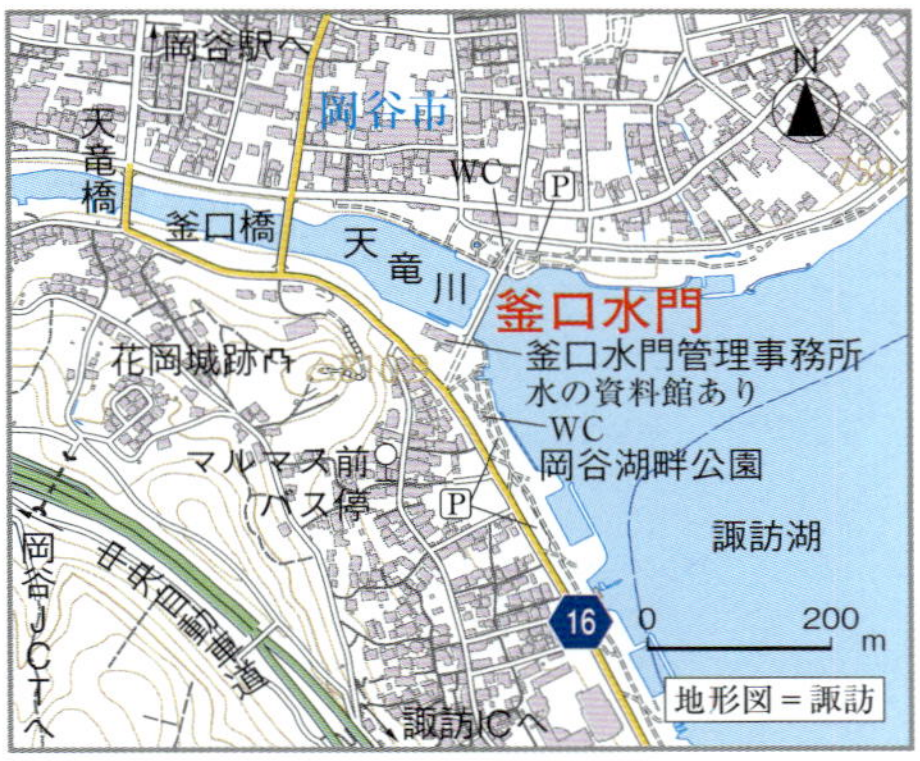

矢作川源流

根羽村／家族／徒歩すぐ
遭遇難度★ D P197

矢作川《やはぎがわ》は、長野、岐阜、愛知の3県を流れ、最後に西尾、碧南《へきなん》の両市境で三河湾に注ぐ川。延長は118km。流域面積は1830平方kmという。名前は、古代の部民制《べみんせい》において矢を作る職業部《べ》だった矢作部に由来する。

矢作川水系としての水源は、柳川《やながわ》が発する平谷村の大川入山《おおかわいりやま》だが、矢作川自体の源流は、根羽村の茶臼山中腹にある。

場所は、カエル館から愛知県側に向けて村道を200m上がったところ。根羽村の大きな観光案内板が目印の駐車場に車を置き、「一般車通行禁止」の看板が掲げられた道へ入ると、すぐ車止めの先に矢作川源流が見えてくる。

立派な源流石碑があり、積み石の間から豊富な水がザァーザァーと流れ出している。まるで源流を見守っているかのようなカエルの石像が、なんとも愛らしい。

源流水は「茶臼山名水」と呼ばれ、茶臼山高原に複数あるパワースポット（P148参照）の一つ。水を汲みに来る人からは、「腐りにくい」「おいしい」と好評だという。

矢作川源流の石碑（左）と源流から流れ出す水（右）

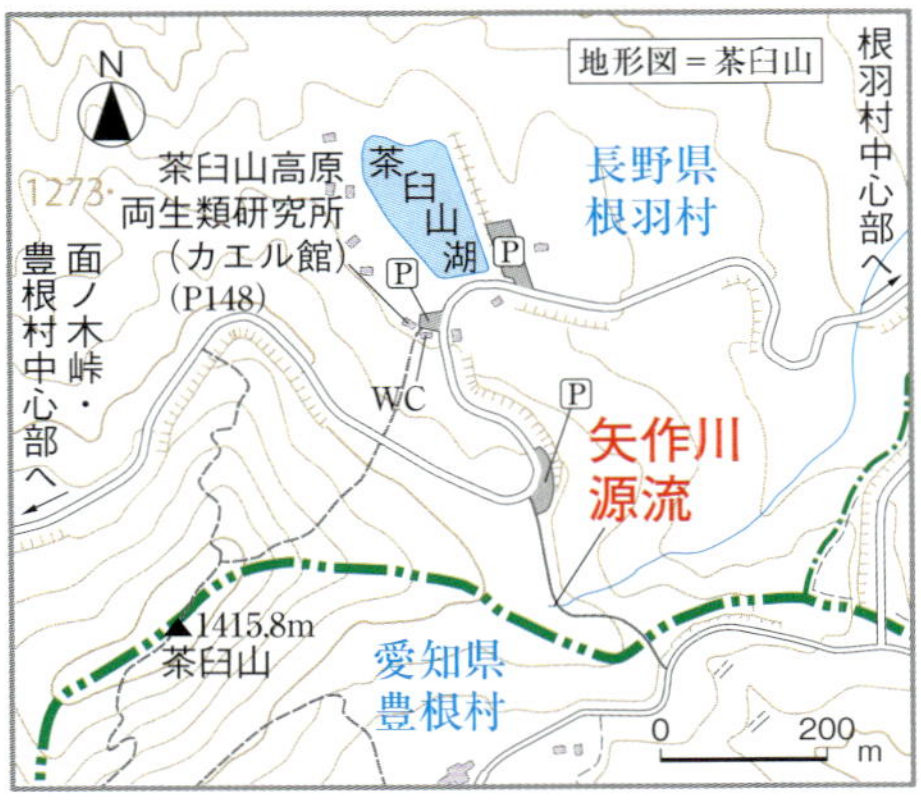

地理

海岸線から一番遠い地点は なんと佐久市の山の中 到達認定証をゲットせよ！

佐久市／一般／徒歩1時間10分（往復2時間5分）

遭遇難度★★ D P196

日本で海岸線から一番遠い地点は、どこにあるのか？　さすがに半世紀も生きてきた中で一度も考えたことがなかったなぁ。でも、地図上で計測すれば、日本のどこかにそのポイントがあるのは間違いない。漠然と想像すると、北海道の真ん中あたりが遠そうな気もするが……。

ところが、国土地理院が１９９６（平成８）年９月に計算した結果、旧・臼田町の山中にあることが判明。その場所は、北緯36度10分36秒、東経１３８度34分49秒、標高１２００ｍの尾根付近という。海岸線までの距離は、太平洋側と日本海側ともに１１４・８kmで、意外にも北海道石狩山地にある地点は１０８・２kmで2位だったそうだ。

その後、日本で海岸線から一番遠い地点に至るルートが設定され、合併後の佐久市でも「日本で海岸線から一番遠い地点」として行政のウェブサイト等で紹介している。

センガ沢は、深山幽谷の雰囲気に包まれ、本ルートの魅力といって過言ではない。ルートは沢沿いに縫うように続き、後半は沢の中を歩くこともある

❶県道93号沿いに立つ案内標識。❷滝ヶ沢林道のゲート。❸滝ヶ沢林道から滝ヶ沢支線林道へ。しばらく単調な林道歩きが続く。❹「日本で海岸線から一番遠い地点」に到着。❺地面に設置された一級基準点。中心の十字がまさにそのポイント！　❻詳しい解説板もある

日本で海岸線から一番遠い地点
1996年9月 国土地理院の関氏等によって計算発見されたもので、地理的に「日本のへそ」とも言える地点です。ちなみに北海道の場合は石狩山地内で、108.2kmであったそうです。
●中心点
北緯 36度10分36秒
東経 138度34分49秒
標高 1,200m
海岸線までの距離 114,855m
●海岸線
1.静岡県富士市田子の浦港
中心点までの距離 114,853m
2.新潟県上越市直江津
中心点までの距離 114,854m
3.神奈川県小田原市国府津
中心点までの距離 114,862m
4.新潟県糸魚川市梶屋敷
中心点までの距離 114,861m
佐久市
佐久市1級基準点
日本で海岸線から一番遠い地点
北緯36度10分36秒　東経138度34分49秒
X 19612.676m　Y 7241.247m　標高 1199.654m
設置者・管理者　長野県佐久市
作業機関　公益社団法人 長野県公共嘱託登記土地家屋調査士協会

田口峠
Taguchi Pass
日本で海岸線から1番遠い地点

通行止

「これはおもしろい！　ぜひとも行ってみたい」と思った筆者は、7月中旬に取材を断行。あらかじめ佐久市役所に赴き、ルートの詳しい資料を入手。本庁舎や臼田支所には、分かりやすいイラストマップが用意されている。

起点となるのは、雨川砂防ダムの上流側。県道93号沿いに立つ「日本で海から一番遠い地点」の案内標識に従って橋を渡ると丁字路があり、左側に滝ヶ沢林道のゲートが見える。付近の路肩に寄せて車を停めたらゲートを越えて出発だ。

最初は、なんてことはない林道歩きが続く。途中、道標に従って滝ヶ沢支線林道へ。やがて林道終点の広場に出る。ここまでは、ある意味、“前菜”みたいなもの。この先が本ルートのキモ。メーンディッシュだ。

センガ沢沿いに続く道は明瞭で歩きやすいが、じきに沢を何度も渡るようになる。両岸を険しいV字状斜面に挟まれ、一帯は予想以上に深閑とした森で、歩きがいがある。林床ではオシダが大きな葉を広げ、まさに深山幽谷とはこのことだ。いや、ここまでスゴイとは、まったく思ってもみなかった。なんか本当に探検しているみたいだぞっ！

とはいえ、基本的に沢をそのまま登るだけであり、しかも所々に標識も設置あるので、あまり心配する必要はない。枝沢《えだわさ》にうっかり入るようなことでもしない限り、迷うことはない。もっとも、終始明瞭な道が続くわけではないので、登山経験が少ない人は経験者に同行してもらうのがベターかもしれない。

そのうち沢とルートの区別も曖昧になり、沢の中を歩くこともしばしば。それでも水量は多くないので、渓流靴が必要になるほどではない。筆者は長靴を履いて行ったが、登山靴でも多少ぬれるくらいで、あまり支障はないだろう。ただ、ぬれた岩はソール（靴底）のグリップが効きにくいため、滑って転ばないように注意したい。転倒防止にトレッキングポールも欲しいところだ。

最後に、沢を離れて斜面を上がると白い標柱が現れた。ここが「日本で海岸線から一番遠い地点」だ。森に囲まれ展望はないが、伐採されて比較的広い空間が作られ、解説板や一級基準点が設置されている。この基準点の十字が、そのポイント。

日本で海岸線から一番遠い地点に今、自分はいるんだと思うと、やはり感慨深いものがある。「それがどうした」といわれると、確かにその通りなのだが、思っていた以上にワクワクした。単に海岸線から一番遠いだけではなく、そこに至るルートも十分すぎるほどに魅力的だった。挑戦をお勧めしたい。

プラスα

日本で海岸線から一番遠い地点に到達したら認定証をもらおう！

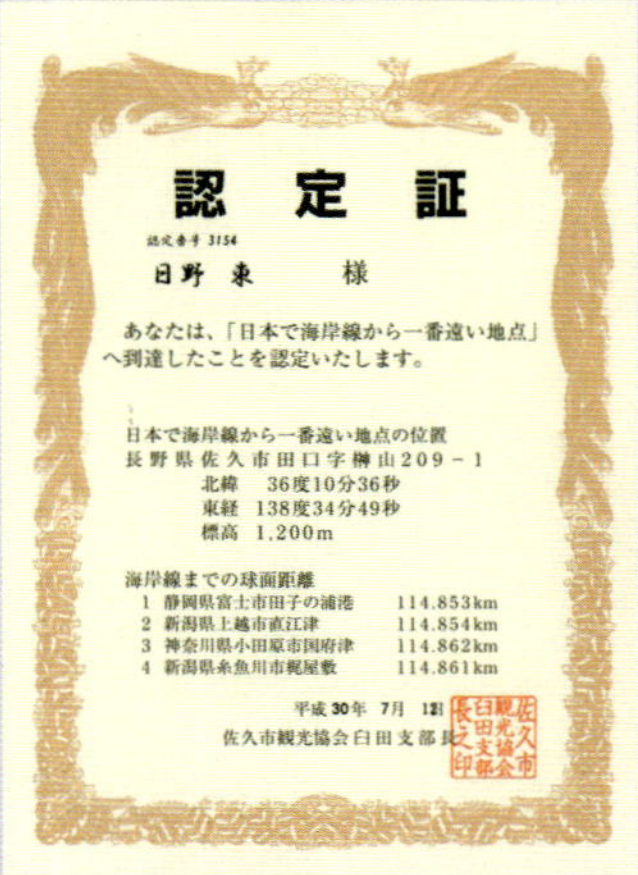

認定証

認定番号 3154

日野 東　　様

あなたは、「日本で海岸線から一番遠い地点」へ到達したことを認定いたします。

日本で海岸線から一番遠い地点の位置
長野県佐久市田口字榊山209－1
北緯　36度10分36秒
東経　138度34分49秒
標高　1,200m

海岸線までの球面距離

1	静岡県富士市田子の浦港	114.853km
2	新潟県上越市直江津	114.854km
3	神奈川県小田原市国府津	114.862km
4	新潟県糸魚川市親屋敷	114.861km

平成30年 7月 12日
佐久市観光協会臼田支部長

佐久市観光協会臼田支部長之印

佐久市観光協会臼田支部が発行する「日本で海岸線から一番遠い地点」到達認定書。ぜひともゲットしたい！

「日本で海岸線から一番遠い地点」に無事たどり着いたら、帰宅後、佐久市臼田支所内の佐久市観光協会臼田支部にメールで到達者名、到達した日付、郵送先に加えて、到達の証明となる現地で撮影した写真を添えて送れば、後日、認定証が郵送されてくる。

平日の8時30分～17時15分の開庁時間内であれば、帰路に臼田支所に立ち寄り、経済建設環境係の窓口でデジタルカメラやスマートフォンの画像を見せれば、その場で発行してくれる。

筆者も取材直後に入手したが、氏名や通し番号、観光協会支部長印まで入った本格的な認定証だったので、なんかスゴイことをやり遂げたような気分になった（笑）。

●佐久市観光協会臼田支部
（臼田支所経済建設環境係）
☎0267-82-3111　MC 85 117 115*27
usudasisyo@city.saku.nagano.jp

地理

実は辰野町内に存在する二つの特筆すべき地点 ゼロポイントと日本中心の標

辰野町／家族／ゼロポイント＝徒歩20分（往復50分）。日本中心の標＝徒歩すぐ
ゼロポイント＝遭遇難度★★。日本中心の標＝遭遇難度★ D P196

辰野町の山中にある北緯36度00分00秒、東経138度00分00秒が交差するゼロポイント。2011（平成23）年1月に「日本の地理的中心00ポイント」の標柱が立てられ、平成26年12月に現在の碑に変わった

❶石碑には、日本地図と緯度経度のラインが…。❷ゼロポイントに続く遊歩道。❸日本中心の標。石碑の揮《き》毫《ごう》は、辰野町名誉町民で画家の故・中川紀元氏による

「日本の真ん中」に「日本のへそ」——。呼び方はいろいろだが「日本の中心」に名乗りを上げている地点は、全国に28ヵ所もあるそうだ。長野県でも、次項で紹介する南牧村の「日本のおへそ」など、いくつか知られている。

その中でも辰野町には、「ゼロポイント」と「日本中心の標」というふたつのスポットがある。目標は市街地の北側山中。王城《おおじょう》枝《し》垂栗《だれぐり》林道（舗装）で大城山《おおじょうやま》へ上がると、まず先に「ゼロポイント」の案内標識が目に入る。終点の広場に車を置き、尾根道へ。ごく緩やかな道で、石仏が置かれた一杯水を見送り、四差路の水晶岩交差路に出る。ここを右折すると、じきに急斜面を下ってゼロポイントに到着だ。

尾根の北側斜面にウッドデッキが作られ、解説板と日本列島の地図付きの石碑が置かれている。周囲は木に囲まれ、展望はなく、GPSで位置情報を確認しようにも電波を受信しにくい場合があるかもしれない。

緯度と経度が00分00秒で交わる「ゼロポイント」は、国内の陸地に計39ヵ所あり、すべて北海道、本州、四国、九州に限られる。北方四島や南西諸島、あるいはそれ以外の島嶼《とうしょ》部には一つと存在しない。

ここは北緯36度00分00秒、東経138度00分00秒で、ゼロポイントの中でも中心に位置している。しかも、太平洋と日本海から最も遠い内陸のゼロポイントなので「日本中心のゼロポイント」とされているわけだ。

筆者が持参したカメラのGPS位置情報を確認すると、ほぼ上記通りだった。確かにここは、ゼロポイントで間違いなさそうだ。

一方、王城枝垂栗林道を奥に進むと未舗装になり、鶴ヶ峰《つるがみね》の一角にある「日本中心の標」に着く。1970（昭和45）年に設置された当時は、ゼロポイントに行く道もなく、眺めも悪いので、代わりに展望がいいこの場所に碑を設置したという。つまり、碑の設置根拠は、どちらも同じらしい。

2018（平成30）年9月放送のNHK番組『チコちゃんに叱られる！』で全28ヵ所の緯度経度の平均値、つまり「日本の中心のなかの中心地」を調べたところ、辰野町内にあることが紹介された。

「日本の中心のなかの中心地」は、ゼロポイントから10mほど登った場所だったそうだ。ここは、候補地すべての中心といえるので「辰野町こそ日本の中心」との主張が一層説得力が増したことになる。放送を見て喜んだ人から、いっそ「ど真ん中町」に改名しようという冗談交じりの意見まで出ているらしい。

辰野町はゲンジボタルの里としても有名だが、今後は日本の中心も広くPRする予定とのこと。

地理

南牧の平面直角座標系原点 東日本大震災の影響で最大26㎝移動していた!?

南牧村／家族／徒歩すぐ／遭遇難度★ D P196

左のやぐらが組んである真下に第Ⅷ系原点がある。右が八ッ星の鐘

前項に引き続き、「日本の中心」の話題をもうひとつ取り上げたい。南《みなみ》牧村《まきむら》にも「日本のおへそ」と呼ばれる地点があり、辰野町とは、また違う視点から「わが村にも日本の中心がある」と宣言している。理由を聞けば、こちらはこちらで納得できる。

地図上の位置は、緯度経度と平均海面からの高さで表すことができるが、それを可能にしているのが「平面直角座標」である。日本では19の区域に分けて「平面直角座標系」が定められていて、それぞれに基準となる原点が決められる。南牧村の原点は「第Ⅷ系原点」と呼ばれる。

ほかのほとんどの原点は山か海の中にあり、南牧村の原点のように交通が便利な場所にあるのは大変珍しいとされる。長野県のほか、新潟県、山梨県、静岡県が、適用区域とされ、この4県は日本の中央にあることから、第Ⅷ系原点を「日本のおへそ」と命名したという。

さらに興味深いのは、2011(平成23)年3月の東日本大震災で原点が大きくズレていることが、その後の調査で判明したこと。本来の位置から東方に25・7㎝、上方に9・1㎝も移動していたというから驚きである。すさまじいエネルギーが作用したことがわかる。

また、実際に打ち鳴らすことはできないが、原点の隣には「八ッ星の鐘」がある。北斗七星の一つミザールには、アルコルという星が寄り添っているが(連星ではなく、あくまで見かけ上の二重星)、視力次第では、二つの星を見分けることは難しい。ところが、この鐘を8回鳴らすとアルコルが見えるようになる……という言い伝えがあるそうだ。なかなかシャレた伝説である。

それにしても「第Ⅷ(8)系原点」に八ッ星の鐘。しかも八ヶ岳の山麓というオマケ付き。偶然とはいえ、出来過ぎている!

南牧村「日本のおへそ」に行く際の目標は、南牧村役場の2・4㎞南の市場交差点を目指そう。同交差点から脇道に入ってすぐ。入り口に案内標識も立っているが、小さいので見落とさないようにしたい。

地理

本体と同じ面積の飛び地に知られざる飛び地も…？長野県内の飛び地事情

【南箕輪村飛び地】南箕輪村／家族／徒歩すぐ／遭遇難度★ D P196

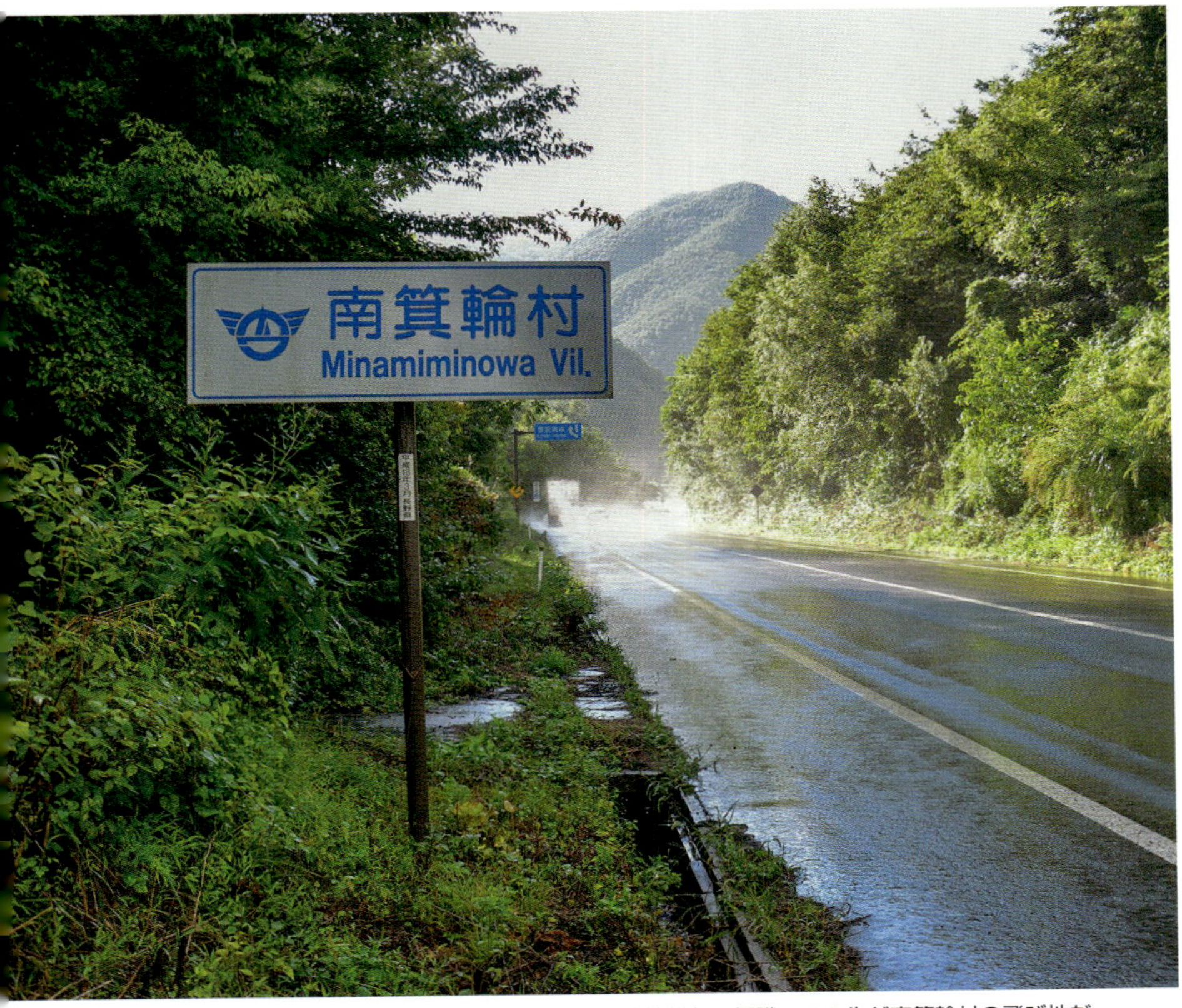

国道361号の村境よりも約250m手前に立つ「南箕輪村」の標識。この先が南箕輪村の飛び地だ

飛び地とは「地理的に分離している土地」。世界には国レベルもあるが、国内では都府県レベルや市町村レベルでは多数ある。本書P44でも取り上げた3県境点全国最多の三重県では、和歌山県の飛び地の存在が、その原因を作っている。

インターネット上では、高峰高原の群馬県側に長野県の飛び地があるとする記述もあるが、アサマ2000パークスキー場に確認すると、ゲレンデの一部が長野県側にあり、冬期は長野県側からしかアクセスできないこともあってスキー場の住所を長野県にしているそうだ。つまり「飛び地ではない」とのことだった。

このほか県内には、市町村レベルの飛び地が十数ヵ所もある。中でも一番驚くのは、南箕輪村の飛び地。古くは入会地《いりあいち》（一定の地域で総有する土地）だったらしいが、村役場がある市街地側本体と飛び地が、ほぼ同じ面積。同村は県内屈指の人口増加率を誇るが、飛び地はほぼ森林で住民はゼロである。

ほかにP65で紹介する「血の池」もそうだ。周囲は軽井沢町だが、源泉と呼ばれる水源から濁川《にごりがわ》に沿った細長いエリアだけは御代田町である。ただ、現地にそれを思わせる表示は一切ない。それどころか国土地理院地図にも町境が書かれていないので、気づく人はいないだろう。

飛び地が生まれた背景には、必ず歴史的な経緯があって、例えば、塩尻市北小野にある弥彦神社境内は、現在も辰野町の飛び地だが、そのきっかけは安土桃山時代の1591（天正19）年に松本城を築いた城主・石川数正と飯田城の城主・毛利秀頼の間で生じた領地争いにまでさかのぼるという。

地図に表示される飛び地は、視覚的に把握できるので面白いが、全ての飛び地が地図上で判別できるとは限らない。また現地に行っても飛び地と分かるものは住居表示以外に何もなく、時には住居表示すらないこともある。背景には、いろいろな事情があるようだ。

湖沼

底が見えるほどに水質が高く時期によって色も変化する塩尻市の名水「平出の泉」

塩尻市　家族／徒歩3分（往復6分）／遭遇難度★★ D P196

筆者は、なかなか透き通った平出の泉に遭遇できず、3度目の正直でようやく目にすることができた。夏以外がお勧めかも

ＪＲ塩尻駅から南西わずか約２㎞の山裾に「平出《ひらいで》の泉《いずみ》」という湧き水がある。塩尻市の史跡にも指定され、堰堤《えんてい》で水をためて池になっている。

約５０００年前の縄文時代から平安時代にかけての集落跡、国史跡・平出遺跡がすぐ北側にあり、水源が乏しい地域にもかかわらず、これだけ大きな集落が発達したのも、泉の存在が大きいとされる。

南岸に祀られた水神様の付近から年間を通じて毎秒45リットル、水温13℃を保つ良質なアルカリ性地下水が湧き出る。水質が良いために底が見えるほどに透き通り、冬でも氷結しない。

季節や天候によって色や濁り具合は変わるが、時にコバルトブルーやサファイアグリーンに輝く水面は、息をのむほどに美しい。

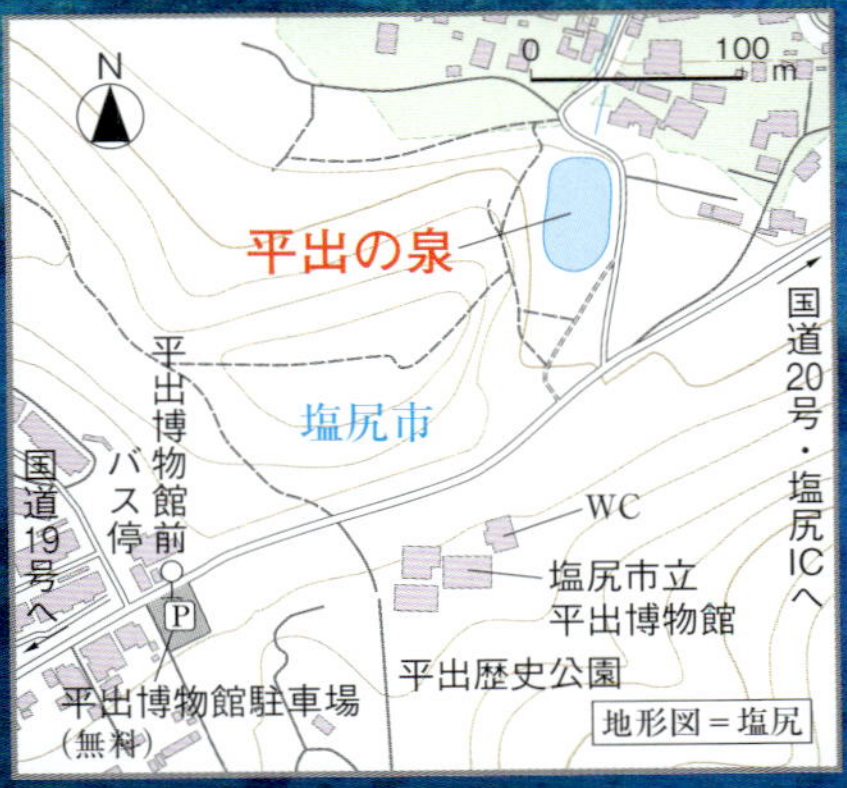

湖沼

名水百選にも選ばれたエメラルドグリーンに輝く美しき沼「龍ヶ窪」

新潟県津南町／家族／徒歩8分（一巡往復25分）
遭遇難度★ D P196

朝霧が出て水面上をサァーと流れ、木漏れ日がブナの葉をそっと輝かせる。水深は1.5～2mほどしかないが、その鮮やかな水面は、吸い込まれそうなほどに見事だ

むかしむかし、村にお寺を建てるために龍ヶ窪の老木を切った時のこと。切り倒した木が、池の中に転げ落ちてしまった。人手を集めて一度は引き揚げたものの、翌日行ってみると、なぜか池の中に戻っていた。村人は、池の主である龍神が怒っているに違いないと考えて、引き揚げるのを諦めた——。その木は今も朽ちることなく残っているという。

かつては、雨乞いの際に龍ヶ窪の弁天様に1升樽の酒をささげる習慣もあった。儀式では、参加者全員で酒を飲み干し、空になった1升樽に龍ヶ窪の水を入れて持ち帰った。雨を降らしたい田畑にその水をまくと必ず雨が降ったそうだ。

龍ヶ窪は、新潟県津南町の通称「沖ノ原台地」と呼ばれる河岸段丘《かがんだんきゅう》にある湧水池だ。周囲をブナやミズナラ、サワグルミ、トチノキなどの林に覆われ、南西側には湿地帯が形成され、ミズバショウが自生している。また池の中には、冷涼で水質がいい湧水池を好むカワマスが生息し、確認された野鳥も多い。

池底などに10ヵ所もある湧水口からは、季節によって変動するが毎分18～30トン、真夏でも水温7～10℃の地下水がこんこんと湧く。そのため池の水は毎日入れ替わり、決して濁ることがないともいわれる。

さらに地下水の放射性炭素年代測定の結果、約40年という数値も出ているそうだ。つまり、龍ヶ窪の水は、40年前に地下に浸透した雨水ということになる。金属イオン含有量が極めて少ない超軟水で、名水百選にも選ばれ、一帯は県の自然保全地域に指定されている。

入り口の駐車場から遊歩道が延びており、2ヵ所の水飲み場のほか、ほとりには、龍ヶ窪を管理する岡、谷内《やち》両集落がそれぞれ有する龍ヶ窪神社と八大龍王権現の2社が鎮座。毎年7月には祭礼も行われている。

遊歩道の途中に撮影スポットがあり、ここからカメラを向けるとよい。条件によっては、霧が出て幻想的な光景を撮影できる。

❶ウッドチップが敷かれ、足に優しい遊歩道。❷駐車場の近くにある最初の水飲み場。龍の像から水が出ている。❸霧で真っ白になった龍ヶ窪。筆者の取材では二度とも霧が出たが、霧の塊は風が吹くと水面を行ったり来たり。現れたり消失したり…を繰り返した。❹龍ヶ窪神社。この下にも水飲み場がある

おはぐろ池。周辺の湧き水と濁川とともに「信州の名水・秘水」に選定。それにしてもスゴイ色だ

湖沼

名前の通り赤い色をした血の池はあるのかないのか一体どっちなんだよ!

御代田町／一般／徒歩2時間50分(往復5時間10分)／遭遇難度★★ D P196

「ち、血の池がない! どぉ～いうこと?」。2018(平成30)年6月の筆者取材時のこと。なぜか現地に血の池が見当たらない。国土地理院地図でも確かにこの付近に表示があるのに「池がない」のだ。

「血の池」と書かれた標識はあったが、完全に草ヤブと化して、そこに池らしきものはない。見落としたかな、と戻ってみたり、反対側を探してみたり……。おはぐろ池という池はあったが、肝心の血の池はやはりなかった。

帰宅して調べてみると、消失したのも事実みたいだが、一方で必ずしも消失したわけでもない……らしい。うーん。自分で書いているのに意味不明だ。

わかりやすくいうと、「血の池」と呼ばれた池は、かつて確かに存在していた。しかし、その後枯れてしまい、もう見ることはできない。ただ、おはぐろ池も含めて、付近の池をまとめて血の池とも呼んでいたそうだ。つまり総称としての血の池なら今もあるということ。それなら納得だ。

血の池の一つ、おはぐろ池は石尊《せきそん》山《さん》中腹にある赤褐色の池。水源から湧き出した際は無色透明だが、硫化鉄を多く含むため、しばらくすると空気に触れて酸化し、濁った色に変色する。ここから流れ出す川が「濁《にごり》川《がわ》」なのは、そのためだ。

飛び地のページでも書いたように周囲は軽井沢町だが、血の池付近のみ御代田町の地籍で、昔から佐久平の水田を潤すかんがい用水の水源として大切にされてきたという。

(※地図は次ページ参照)

手前の分岐を右に入ると「源泉」があり、この時点では無色透明

滝

豪雨の後でもないのに赤褐色に染まった水を常に落とし続ける「血の滝」

軽井沢町／一般／徒歩2時間10分（往復3時間55分。血の池や源泉までの時間含まず）

遭遇難度★★★ D P196

血の滝は、別名「赤滝」ともいわれ、前項「血の池」と同様に赤褐色を呈する滝で水源も同じだ。ほかの滝でも豪雨の後に濁ることはあり得るが、この滝の場合は常にこの色で染まっているところがミソ。

落差は9m。石尊山《せきそんさん》の中腹、標高1375mにあるため、観瀑は容易ではないが、登山コースとして見れば大したことはない。血の池と併せて探訪してみたい。

起点は、血の池と同じく追分宿駐車場。通りを抜けて石尊山登山口に向かう。以前は登山口に車を置けたが、現在は駐車不可となったので注意が必要だ。登山口からは、真っすぐな道が続き、しかも緩く登るだけなので至って気楽。徐々に傾斜が増し、途中3回、林道を横断する。

さらに上部で林道に飛び出して、これを少し歩くが、再び登山道に入って血の滝入り口の分岐へ。最後に谷へ降りると目的の滝が見えてくる。

滝のそばには、大きな洞窟があり、中に不動明王《ふどうみょうおう》の石像2体が祀られている。かつて滝行《たきぎょう》が行われた証拠とも想像できるが、この濁った滝に打たれれば、身は清められても白装束は確実に汚れそうだ。

それにしても、半円状の断崖に懸かる赤褐色の流身は、実に個性的。水に含まれる硫化鉄が酸化堆積して背後の斜面も同じ色で染まっていた。

追分宿近くの町道沿いにある石尊山登山口。浅間山の噴火警戒レベル表示にも注意

血の滝わきにある大きな洞窟。中には滝行の起源にも関係する不動明王像がある

知らない人が見たら、どう見てもタダの濁流
である。でも濁りの原因はまるで異なる

圧倒的な迫力で迫ってくる落差40mの常布の滝。豪快な流身もさることながら、縦じまが入る岩壁の異様さは特筆に値する

滝

草津の秘境「常布の滝」はまさにロストワールドそのものだった！

群馬県草津町／上級者／徒歩2時間15分〜2時間25分（往復4時間25分〜 4時間45分）

遭遇難度★★★★ D P196

右岸岩壁に形成された岩窟の一つ。鍾乳石状のつららが無数に垂れ下がり、その先端からは水滴がしたたり落ちていた

一見すると鍾乳石に似ているが、厳密にはそうではないらしい。それにしても自然の成せる技には、感動さえ覚える

瑠璃色に輝く地下湧水。写真は2度目の取材時に撮影したもの。3度目の取材時も立ち寄ってみたが、2度目の時ほど地下水の湧出がなく、瑠璃色も随分薄くなっていた。2018年夏は、日照り続きだったため地下水位が低下したのが原因と想像したが、湧出量も瑠璃色も変動すると考えた方がよさそうだ

超危険！　常布の滝探訪記

これは、ちょっとヤバイかも……。帰路のルートを見失った瞬間、危うく冷静さを失いそうになった。それにしても、あれほど注意していたのに何という失態だろう。

常布の滝を取材した帰路のこと。筆者は、うかつにもヤブの中で一人、道に迷ってしまった。いやいや、まだ深刻な事態とまではいえない。とにかく、ここは冷静になってルートを見極めよう。自分にそう言い聞かせるが、過去の似たような経験が頭をよぎり、イヤな汗が出て来た。

もう随分前のことだが、某県の、道が通じていない湿原を目指して最寄りの林道から単独行でヤブコギしたことがある。背丈をはるかに超える視界ゼロの猛烈なブッシュに阻まれ、5m進むのも困難なルート。しかも頼りのGPSナビが指し示す方向が、途中からなぜか二転三転する事態となり、なんとか中間地点の尾根に出たものの、目的の湿原はおろか、帰る方向まで見失いそうになり、正直やばいと思った苦い経験があったのだ。

常布の滝に続くルートは、極めて明瞭な区間がある一方で、著しく不明瞭な区間もあった。ヤブコギを強いられることもあって手こずった。うっかり道ではないところに進んでしまい、「あれ⁉ なんだかおかしい」と気づき、戻って正規ルートを確認した回数は、十数回に及んだ。その甲斐あって途中までは正しいルートをたどれたものの、結局タイムアウト。残念だが諦めるしかない。帰途に就くことにしたが、早々にこのありさまだ。

かつては定期的にルートのメンテナンスが行われ、その頃であれば、少々難路とはいえ、迷うことはなかっただろう。しかし岩壁の崩落があったため、何年も前に滝へ至る道は閉鎖され、ほとんど訪問者がいない状態が続いていたと思われる。メンテナンスもなく、訪問者もいなければ、ルートが笹ヤブに飲み込まれるのは、時間の問題だ。

夏場であれば、まだ訪問者はまれながらもいて、少しは踏み跡ができていたかもしれない。しかし6月初旬は、融雪後の入梅前で微妙な時期ともいえる。おそらく筆者がこの年、最初の訪問者だったのだろう。

ある程度のルートファインディング技術を有しているつもりだが、それでも迷いまくった。もちろん山の怖さも身にしみて分かっていた。だが、人間が道に迷う落とし穴みたいなものをあらためて垣間見た気がした。その後、なんとか踏み跡を再度見いだし、安全圏に達して心底ホッとする。

しかし、手間取ったせいで肝心の滝に達することはできなかった。さすがにもう諦めようとも思ったが、結局、もう一度チャレンジすることに。うまくいえないが、何かに背中を押されたような気がする。

2度目の取材でも、やはり迷った。ただ、現場の様子が頭に入っていたので1回目よりもスムーズに進むことができた。ルートの詳細が、ようやくのみ込めてきたのだ。

ところが、ついに滝の上部が樹間に見える場所に達したところで、いきなりプツリとルートが途切れる。下方の急斜面にロープが垂れており、わざわざロープが設置してあるということは、ここを下るのが正しいと思われた。ロープの下には道らしきものがあるが「道にしては若干疑念が残る」と迷うような細いガレ場。かといって前方に踏み跡らしきものは、一切見当たらず、岩が堆積しているのみ。

念のためロープで下りて、ガレ場を下ってみたところ、目を見張るモノが出現してビックリ。鮮やかな瑠《る》璃《り》色を呈した地下水が斜面に流れ出していた。こんなもの初めて見た！　地下水が、なんで鮮やかな瑠璃色をしているのだろう？

さらに斜面を下り、最後はザイルで河床《かしょう》に降りてみたが、川を遡行《そこう》するのは無理そうだった。再びルートが途切れた場所に戻り、岩塊の奥でヤブを漕《こ》いで探してみると細い道を発見。つまり、設置されていたロープで下りる必要はなかったことになる。どうやら崩落した岩塊が付近のルートを隠してしまったらしい。見つけた道を下ってみると、ようやく常布の滝に出た。

それにしてもスゴイ滝だ。岩壁には複雑な縦じま模様が浮かび、水にぬれて余計に生々しい。滝の右岸側には、ふたつの大きな岩窟が生じ、天井から鍾乳石《しょうにゅうせき》のようなつららが多数垂れ下がっている。まるでロストワールドみたいだ。

ただ、この時も予定外の時間を要したため、滝に着いた時は、流身の半分に影が掛かっていた。これでは常布の滝の魅力を伝えることはできない。積極的に行きたくはないが、仕方ない。もう一度行こう。で、3度目にして、ようやくP68〜69に掲載した写真を撮影できた。

この時は、さすがに慣れて、ほとんど迷わず滝に到着。しかも迷いそうなポイントに遭遇する度にピンクテープを木に結んだことも功を奏した。もともと同様の目印もあったが、不十分だったので補ったのだ。そのため帰路も迷わなかった。

専門家に見解を聞いてみた

瑠璃色の地下水と鍾乳石状のつららの正体は、なんだろうか。地質学や岩石学が専門の群馬県立自然史博物館・菅原久誠《ひさなり》学芸員に写真を見てもらい見解を聞いた。

まず、瑠璃色の地下水について——。「鉄酸化細菌が形成した鉄酸化被膜だと思われる。油による汚染の可能性もあるが、国立公園内で上流域に工場などはないので、おそらく鉄酸化細菌が関与した結果だと考えてよいだろう。現場で確かめる際は、油の臭いがするか、嗅いでみること、被膜を破ってみて、それがすぐに復元する油かどうかで確認する。鉄酸化細菌というのは鉄が豊富にある場所で、二価の鉄（青黒い鉄）が三価の鉄（赤さびの鉄）に代わる時のエネルギーを使って生息する。これが水面などに酸化した鉄の被膜を作る原因となっていて、水や水のついた岩石表面が瑠璃色に見える」

瑠璃色の地下水を作り出したのが、細菌が生み出した鉄酸化被膜だったとは意外である。

一方、鍾乳石《しょうにゅうせき》状のつららは——。「おそらく鉄鉱物が二次的に結晶化したもの。鉱物名は実物を近くで見るか、それで分からない場合は分析することで分かるが、写真だけでは判断できない。よく温泉などの出水口などに垂れるように石膏《せっこう》などの鉱物が成長することがあるが、この岩窟のつららも同様に、水に豊富に含まれる成分が邪魔されず時間をかけて自由に晶出《しょうしゅつ》し、さらに付加成長を続けた産物だと思われる。特に褐色から黒色に見える部分は鉄酸化鉱物が集まっている場所だと考えられる。常布の滝付近は、一般的な鍾乳洞を形成する石灰岩はなく、火砕流でできた火砕岩と溶岩で構成される。従って、山口県の秋芳洞《あきよしどう》などで見られるような石灰成分（炭酸塩成分）でできた鍾乳石とは異なる。『鍾乳石』の語源を考えると、滴るもので形成された岩石であればよいので洞窟内で二次的に生成されたつらら状の形態を成すものは、広義には鍾乳石。ただし、狭義の『鍾乳石』とは、石灰岩の洞窟内で石灰岩が溶けた炭酸塩に富む水によって二次的に生成されたつらら状の形態を成す」

筆者は、その形状から鍾乳石だと思っていたが、厳密にはそうではないらしい。鉱物の結晶ということは、石のように堅いとも思える一方で、それが集まった塊は意外にかなり脆《もろ》い可能性もありそうだ。確かによく見ると、繊細な結晶からできていることがわかる。過去の状況と比べても徐々に変化していることとから、うっかり触ると折れる可能性もある。あくまで見るだけにしよう。

現地探訪はやはり危険

本稿を読んで、常布の滝に行ってみたいと思った人は多いかもしれないが、筆者としては決して行くことを推奨しない。地元草津町でも上級者向きであることに加えて、落石の恐れも高いことから、長らく立ち入りを禁止している。

仮に行ってみるとしても、明らかに自己責任となる。登山経験が不十分な人は、絶対ダメ。経験者に同行してもらうことが最低条件。

今後、現地は、時間の経過とともにますます荒れる一方と思われ、踏み跡は不明瞭になり、危険度は確実に増す。

筆者の2~3度目の印象でいえば、1度目以降に何度か人が入っているような痕跡に気づいた。最初の時はなかった踏み跡があったり、2ヵ所あるロープの状態に変化があったりしたからだ。

また、筆者が不明瞭なポイントにピンクテープを結んだことで分かりにくさは、ある程度解消されたものと思われる。経験者が慎重に行動すれば、到達は十分可能ではある。しかし、危険なルートであることに違いはない。

瑠璃色の地下水は常布の滝観瀑ポイントにもあった。これはその拡大

7

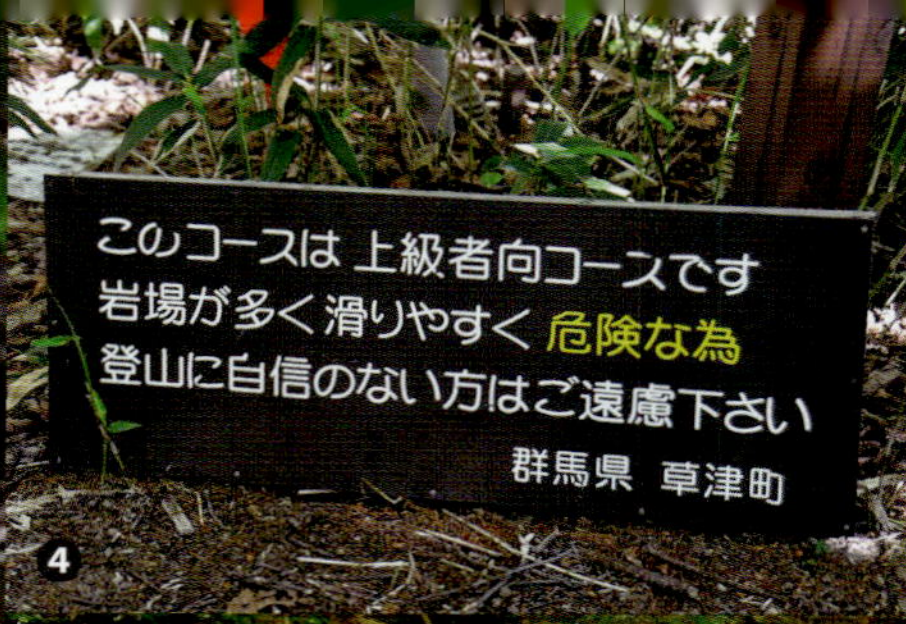
このコースは上級者向コースです
岩場が多く滑りやすく危険な為
登山に自信のない方はご遠慮下さい
群馬県 草津町
4

1

5

2

8

6

9

3

10

❶白根・芳ヶ平方面の遊歩道入り口。階段を上がれば、あとは緩い登りのみ。❷同コース上に立つミズナラの大木。向かいには祠がある。❸常布の滝入り口。この先は一転、難路となる。❹その入り口にある「注意」看板。❺瑠璃色の地下水湧出ポイント。この写真は3度目の取材時に撮影したものなので、色が白っぽく見える。❻豪快な飛沫となって滝壺に落水する常布の滝。❼鍾乳石状つららの拡大。乳白色や黄色の細かい結晶からできていることがわかる。❽ルートを隠した岩壁の崩落箇所。下方の岩が抜け落ちて、オーバーハング状になっていた。今後も崩落するかも。❾常布の滝観瀑ポイントでは、鉄分のせいか、赤く染まった水がたまっていた。❿左岸側の岩壁を見上げる

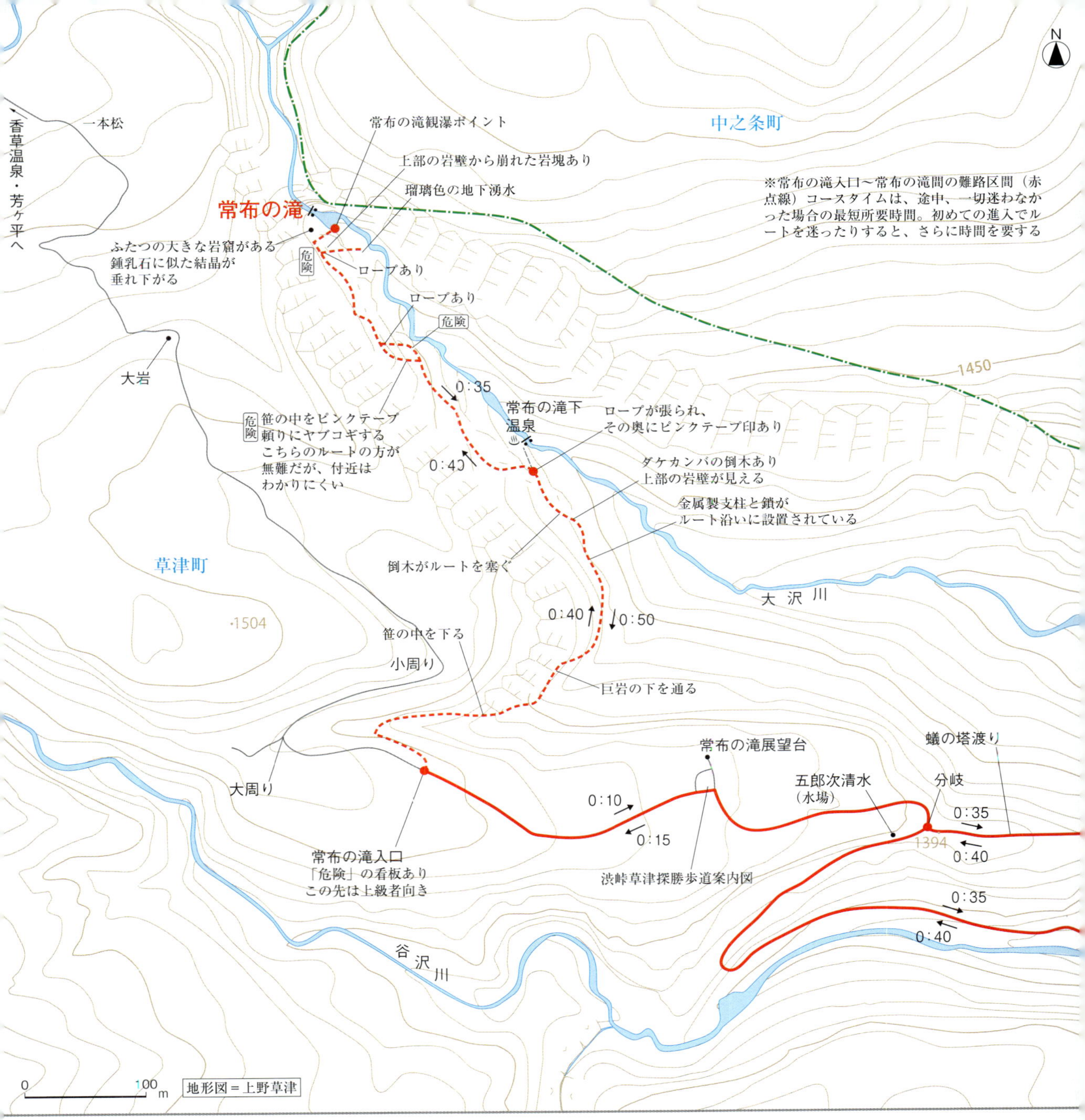

プラスα

常布の滝下流の無名滝には野湯がある⁉

常布の滝近くには、別の意味で興味深いものが存在している。野湯だ。

P80～88でも別の野湯を３ヵ所ほど紹介したが、常布の滝の300m下流に懸かる落差5mほどの無名滝にも野湯がある。その名も「常布の滝下温泉」。

常布の滝ルートの途中で、岩がゴロゴロしている付近。その谷側にロープが張ってあり、離れた木の枝にピンクテープが巻いてあるのが見える。さらに樹間から滝の姿もわずかに確認できる。この滝に向かう。

ロープを越えて踏み跡をたどると滝に出る。その右岸寄りに岩穴があり、中に温泉の湯だまりができている。濁ったお湯は、ぬるくて快適ではないが、話のタネとしては面白いかも。

ちなみに常布の滝周辺でも、温泉が数ヵ所湧き出ており、湯温は低いが「常布温泉」と呼ぶ。

嫗仙の滝は、落差25mほど。規模は決して大きい方ではないが、存在感は抜群だ

滝

夢に出そうな「嫗仙の滝」赤と黒の岩壁と大きな穴が妖しい雰囲気を醸し出す

群馬県草津町／一般／徒歩25分（往復1時間5分）

遭遇難度★★ D P195

嫗仙《おうせん》の滝ほど、夢に出て来そうな滝はそうそうないだろうと思う。筆者が、ひと目見た時、頭に浮かんだ形容は〝妖瀑〟。そんな言葉があるかどうか知らないが、とにかく印象に残る滝である。「日本の滝百選」から漏れているのが不思議なくらいだ。

背後の岩壁は、左右で赤と黒に明瞭に分かれ、その境目には大きな岩窟が二つ口を開けている。その穴が、余計に「なんともいえない妖しさ」を感じさせる。ただ、異様な姿とは対照的に豪快さはない。中心の流れは直瀑気味だが、左右の流れは、いずれも穏やかな表情をしている。名前の「嫗」とは、年をとった女性の意味なので、少し納得だ。

草津町市街地から南に向けて町道を進み、その終点にある観瀑者用駐車場が起点。ここから滝に続く道へ足を踏み入れる。あずまやを見送り、つづら折りの山道を下ると、駐車場から30分ほどで小雨川《こさめがわ》に出る。

付近は、草津白根山から噴出した火砕流が固まって溶結凝灰岩《ようけつぎょうかいがん》の岩盤となり、これが浸食されて谷になっている。そのため川沿いの岩盤を歩いて滝壺まで行くことができる。

観瀑の後は、付近の標識を目印に10分ほど小径を上がり、「森の巨人たち百選」に選定された「嫗仙の滝のカツラ」にも立ち寄りたい。樹齢300～400年、幹回り6・7mという巨樹が斜面に大きく枝を広げ、いかにも幽谷らしい風情だ。

また下流に向けて、川沿いを散策してみるのもお勧めである。ずっと浸食された岩盤が続き、渓流靴がなくても川のへりを歩行できる。小さな滝が水を落としていたり、サラサラと流れるナメがあったり……。夏場なら、素足になって川の中に入りたいほどの浅い流れだ。しかも岩盤は赤い色を呈しているので大変印象深い。ただし、川の水は飲んではいけない。

帰路は、途中で分かれる迂回路へ。斜面をトラバースして、あずまや付近に出られる。

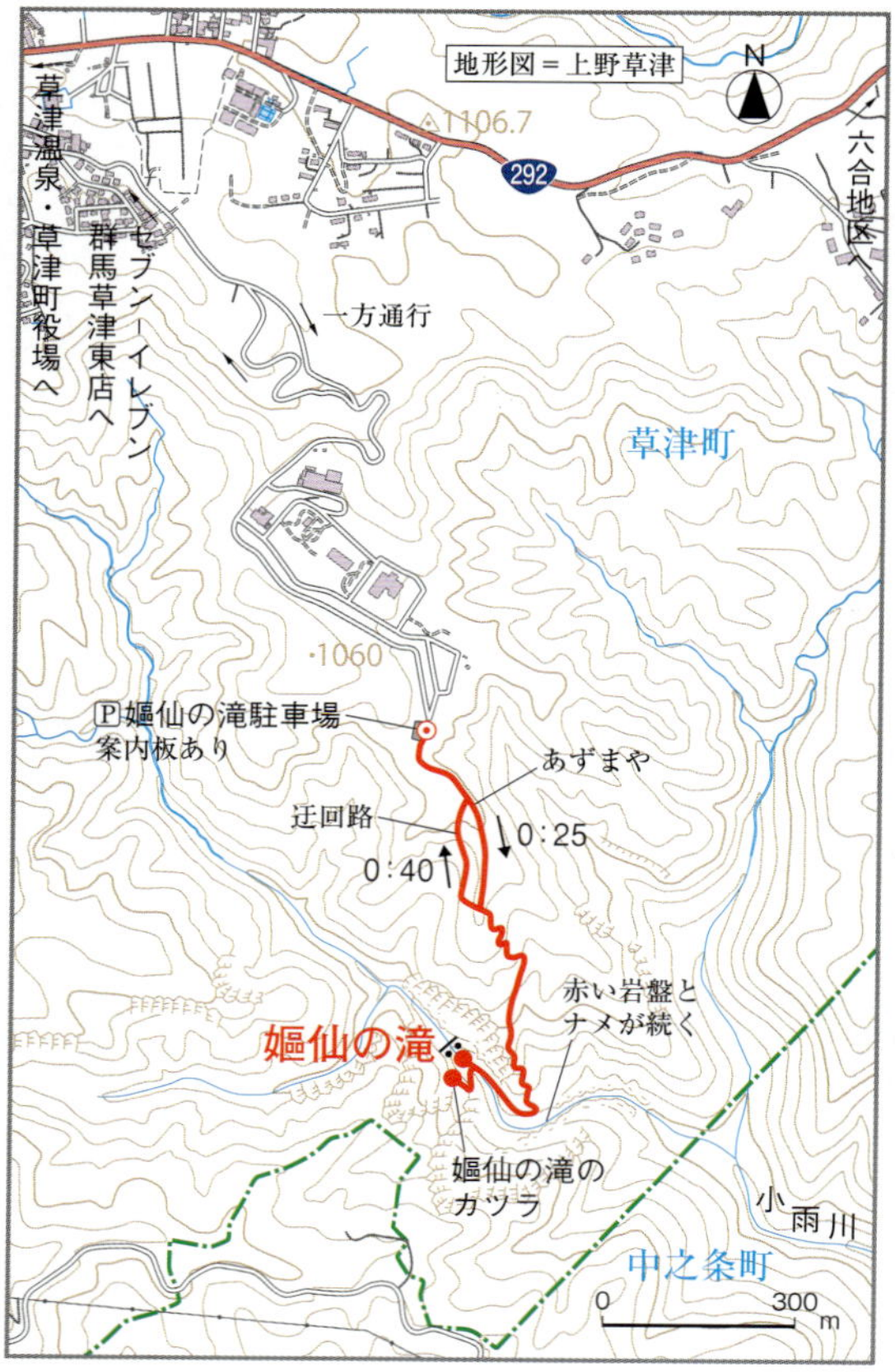

❶滝から流れ出した小雨川は、赤い岩盤の上をナメ状に広がる。❷嫗仙の滝観瀑者用駐車場。❸案内板。地図はかなり大雑派。❹駐車場奥にある滝に続く道の入り口。❺「森の巨人たち百選」に選定されている「嫗仙の滝のカツラ」。❻滝に続く道は、つづら折りの急坂

嫗仙の滝下流の景観。ナメがしばらく続き、
赤い岩盤の上をサラサラと流れている

温泉

惣滝の滝壺にこんな絶景の〝超秘湯〟があるなんて誰にも教えたくない！

新潟県妙高市／一般（ただし残雪期は不可。しかも落石等のリスクあり）／徒歩42分（往復1時間24分）
遭遇難度★★★ D P195

惣滝《そうたき》は、妙高山の中腹にある「日本の滝百選」に選ばれた名瀑である。燕温泉の奥に展望台があり、通常はここから滝の姿を眺める人が多いが、市が管理する滝壺に続く道もあるため、残雪期を過ぎれば、真下から滝を眺めることも可能だ。

ただ、その道は急崖を通るためにスリルがあり、落石の危険もある。さらに滝壺周辺では、多量の岩礫《がんれき》がゴロゴロと転がっていたり、大きなオーバーハングもあったりして、決して一般的とはいえない。

そういう事情も背景にあるのだろうが、惣滝の滝壺に野湯《やとう》（意味はP9参照）があることは、地元の限られた人を除けば、ほとんど知られていない。かつて筆者は、地元の人と立ち話した際に話題にしたところ「よくご存じですね」と驚かれたことがあるくらいだ。つまり〝秘湯中の秘湯〟の中でも、さらに本当の意味での秘湯といえるのではないか。もはや正真正銘の〝超秘湯〟である。

滝壺付近から湧き出す温泉を利用して、砂を掘り、岩を集めて、ごく簡単な湯船が2ヵ所作られている。特に奥の湯船では、滝の飛沫も飛んでくるほどの近距離で、豪快に水を落とす惣滝を眺めながら湯に入れる。おそらく国内でもトップクラスのロケーションを誇る野湯だろう。

筆者が入浴した感想としては、足場が悪いため、服を脱ぐ際は大いに閉口したが、お湯も適温で、眺めも抜群。結構、満足感を得た。

ただ、現場は国有林内であるため、本来は無許可で湯船を作ることは、森林法違反に該当する。たとえ、ごく簡易なものであっても、だ。

森林管理署が知らないだけなのか、知りながら大目に見ているのかは不明だが、許可を得て作られたものではないようだ。この野湯は、国有林内の大きな魅力ともいえるが、そうした場所であることは十分理解しておきたい。

現場は、険しい地形が続く危険な場所であり、何かがあっても自己責任になる。また先客がいれば、順番待ちということになり、落石のリスクがある場所でそれもどうなのか、という話にもなってくる。

庇状に張り出した岩壁下に作られた野湯。目の前には、落差80mの大瀑布「惣滝」が落水する。これほどの大絶景が広がる野湯も珍しい。泉質は、おそらく燕温泉と同じく含硫黄-ナトリウム・カルシウム-炭酸水素塩・硫酸塩・塩化物泉と思われる

温泉

白根山中腹の沢に湧く強酸性の野湯「香草温泉」コースも含めて超ワイルド

群馬県草津町／上級者／徒歩3時間5分～3時間15分（往復5時間55分～6時間5分）

遭遇難度★★★★ D P195

最初の湯船。香草温泉の泉質は、草津湯畑源泉と同じく酸性・含硫黄-アルミニウム-硫酸塩・塩化物泉だ。それにしても岩肌に沈着した緑色と黄白色のしま模様が目を引く。すぐそばでは、毒水沢が水しぶきを上げながら流れ下っていた

秋田県仙北《せんぼく》市の玉川温泉は、水素イオン指数＝ｐＨ１・05という日本一の強酸性を誇る温泉として知られているが、これにほぼ匹敵する温泉が、白根山中腹の沢で湧き出している。その名も香草温泉。インターネット上では「かぐさ」とか「こうそう」とか、実にテキトーなふりがなが記載されているが、正しくは「かくさ」である。

２０１８（平成30）年９月、筆者は香草温泉の取材を敢行。目的地はＰ68で紹介した常布の滝の上流。毒水沢というヤバそうな雰囲気ムンムンの沢に存在する。

常布の滝入り口を見送り、さらに芳ヶ平に向けて登ると、一本松を過ぎたところで毒水沢に架かる橋が見えてくる。ここから沢を遡行《そこう》する。

入り口には、林野庁の名前で一応立ち入りを制限するロープが張ってあるが、実際には入浴目的の訪問者が時々、進入している。とはいえ、安全な場所ではないことは、肝に命じておく必要がある。

毒水沢の遡行は、沢登りとしては初級レベルで、しかも近年は、ありがたいことに親切な訪問者によって要所要所にロープが追加されたり更新されたりして、アクセスは断然易しくなっている。それでも腕力を要する岩場があり、いくら初級でも危険箇所は枚挙にいとまがなく、一般的な登山コースと比較すれば、より難度は高いと認識した方がよさそうだ。そのため沢登りの未経験者だけで訪問するのは、お勧めしない。

さすがにザイルは不要だが、渓流靴とヘルメットは必携。足まわりについていえば、渓流靴ならあっさりショートカットできる箇所でも、登山靴なら巻かなければならなかったりするので、圧倒的に渓流靴の方が便利。しかも登山靴では、滑りやすい岩質なので余計に分が悪い。

毒水沢を遡行すると、砂地にまだ新しい１人分の靴跡を見つけた。前日は雨だったので、おそらく今朝、入渓《にゅうけい》したばかりの先行者がいるのだろう。しまった！　先を越されたか。でも今日は平日。写真を撮りながら進めば、湯船でかち合うこともなかろう。

ルートは、沢沿いの岩場を歩くことも多く、所々に結ばれたピンクテープも心強い。しかも基本的に沢１本なので、迷うこともない。もちろん時には深い淵やそこそこ落差がある滝もあったりするが、必要に応じて巻き道もできている。特に後半には、落差約８ｍの滝があり、左岸側に掛けられたロープで高巻きすることになるが、足場があまりよくないので注意したい。

毒水沢入り口から１時間くらいで、ようやく最初の湯船に到着。湯気が立ち昇る岩窟があり、中にはたっぷりとお湯がたまっている。持参したデジタルｐＨメーターとデジタル温度計で計測するとｐＨ１・09、湯温57・１℃を記録した。のちに計測した上流の結果と比較しても、ここが最高値である。

高温＋有毒ガスのため湯あみは無理だが、岩窟の前にも小さな湯船がある（Ｐ82〜83見開き写真）。ただ、ここでは入浴よりも温泉がにじみ出す岩壁の方に注目したい。それにしても黄色と緑色のしま模様が、実に毒々しい雰囲気を醸し出している（Ｐ86プラスα参照）。

さらに上流に進む途中で、単独行の初老男性が下ってきて、少し立ち話。今、最奥の湯船に入って来たところだという。何度も入浴に来ていて慣れている印象だった。そういえば林道通行止め地点手前の空き地に停められていた車は、この人のものだったようだ。

筆者も最奥の湯船に到着後、早速、入浴。ここには三つの湯船があり、ある程度の水深と広さがあり、湯温もベストだった。底は砂地だが、感触は悪くない。確かにお勧めなのは、ここだろう。

仕事ということはすっかり忘れて、しばらくくつろぎだい気分である。目の前には毒水沢の自然景観が広がり、こんな場所で湯に浸かっているのも、すごく新鮮で癒される。

唯一困るのは、強酸性の湯なので顔を洗うと目にしみること。中には身体までヒリヒリする人もいるようだが、筆者は快適だった。

この最奥の湯船で計測するとｐＨ１・16、湯温42・８℃という結果だった。ちなみにすぐ横を流れている毒水沢でもｐＨは２・14という強酸性の数値になった。

ちなみに、天狗山ネイチャーセンターから林道コースを歩いてもよいが、途中に落石をため込んで膨れた防止ネットが１ヵ所あり、これが危険との理由でセンターでは林道の利用を勧めていない。確かにネットが限界を超えた時に真下にいれば命にも関わる。

ただ、谷沢《やさわ》橋先の白根・芳ヶ平方面遊歩道入り口からスタートするコースより若干タイムが短くて済む上にアップダウンも少ない利点がある。どちらを選ぶかは、各自ご判断いただきたい。

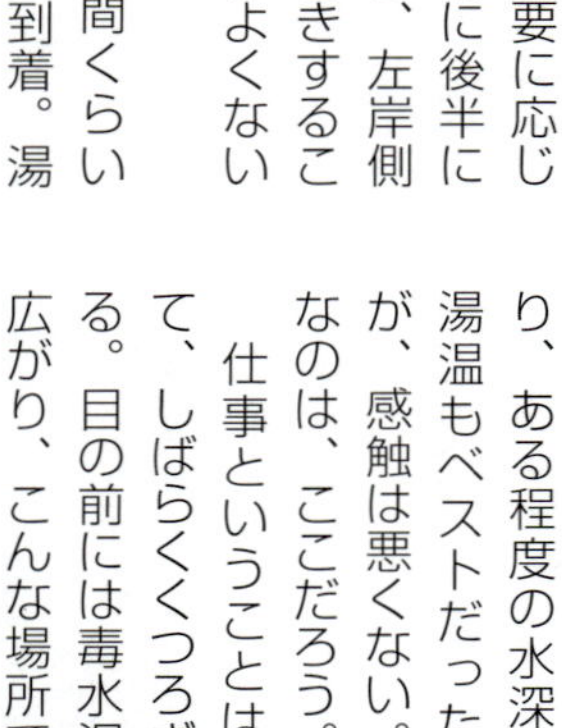

「pH1.09」を示すデジタルpH計

❶天狗山ネイチャーセンターから林道コースに進んだ際に、すぐ右手に見えてくる香草中和工場。下流域でコンクリートなどに被害が及ばないように強酸性の谷沢川と大沢川に石灰を投入して中和するための施設だ。❷一本松の先で見かけた古い石仏。江戸時代天保年間の作のようだ。❸毒水沢入り口に架かる木橋。❹湯だまりが生じた岩窟。有毒ガスが発生しており要注意。❺滝の左岸側をロープで高巻きする。足場が悪く、若干苦戦するかも…。❻その落差約8mの無名滝。本ルート最大の滝だ。❼最奥の湯船でひとりくつろぐ。周囲の自然景観を眺めながら湯に浸かるのは、言葉にできないほどの充実感を得られる

プラスα

源泉付近の岩が緑色をしている理由は？

香草温泉の源泉では、岩肌に濃緑色のスジが何本も見られる。この緑色の部分は一体なんだろうか？　温泉の成分？　それとも藻のような生物か？

岩肌が黄白色をしている部分は、硫黄などの温泉成分が沈着した「湯の花」だ。一方、緑色部分はそうではない。

温泉がにじみ出したり流れたりしている場所は、常に強酸性水と高温に晒《さら》されているはず。そんな過酷な環境に生物が生きられる訳がないようにも思えるが､実はこの緑色部分の正体は、イデュコゴメ（出湯小米）と呼ばれる紅藻《こうそう》類。草津温泉の湯畑や西《さい》の河原にも生息する。

この紅藻類は、丈夫な細胞壁とケイ酸によって好熱性と好酸性という性質を獲得したともされ、特殊な環境でも生育できる極限環境微生物の一種。イデユコゴメは、紅色系色素のフィコエリスリンを欠くため、青緑色系色素のフィコシアニンの色を呈する。そのため紅藻類なのに緑色をしているわけだ。

なお、毒水沢では、ほかに酸性水を好むチャツボミゴケという珍しいコケも生育しているので、ぜひ見ておきたい。落差8mの滝近辺で探してみよう。

香草温泉と草津温泉に関係はあるか？

香草温泉と草津温泉は、どちらも草津白根山の熱源によって生まれる酸性の火山性源泉である。両者の成分を比較すると、標高が高く、温泉の起源により近いと思われる香草温泉の方が、草津温泉よりも濃厚な成分になっているという。

それが地下の伏流で4km下る途中で地下水や地表からの浸透水により希釈され、草津温泉の主要源泉である草津湯畑源泉から湧き出していると考えられているそうだ。つまり、両者の発生起源は同じということ。

草津白根山周辺に降った雨が草津湯畑源泉水として湧き出るまでの期間をおよそ20年とするモデル研究もあるほか、草津白根山の火山活動が活発化した時期に香草温泉のほとんどの成分で濃度が増加したとする研究報告も興味深い。

毒水沢を見下ろす。9月中旬、一部の木々はすでに紅葉していた。画面中央左岸あたりが最初の湯船があるポイント

脱衣場もカランもない野湯 秋山郷最奥「河原の湯」は圧倒的な野趣に富む

栄村・山ノ内町／家族／徒歩3分（往復6分）／遭遇難度★ D P195

そもそも野湯は「やとう」とも「のゆ」とも読むが、自然状態のまま温泉が湧き出している場所に穴を掘るとか、岩を寄せるなどして、ごく簡単な湯船が作られ入浴できる場所のことを指す。管理者がいないこともあり、もちろん湯船以外の脱衣場とか、カランとか、とにかく通常の温泉であれば、ひと通りそろっているものは一切ない。従って、必ずしも快適ではなかったりもするが、一方で露天風呂をはるかにしのぐ圧倒的な野趣がある。

先に紹介した2例のほかにも、例えば、北海道斜里町《しゃりちょう》のカムイワッカ湯の滝、同じく北海道大雪山系の中岳温泉、秋田県湯沢市の川原毛《かわらげ》大湯滝など、各地に知られている。

長野県の場合、一番に挙げるとしたら、やはり秋山郷にある切明温泉「河原の湯」だろう。切明温泉には雄川閣《ゆうせんかく》などの温泉宿もあるが、雄川閣の対岸に野湯がある。

一見、普通の河原にしか見えないが、違うのは、あたりに湯気が上がっていることと、はだしになると足の裏が熱いこと。場所によっては思わず足を上げてしまうほどだ。

筆者が訪ねた時は中津川の水位が高く、普段は湯船がある場所も川の一部のようになっていた。そのため適温の湯船は限られたが、それでも十分に楽しめた。

雄川閣の駐車場を利用できる

吊り橋を渡って対岸へ

切明温泉「河原の湯」。奥に見えるのは温泉宿の雄川閣。少しぬるかったが、熱い部分をよく混ぜれば、もっと快適になったかも。泉質は、カルシウム・ナトリウム塩化物・硫酸塩泉

草津白根山・鏡池の亀甲状構造土。池底に大小の多角形模様が形成されている

地学

多角形の模様が面白い 周氷河地形・構造土がある 草津白根山の鏡池

※現在は登山不可

群馬県草津町／一般／徒歩1時間10分（往復2時間10分）／遭遇難度★★★ D P195

長野県出身で地理学者の小泉武《たけ》栄《えい》・東京学芸大学名誉教授は著書『山の自然学入門』の中で、草津白根山・鏡池の構造土について「そのみごとさは北海道大雪山系の構造土とならび、わが国では一、二を争うものだ」と評している。

構造土というのは、高山などで礫《れき》や土壌が凍結と融解を繰り返すことで、ふるいにかけられて生じた多角形や円形、網状、条線のような地表の模様のこと。周氷河《しゅうひょうが》地形の一種だが、ちょっと人為的に見えるところが面白い。研究者の間では、その成因は長らく謎だったが、現在は凍結の際の隆起によるものと結論付けられているそうだ。

ご存じの通り、草津白根山は近年、火山活動により立ち入り規制が行われ、2018（平成30）年1月の噴火も記憶に新しい。現在、登山はできないが、いずれ規制が解除された際は見に行ってほしい。

白根火山ロープウェイ山頂駅付近に登山口があるが、鏡池だけが目的であれば本白根山山頂部は省略してもよい。登山道の途中で鏡池へ降りて、間近に観察できる。ただし、噴火により構造土に影響があったか、なかったかは不明である。

鏡池の水位は、降水量によって変わり、雨が少ない時であれば、水面上に現れることもあるが、写真のように水没していることも多い。

県内では、ほかに北八ヶ岳・亀甲《きっこう》池でも構造土が見られる。

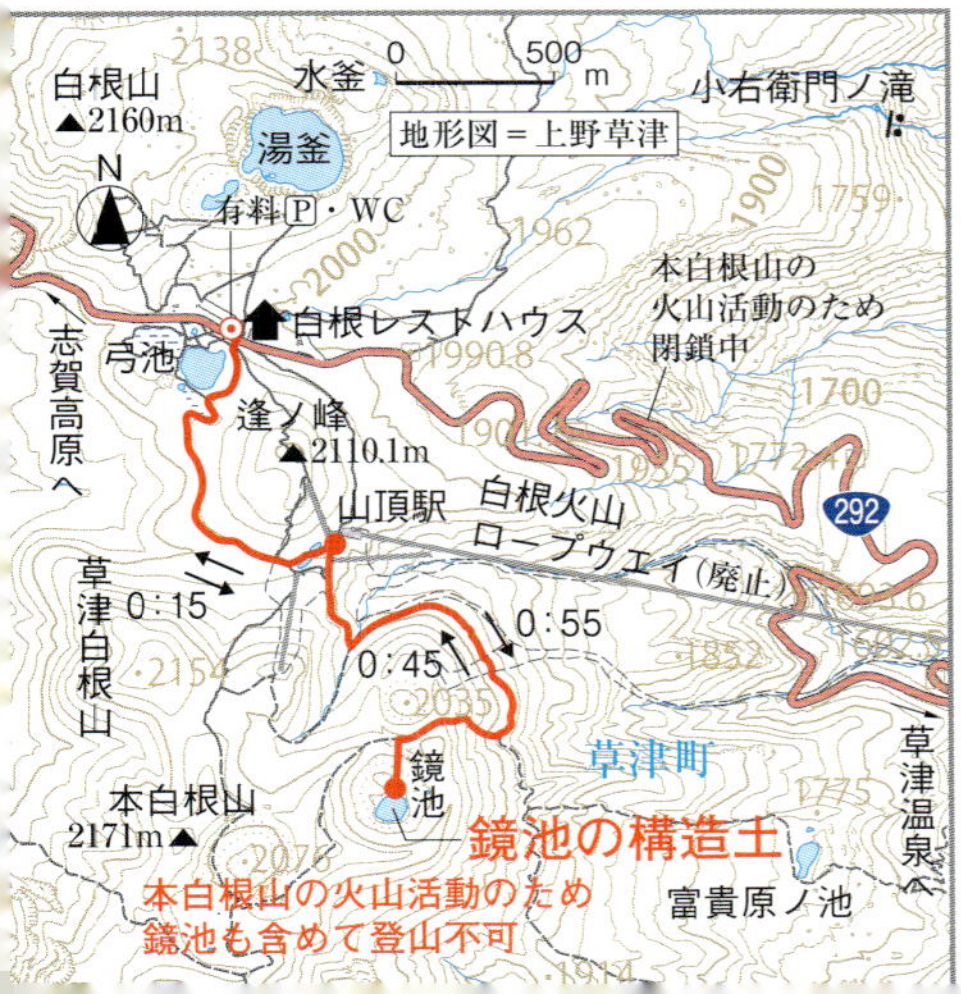

地学

長野市街地のほど近く地下から原油がにじみ出す「油徴地」がある!?

長野市／家族／徒歩すぐ(ただし河原に出る道は踏み跡程度。時に不明瞭)

遭遇難度★★ D P195

国内の油田といえば、新潟県や秋田県を思い浮かべるが、次項で触れるように日本初の商業油田は、現在の長野市内にかつて存在していた。

おそらく今も、地下に原油の層がわずかながら残っているのだろう。もともと県内には、原油がにじみ出す「油徴《ゆちょう》」が見られる場所が、所々に知られていた。

例えば昭和30年代に書かれた資源関係の論文を読むと、野尻湖周辺には油徴地が当時は何ヵ所もあり、場所によっては原油と天然ガスの試掘が行われたことがあった。油樽を置いて原油と水を分離し、灯用や薬用などに利用していたこともあったそうだ。

1970(昭和45)年に刊行された『上水内郡誌《かみみのち》 自然篇』には、郡内の天然ガスと石油が出る場所が13ヵ所も挙げられている。しかし、多くの油徴地は護岸工事などにより、現在ではほとんど見ることができない。

その例外が、まだ長野市内に残っている。場所は長野市茂菅《もすげ》地区。国道406号から旧道に入り、保育園の標識を目印に同地区へ。さらに左手に下って裾花川沿いの道を進む。信州煙火工業の工場を抜けると、狭い未舗装農道となり、終点手前の路面に鉄板が敷かれた場所がある。路肩に車を寄せて停め、草むらをかき分けて裾花川の河原に降りたところに、それはある。

川岸の裾花凝灰岩層から原油がわずかににじみ出して、水たまりの上に油膜を作っている。筆者が木の枝を拾って油膜を付着させ、ライターで火をつけると、チリチリと勢いよく燃えた。周囲には、ぷーんと石油臭が漂い、明らかに原油だった。

地元では古くから知られていた油徴地で、対岸の沢でも温泉水と原油が出ている。やけどをした時に塗ると治癒が早かったことから、昔は日常的に利用していたという。

筆者は、2ヵ月後に再度同地を訪れてみたが、裾花川の水位が上がったことが原因で流失したようで、目立った油膜は確認できなかった。前月に豪雨があったことが大きく影響しているのだろう。つまり、常に掲載した写真のような状態で見られるとは限らないが、少なくとも原油が流れ出した白い跡を確認することはできると思う。

枝に油膜を絡め取って、ライターで点火すると、音を立ててよく燃えた

裾花川の水位が上がったあとの茂菅の油徴地。原油が流れた白い痕跡だけ確認できる

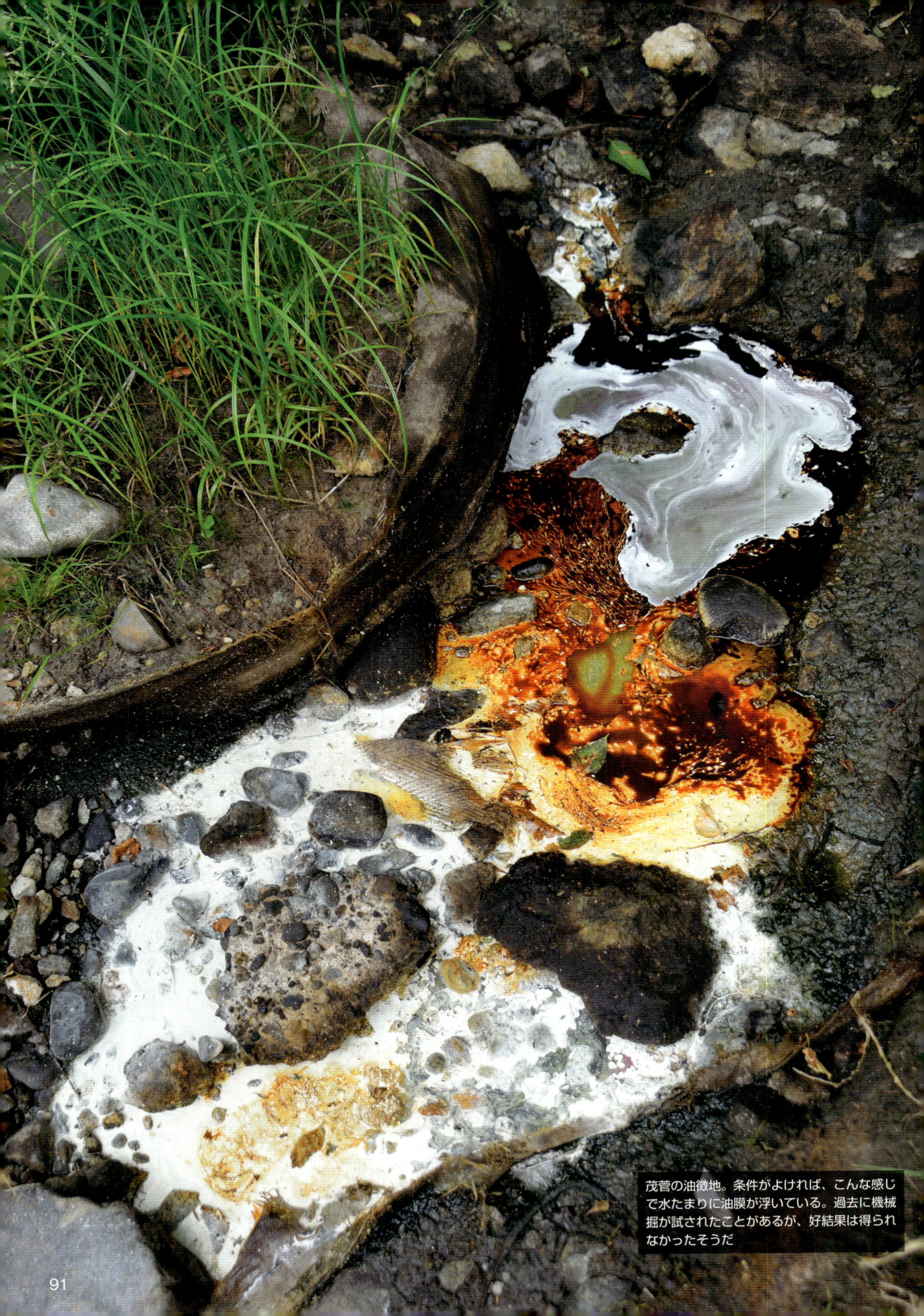

茂菅の油徴地。条件がよければ、こんな感じで水たまりに油膜が浮いている。過去に機械掘が試されたことがあるが、好結果は得られなかったそうだ

地学

日本最初の商業油田は長野市に残る浅川油田跡だって知ってる？

長野市／家族／徒歩1分（往復2分）

遭遇難度★　D P195

前項・茂菅《もすげ》の油徴地でも少し触れたように日本で最初の商業油田は、旧・水内郡真光寺村、現在の長野市北部、真光寺地区にかつて存在していた浅川油田である。

浅川油田の歴史は、少なくとも江戸時代中期の1753（宝暦3年）までさかのぼる。地誌『千曲《ちくま》之《の》真砂《まさご》』で「地中より油涌き出る所有」と書かれたのが最初。江戸時代末期に記録・執筆され、明治20年に刊行された『信濃奇勝録　巻之二』（P94参照）には「臭水《くそうず》油井《ゆせい》」と題して石油井戸が描かれている。また1847（弘化4年）の善光寺地震では、天然ガスが噴出し、石を投げ込むと激しく音を立てたので「地獄」と呼ばれた。

浅川ループライン真光寺ループ橋下にある浅川油田跡。その深井戸ポンプが小屋の中に保管されている

石油井戸で使用されていた国内メーカー製深井戸ポンプ

　のちに石油の神様として祀られることになる新井藤左衛門という人物は、もともと木材商。ある時、越後の木《こ》挽《びき》を雇ったことがあった。その木挽が、地獄を見て「越後では風草生水《かぜくそうず》と呼び、火を点じればよく燃える」と藤左衛門に教えたことをきっかけに、鉱泉を開業するに至る。「地獄の湯」と呼ばれて結構、繁盛したようだ。

　さらに安政3年には、12本の井戸を掘って噴油にも成功。これを濁油と命名したが、当時は利用方法も知られておらず、悪臭もあり、しかも不純物が多くて、うまく精油できなかった。そこで博学の誉れ高い佐久間象山に教えを請い「ランビキ」という蒸留による精油方法を教えてもらったそうである。

　しかし、商業油田として機能するようになったのは、明治に入ってから。1871（明治4）年に石坂周造が長野石炭油会社を設立、採掘と販売が始まった。しかし10年後に会社は倒産。その後も後継者が採掘を続けたが、産出量も少なく質も良くなかった。それでも油田としては昭和まで続き、終止符が打たれたのは1973（昭和48）年だった。

　目標とするのは、浅川ループラインン真光寺ループ橋。この橋の下に当時、実際に原油をくみ上げる際に使用された深井戸ポンプが保管され、いつでも見学できる。

　付近に駐車場はないが、近くのマレットゴルフ場入り口にあたる交差点付近の路肩に若干の駐車スペースがあり、おそらく短時間であれば駐車しても支障はないだろう。ここから浅川油田跡まで歩けばすぐ。

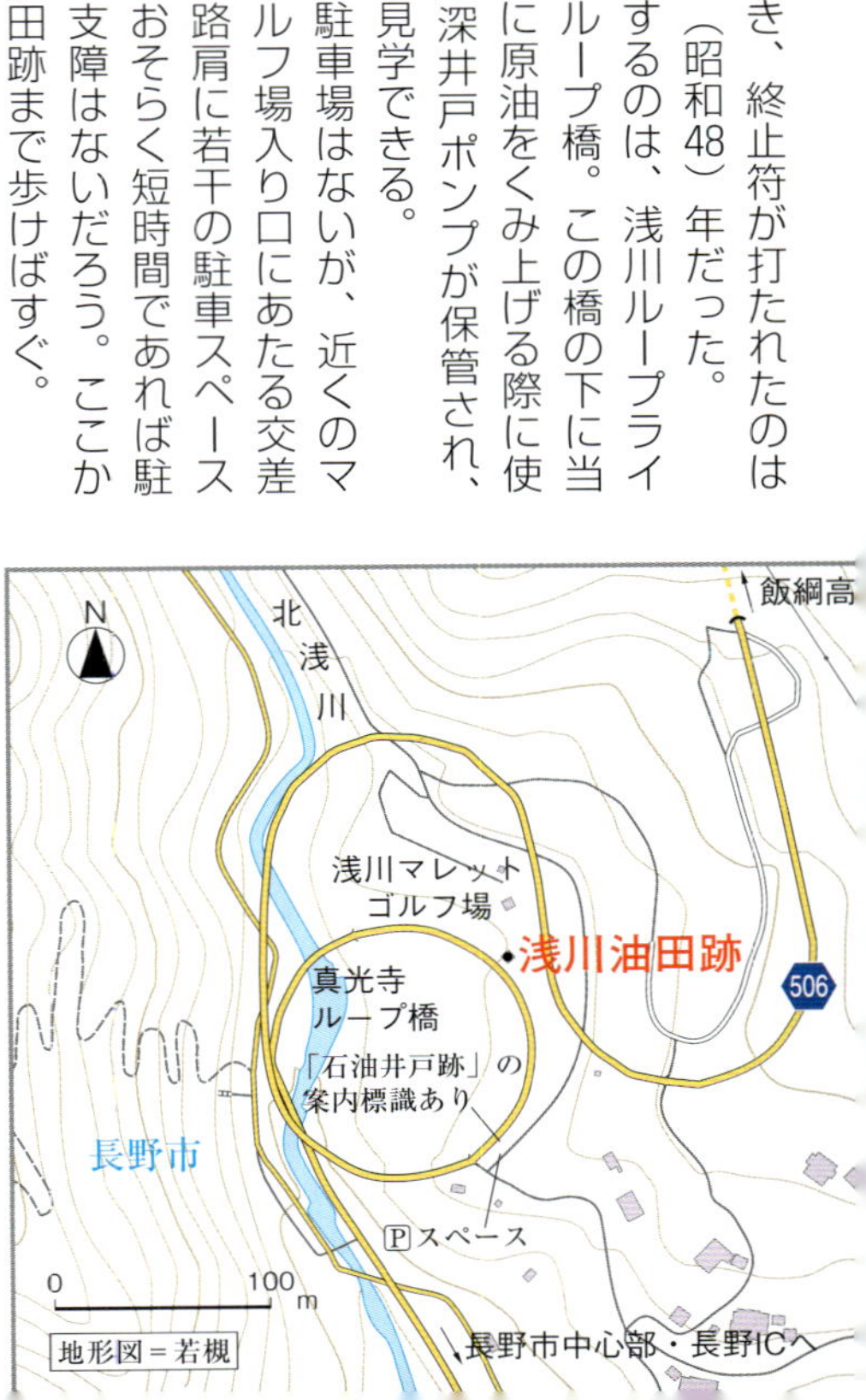

プラスα

浅川油田から産出した原油を見に行く

　浅川油田から産出した原油を見たい人は、長野市内にある戸隠地質化石博物館に行けば「長野の石油」として常設展示されている（写真）。同じ展示室に長野市周辺の、わかりやすい地層断面図が描かれており、豊野層と裾花タフに挟まれた地層の上部に原油がたまっていることが分かる。この地層は、第三紀中新世の浅川泥岩層で、約1000万年～800万年前のもの。P90で紹介した茂菅の油徴地も同じ地層にたまった原油が地表ににじみ出しているものと考えられる。

●戸隠地質化石博物館
DATA
月曜休（祝日の場合は翌日休）・9時～16時30分（入館は16時まで）・入館料大人200円・長野市戸隠栃原3400・MC 382 623 887*23・☎026-252-2228

プラスα

本書の大先輩 !? 『信濃奇勝録』

本書を彷彿とさせる“信州の知られざる場所やモノ”を集めた本が、かつて世に出たことがある。前項で触れた『信濃奇《き》勝録《しょうろく》』がまさにそれ。

決して『信濃奇勝録』をヒントに企画したわけではないが、確かに本書の大先輩といえるかもしれない。いやいや、比較すること自体が恐れ多いくらいだ。『信濃奇勝録』は、信濃国佐久郡臼田町の神官、井出道貞《いでみちさだ》が、江戸時代末期の文政年間から天保年間にかけて十数年もの現地取材をして書き上げた全5巻にもなる有名な地誌だ。

井出は、天保5年（1834）に脱稿したが、日の目を見たのは半世紀後の明治19～20年（1886～1987）だった。孫の井出通によって、ようやく出版されたからである。

内容を見ると、信濃国全域の古社古刹、旧跡、民俗、古物、さらに珍しい動植物や岩などを拾っており、興味深い。例えば「巻之一」には、なんと野槌《のづち》（今でいうツチノコ）の図まで載っていて、当時から目撃者がいたことをうかがわせる。

考えてみれば「知らない場所やモノ」に対する人々の知への欲求は、いつの時代であろうと変わらないことに気づかされる。それが、面白い内容なら、なおのことだ。

『信濃奇勝録』は、国立国会図書館がインターネット上で公開しているデジタルコレクションで、全ページを閲覧できる。

◆巻之一～巻之五の掲載例

・**巻之一［筑摩郡］**
例＝木曽古道、風越山、小野滝、寝覚牀、御嶽など。

・**巻之二［安曇郡、水内郡］**
例＝善光寺、飯縄山、戸隠山、紅葉岩窟、臭水油井、ぶらん堂、地震瀑布など。

・**巻之三［佐久郡、小県郡］**
例＝松原、碓氷紅葉、浅間山、布引山、立科山、四阿山、鳴石、虚空蔵山、仏岩など。

・**巻之四［諏訪郡、伊那郡］**
諏方上下神社、御射山祭、御柱祭、風穴、天狗栗、駒岳、光前寺、園原など。

・**巻之五［埴科郡、更級郡、高井郡］**
例＝山鳴、姨捨山、河中島古戦場、バカ火、米子瀑布、雌垂雄垂、神戸銀杏など。

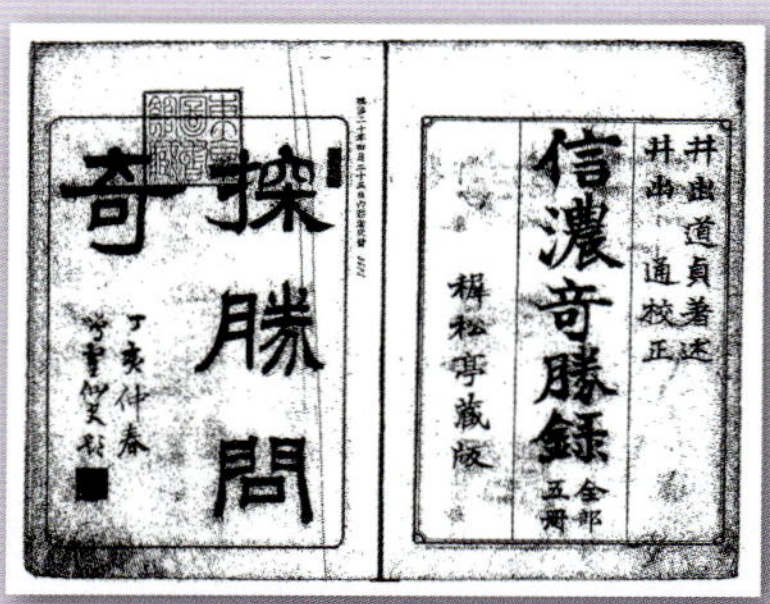

巻之一　大扉

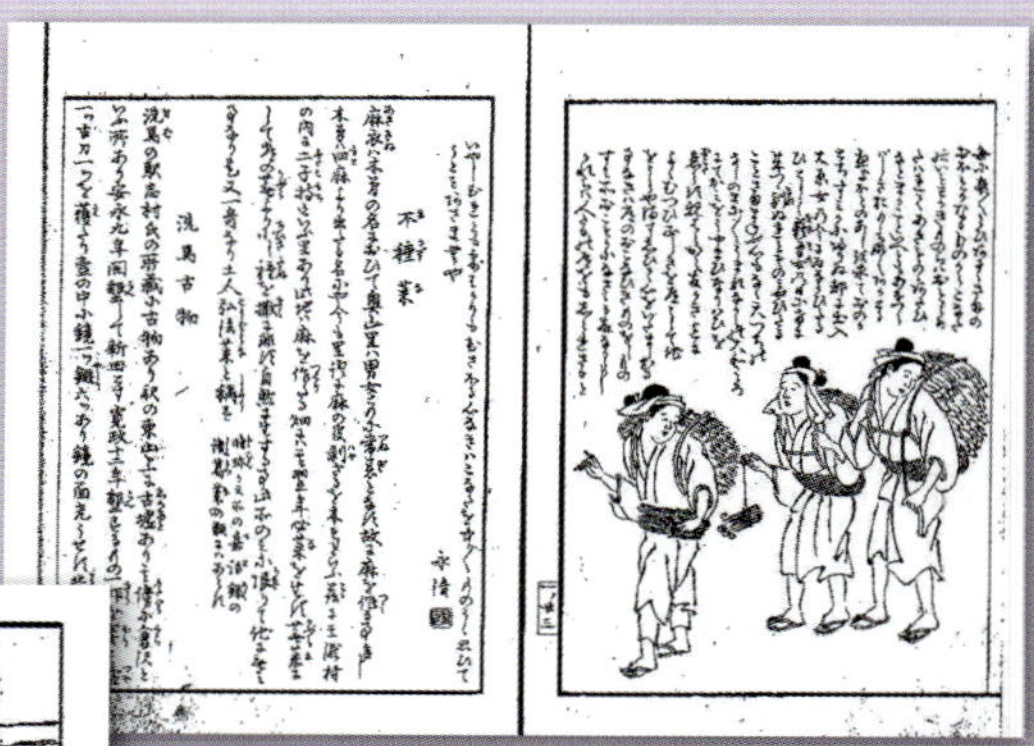

巻之一　小木曽女の図

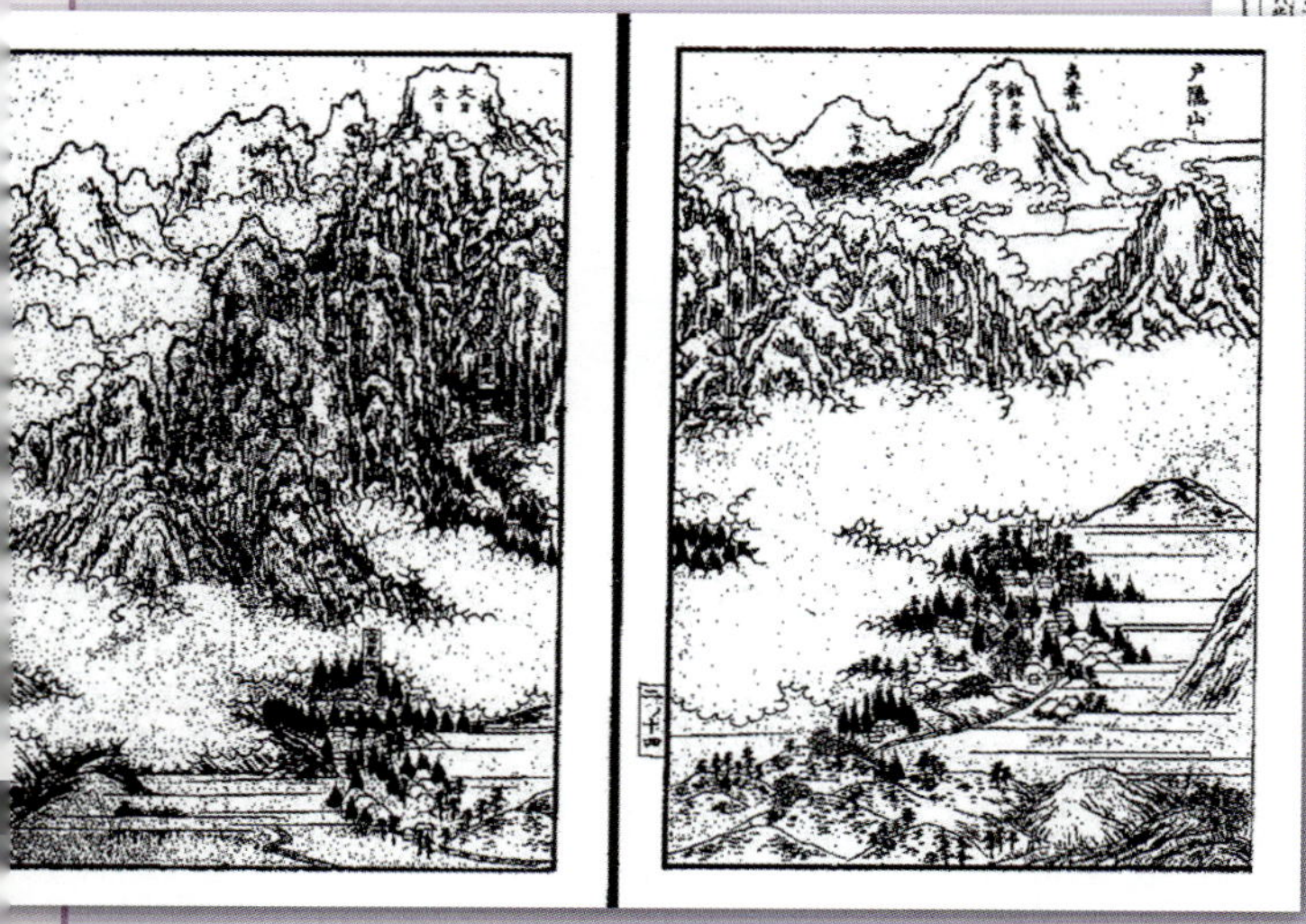

巻之二　戸隠神社と戸隠山の図

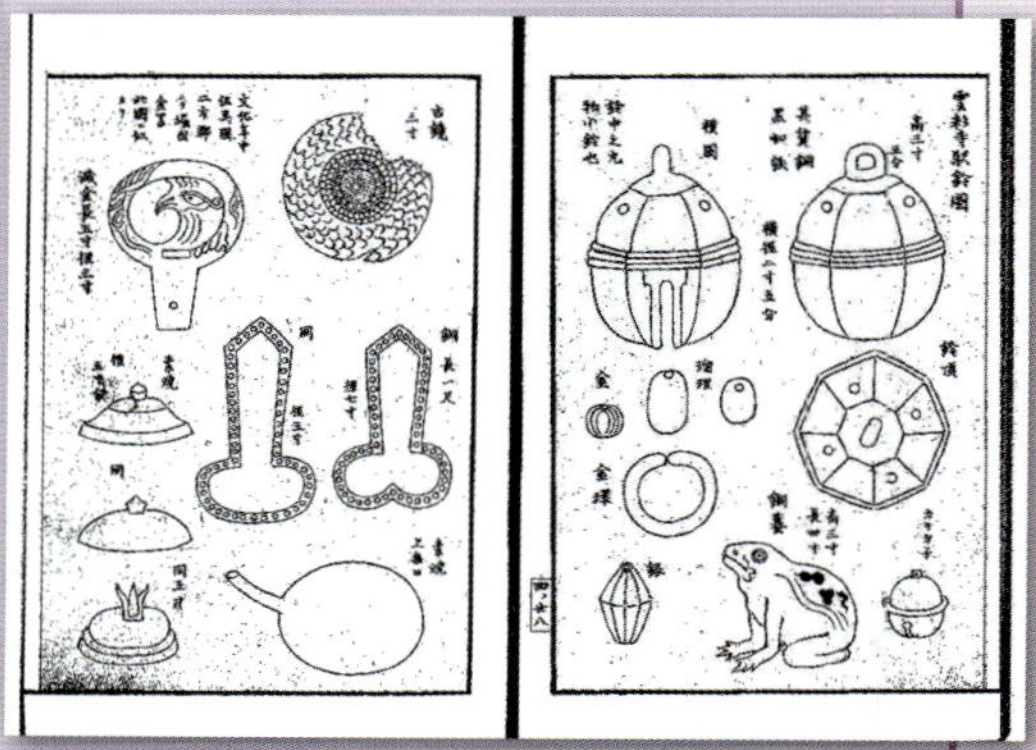

巻之四　雲彩寺古物の図

※内容写真は、国立国会図書館デジタルコレクションからの転載

地学

気泡がプクプクと…沢の底から上がってくる天神沢の地獄のメタンガス

生坂村／家族／徒歩すぐ（若干足場悪い）／遭遇難度★★

D P194

天神沢の地獄。ここの天然ガスは300年前から知られ、現在は近くの民家が権利を得て、沢からパイプを引いて利用しているそうだ。タンクはそのためのもの

日本は資源に乏しい国だが、わずかとはいえ国産の原油と天然ガスが商業利用され、その割合は原油で約0.3％、天然ガスで約3％になるという。原油は確かにわずかだが、天然ガスは意外と健闘しているといえないだろうか。しかも都市ガス原料に占める国産天然ガスの割合は、ガス田がある地域では高くなり、例えば新潟県では約62％にも及ぶそうだから驚きだ。

日本の天然ガス産地には共通点があり、新第三紀（2303万年前から258万年前）の、主に堆積岩からなる地層の褶曲《しゅうきょく》構造があるところに原油とともにたまっている。

県内でも1900（明治33）年頃から諏訪湖南岸のガス田が事業化されていたほか、現在の長野市西部地域でもガラス加工等に利用された。もっと小規模な天然ガス発生地もあって、民家でガスを集めて利用されている例もあれば、山や田んぼ等で自然に発散している場所も結構あり、そこでマッチを近づけるとボッと燃える。

その一つが、生坂村《いくさかむら》の天神沢にある「地獄」と呼ばれる発生地だ。村道沿いに立つ解説板を目印に沢へ下ると、ガスをためるタンクが置かれている。付近の沢をよく見ると、底からプクッ、プクッと気泡が上がっているのに気づく。これが天然ガスで、主な成分はメタンガスである。

上がってくる天然ガスの気泡

村道沿いに立つ解説板

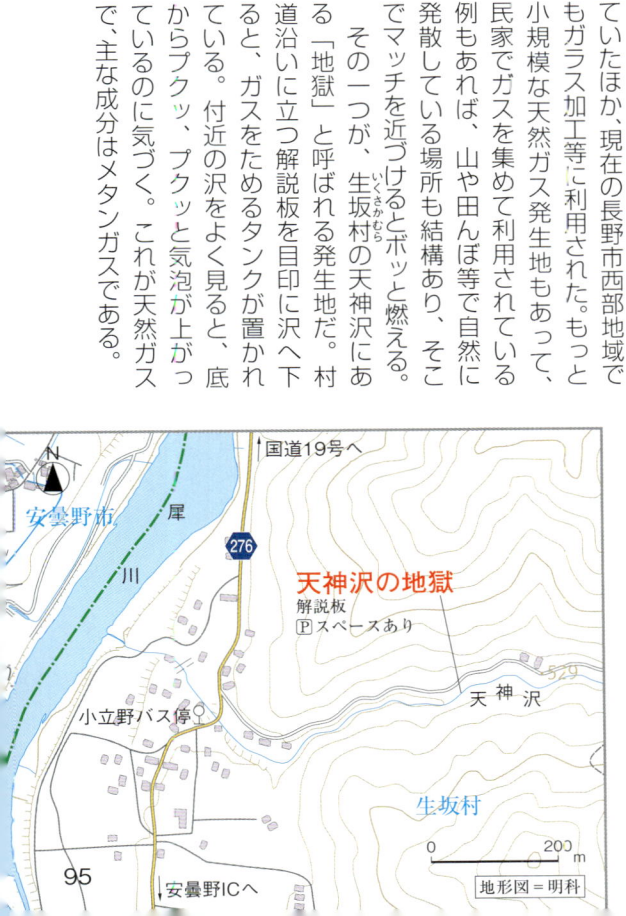

地学

日本列島の歴史的な成り立ちと地質の構造を教えてくれる中央構造線・北川露頭へ

大鹿村／家族／徒歩3分（往復6分）／遭遇難度★ D P194

岩石が明瞭に灰色と赤茶色の色に分かれる北川露頭。一見地味だが、山の中にも関わらず、意外と訪問者は多い。関心の高さが伺える

構造線とは、大きく動いたためにでき方や時代が異なる地質が接するようになった断層だ。それぞれの構造線には過去の変動の記録が残っている。中央構造線（ＭＴＬ）は、関東から九州にかけて延びる総延長１０００㎞を超える大構造線である。

明治政府に招聘《しょうへい》されて来日したドイツの地質学者ハインリッヒ・エドムント・ナウマン博士により１８８５（明治18）年に提唱された。中央構造線を境に北側を内帯、南側を外帯と呼ぶが、中部地方では後の変動で北方に大きく湾曲している。

いくら大断層でも、新しい堆積物や植生に覆われて断層そのものは見ることができないように思える。ところが、この中央構造線を直接、肉眼で確かめられる場所がある。

その一つが、国の天然記念物に指定されている大鹿村の北川露頭だ。露頭というのは、地下の構造が地表に露出している場所で、ここから重要な地質情報を読み取れる。

大鹿村中心部から分杭峠《ぶんぐい》に向けて国道１５２号で北上する途中に専用の駐車場がある。その奥から小径をたどると、鹿塩川に向けて降りたところに北川露頭がある。

露頭に見えている岩石は、破砕と熱水変質で見かけが大きく変わっているが、向かって右側の灰色岩石が外帯の結晶片岩、左側の赤茶色岩石が内帯の花崗岩。その境界が中央構造線である。

結晶片《けっしょうへん》岩は、地下深い割に低温の場所で鉱物がゆっくり変化した変成岩。花崗岩はそれよりも浅い地下で熱いマグマが冷え固まった火成岩。できた時代は、ともに中生代白亜紀（約１億年前）。時代は同じだが、でき方が異なり、隣り合ってできるはずのない岩石が並んでいる。

白亜紀の日本列島は、まだアジア大陸の一部だった。中央構造線も白亜紀に誕生した。

同村には、中央構造線の城《じょう》の腰《こし》露頭と安康《あんこう》露頭もある。城の腰露頭は、中央構造線博物館から約１㎞南下した国道左側に看板がある（地図Ｐ１５１参照）。一方の安康露頭は、同博物館から地蔵峠に向けて約９㎞南下する。見学者用の駐車場とトイレがある。両露頭のアクセスについてはＰ１９４も参照のこと。

プラスα

中央構造線博物館

村営の博物館。中央構造線や地震、岩石標本などの展示がある。大鹿村役場から2.5km南下する。

月曜と火曜休（4～11月の祝日は開館）・9時30分～16時30分・入館料大人500円・☎0265-39-2205

溝口露頭

伊那市／家族／徒歩3分(往復6分)
遭遇難度★ **D P194**

北川露頭から見て、分杭峠を挟んだ反対側（北側）にあるのが、同じく中央構造線の溝口露頭だ。

美和湖（ダム湖）の中ほど、伊那市長谷総合支所近くの湖畔にある。国道152号沿いに「美和湖散策公園(中央構造線観察路)」という標識が立っているが、小さくて目立たないので、それより美和郵便局を目印に路地に入ろう。少し先に駐車場があり、湖に向けて観察路が延びている。

階段を下りると湖畔に露頭が姿を現す。現地解説板の写真を見ると、中央構造線が2本示されている。「あれ?」と思ってしまうが、同看板をよく読むと、ずっと新しい新生代の1500万年前ごろに中央構造線の割れ目にマグマが入ってきたため、マグマが固まった岩脈（薄茶色部分）の両側が中央構造線とあり、なるほど納得。向かって右側が灰色、左側が赤茶色で、どちらも北川露頭と似ている。ただしここの赤茶色の岩石は、古い堆積岩の鉱物が花崗岩の熱で変化した高温低圧型変成岩だ。

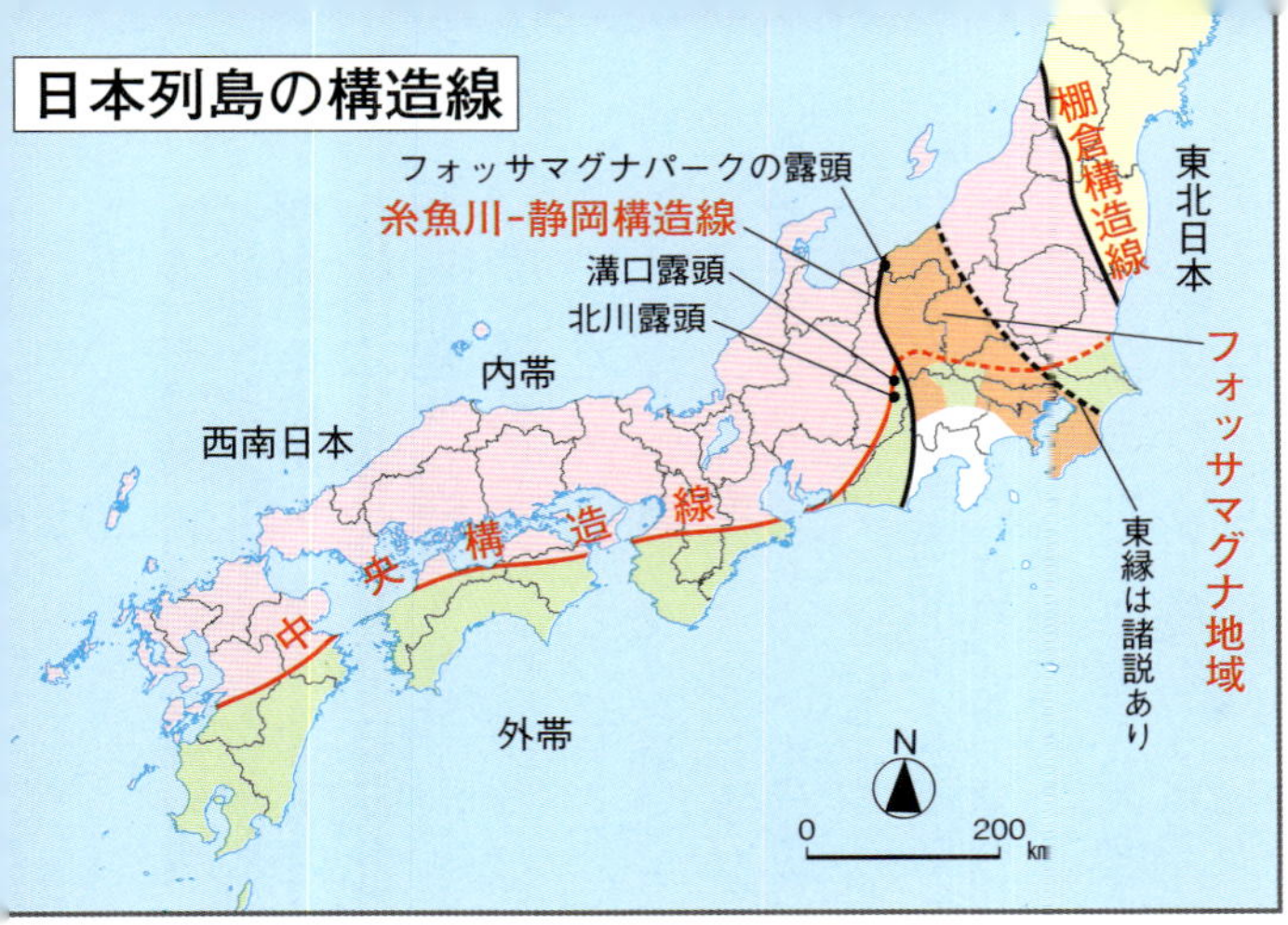

露頭からは美和湖の眺めもよい

溝口露頭に続く観察路。奥は美和湖

溝口露頭。中央の薄茶色の岩が、1500万年前に割れ目に入ったマグマ。右側の灰色岩石がおよそ8000万年前の低温高圧型変成岩（結晶片岩）の破砕岩。左側の赤茶色岩石がおよそ1億年前の高温低圧型変成岩（片麻岩）の破砕岩

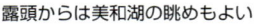

フォッサマグナパーク

新潟県糸魚川市／家族／徒歩10分
（往復20分。枕状溶岩まで往復40分）
遭遇難度★ **D P194**

中央構造線とフォッサマグナ。一度や二度、聞いたことがあると思うが、どちらも大断層だと勘違いしている人も多いかもしれない。実は、両者は似て非なるものだ。中央構造線は大断層だが、フォッサマグナはそれ自体は大断層ではなく、ラテン語で「大きな溝」を意味し、糸魚川—静岡構造線より東側の新潟から関東にかけてのエリアを指す。大断層の糸魚川—静岡構造線が、フォッサマグナ地域の西縁にあたる。この大断層が北アメリカプレートとユーラシアプレートの境界に相当すると考えられているが、「糸魚川には現在はプレート境界はない」とする説が2018年に提唱された。東縁については諸説ある。

フォッサマグナは、中央地溝帯、あるいは大地溝帯とも呼ばれ、中央構造線の提唱者でもあるナウマン博士が発見し、明治19年（1886）に命名した。

約2000万年前、プレートの沈み込みに伴い、原始日本列島は本州中央部で二つに折れるようにしてアジアから離れた。この時、1～3億年以上前にできた古い地層に大きな溝が生じて海が入り込んだ。やがて、その海に火山噴出物や土砂などが堆積。さらに地殻変動の影響を受けて陸化して、日本列島は再び一つにつながったと考えられている。

糸魚川には、東日本と西日本の、さまざまな文化の境界が通っている点も興味深い（現地解説板参照）。

またフォッサマグナ南半分の地域では、この地域だけに分布が限られた植物が多くあり、これらの植物をフォッサマグナ要素という。

糸魚川—静岡構造線の露頭が、糸魚川市根知にあり、周辺はフォッサマグナパークとして整備され、2018年にリニューアルオープン。国道148号沿いの駐車場から遊歩道を10分ほどたどり、階段を下りたところが露頭観察地だ。さらに遊歩道を10分ほど歩くと、枕状溶岩の観察地もある。

プラスα

フォッサマグナミュージアム

糸魚川IC東側の美山公園にある石の博物館。フォッサマグナと日本列島誕生の映像は必見。ヒスイに関する展示も。**無休（12月～2月の月曜日と祝日の翌日休）・9時～16時30分・入館料大人500円、高校生以下無料・☎025-553-1880**

❶国道148号側の駐車場。❷遊歩道をしばらく歩く。❸展望案内板とともに、ここから見える山はいつできたのか説明されている。❹東日本と西日本の文化的な違いの解説板に思わず「なるほど」。❺露頭の上には、地層のはぎとり標本も展示。❻枕を積み重ねたような枕状溶岩。水中で溶岩が固まった証拠だそうだ。❼フォッサマグナと糸魚川—静岡構造線の解説板。❽反対側の入り口にある下根知農村公園

4

1

8

7

5

2

6

3

フォッサマグナパークにある糸魚川―静岡構造線の露頭。ユーラシアプレートと北アメリカプレートの境界で、大きな力で岩盤が破砕された断層破砕帯になっている

地学

焼山北麓・早川の河原には３０００年前の噴火で埋まったブナ立ち木が今も残っている!?

新潟県糸魚川市／家族／徒歩3分（往復6分）／遭遇難度★ D P194

早川の河原に立つ3000年前のブナ。同様の立ち木は周辺にも埋まっており、今後、川の流れ等の影響を受けて地上に現れる可能性も。ブナ林は極相林なので、それ以前に火砕流などによる被害はなかったことが分かる

頸城《くびき》山塊の焼山は、平安時代初期に記録に残る最古の噴火が発生して以降、幾度となく火山活動を繰り返してきた活火山だが、それよりもさらに昔、焼山誕生時の遺物が、今も残る場所がある。

焼山北麓、焼山温泉の８００ｍ下流側。早川の左岸側農道沿いに立つ大きな解説板が目印だ。ここから田んぼの間に続く小径を3分ほど歩いて河原に出ると、一抱えもある立ち木が目に入る。一見すると「古い枯れた木」にしか見えないが、実はこれ３０００年前のブナ。

焼山が誕生した３０００年前の噴火の際、山麓にあったブナ林は火山灰や土砂で埋まったが、その後、川の浸食によって再び地表に現れたもの。

幹上部から新しい枝が出ているように見えるが、これは近年、別の木が着生したもので、ブナ自体が生きているわけではない。だが、目の前で実物を目にすると、焼山噴火の悠久の歴史をあらためて感じざるを得ない。

地学

夏でも肌寒いほどの冷風が岩の間から吹き出してくる天然の冷蔵庫「山伏山の風穴」

新潟県津南町／家族／徒歩3分（往復6分）／遭遇難度★ D P194

山伏山の風穴。石はこけむし、まるで古代遺跡のように見える。この石組み遺構が、ほかの風穴にはない面白さといえる

風穴は、岩塊が堆積した斜面の隙間や溶岩トンネルのような洞窟から冷風が吹き出す場所のこと。古くは「かざあな」と呼ばれたが、蚕種《さんしゅ》（カイコガの卵）冷蔵に用いられた明治以降は「ふうけつ」と呼ぶ方が多くなったそうだ。冬の冷たい空気が、地下の空間に閉じ込められ、夏になると気温差と気圧差により対流が発生することで地表に冷風が吹き出してくる。

全国には、富士山の溶岩洞窟である富岳《ふがく》風穴のような大きなものがある一方で、山岳地で自然状態のまま存在する小さな風穴もある。過去には風穴小屋が建てられ、食品の貯蔵や養蚕に利用されてきた。

筆者がいくつかの風穴を見てきた中で、圧倒的に他との違いを感じたのが、山伏山《やまぶしやま》の風穴だ。長野、新潟の県境に連なる関田《せきだ》山脈。その東側に釣り鐘状の山容を見せる標高903mの山伏山中腹に位置する。

山伏山は、もともと今よりも大きな火山で、その上部は約220万〜150万年前の火山活動で生じた火山砕屑物《さいせつぶつ》から構成され、中心には地下からマグマが通った火道《かどう》が残っている。柱状節理《ちゅうじょうせつり》と板状節理《ばんじょうせつり》の岩が存在することからも、過去に火山であったことが分かる。

山腹には、いくつもの風穴が点在しているが、山頂の北側にある養蚕卵保管施設跡が見学しやすい。1909（明治42）年8月25日に地元の養蚕農家4人が県の補助金を受けて完成させたもので、2012（平成24）年には、町有形文化財に指定されている。

アクセスは至って容易だ。津南町市街地から、取りあえず無印良品キャンプ場を目指す。山麓の国道や県道には、その案内標識が点々とあり、迷うことはない。同キャンプ場を見送り、さらに山に向かって車を走らせると風穴駐車場が見えてくる。ここからブナ林に続く小径を歩き、変則四差路（地図参照）をわずかに右手奥に入ると目的地がある。駐車場からわずかだ。

6月であれば、風穴内にたっぷり雪が残っていることもあるので、行くとしたら7〜9月頃を勧めたい。筆者は9月初旬に訪ねたが、気温28℃で汗ばむ中、風穴に入って、その気温差に驚いた。

暑い日にクーラーが効いた部屋に入る時のような感覚ではない。「涼しい」というよりも「寒い」くらいだった。冷風が吹き出す岩の隙間で計測すると、温度計は見る見る下がり、8.5℃を示した。ここまで低温だと、確かにクーラーというよりも冷蔵庫である。実際、その気温差のために、時には風穴上に白い靄《もや》がかかることもあるほどだという。

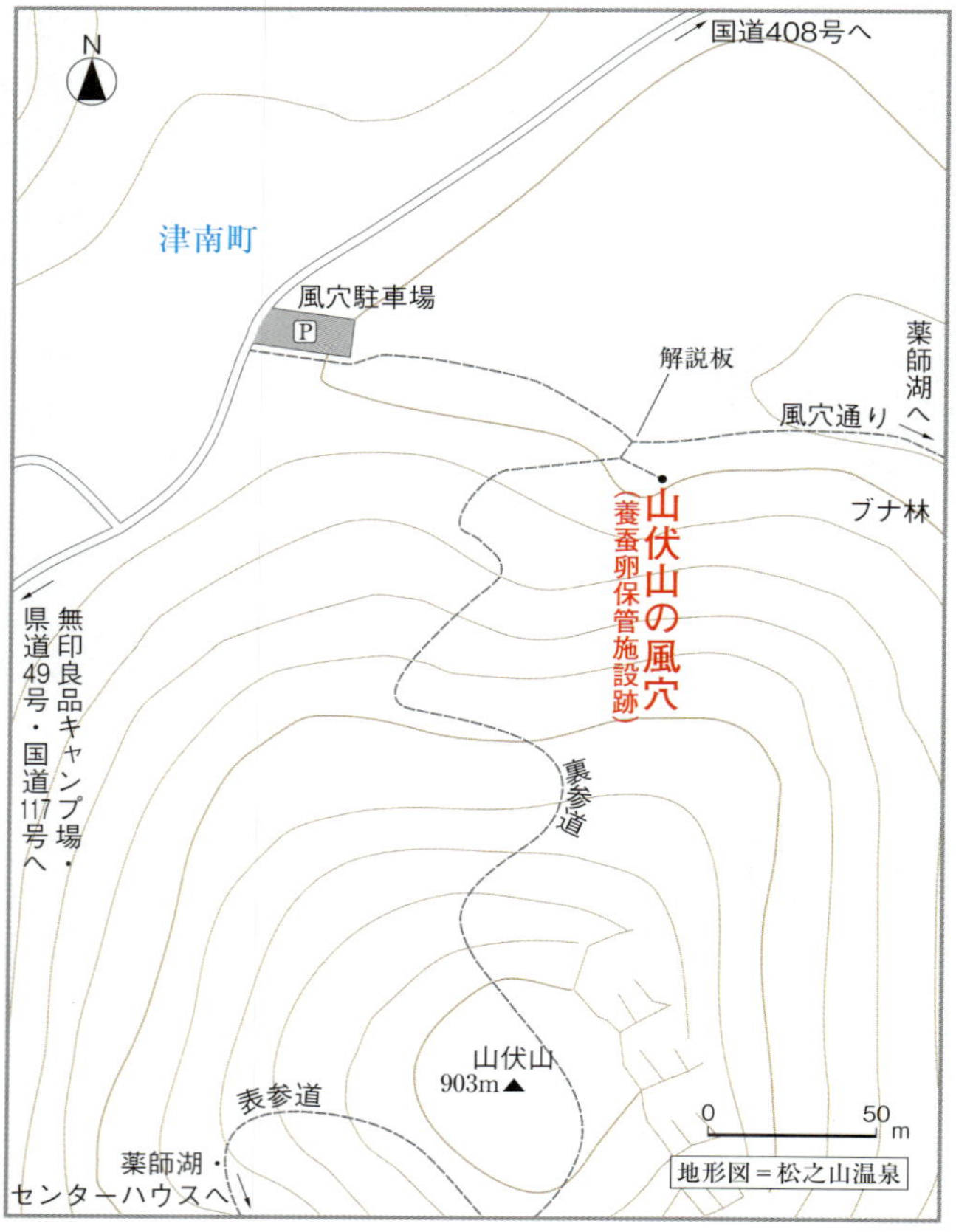

風穴の周囲は、ブナ林に覆われている

風穴の手前に立つ解説板

見倉の風穴

新潟県津南町／家族／徒歩5分（往復10分）
遭遇難度★ D P193

津南町市街地から国道405号を南下するか、志賀高原から雑魚《ざこ》川林道を下ってもいい。どちらにしても全線舗装の東秋山林道に入り、苗場《なえばさん》山・見倉《みくら》トンネル北口へ向かう。苗場山・見倉登山口の駐車場が、登山道入口と同時に「見倉の風穴」と「見倉の大栃」の入口にもなっている。

登山道を上がり、丁字路を右折すると、すぐに「見倉の大栃」を示す標柱を見送り、その先「風穴」の標柱に従って左に上がる。手前にある石組み跡を風穴と思ってしまうが、ここはかつて小屋を建てようとした跡で、風穴ではない。その石組みの上が目的地。一見風穴ぽくないが、倒木などがある地面の隙間から10℃ほどの冷風が出ている。

そのため周辺には寒冷地に適応した植物が生育し、新潟県内ではここでしか見られないエゾスグリも自生。また一帯は、直径1～2mあるトチノキの巨木林が広がり、カツラ、アズサ、サワグルミ、ウダイカンバなどの混生林を形成。

中でも「見倉の大栃」は、「森の巨人たち百選」にも選ばれた、幹回り8.5m、推定樹齢500年といわれるトチノキの巨木だ。風穴から登山道のような道をたどって徒歩20分くらいなので足を延ばしたい。さらに、登山口北側には見倉のカタクリ群生地が広がり、4月下旬～5月上旬が見ごろとなる。ちなみに見倉集落近くや結束《けっとう》にも風穴がある。

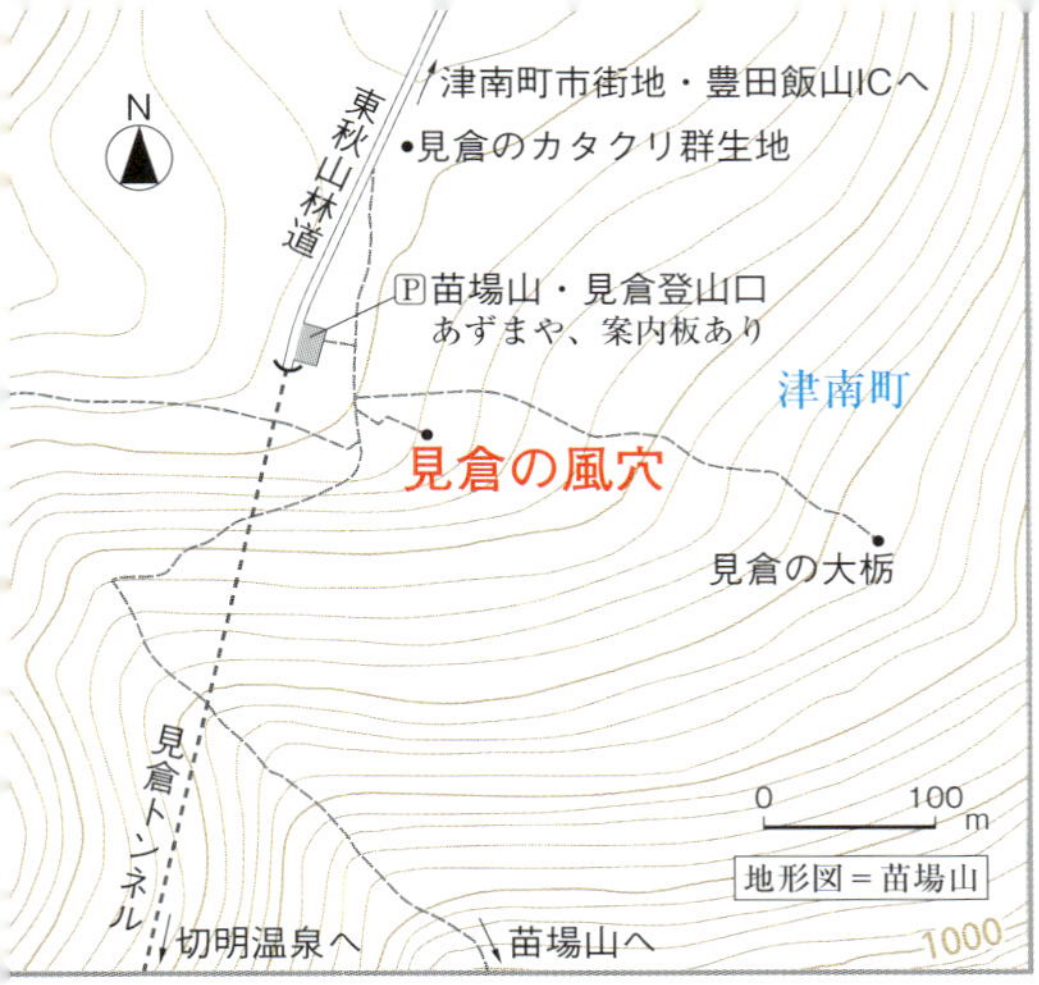

風穴らしくない見倉の風穴

上野原の風穴

栄村／家族／徒歩すぐ
遭遇難度★ D P193

上野原の風穴は、秋山郷の小赤沢地区から国道405号を2㎞ほど南下した国道沿い左側にある。落石防止ネットが張られた岩壁下に小さな案内板が立っているだけなので、見落とさないように注意。付近の路肩に駐車は可能だ。

今から約500万年前の新第三紀後期に生まれたエラクボ平火山岩の岩壁に隙間があり、そこから10℃前後の冷風が吹き出し、周辺に霧が発生することも。

秋山郷では、ほかに屋敷や和山、切明にも風穴がある。

（※地図なし）

国道沿いにある上野原の風穴

八方の風穴

新潟県上越市／家族／徒歩すぐ
遭遇難度★ D P193

関田《せきだ》山脈の牧峠から直線距離で1.2㎞ほど北側中腹にある風穴。市道沿いに石仏が祀られ、しめ縄がかかり、解説板などもあるので、すぐにわかる。P124で紹介する人面岩の、わずか100m新潟県側の山麓寄りに位置する。

山伏山の項で書いたように関田山脈の上部は、火山砕屑物《さいせつぶつ》が堆積しているので、この風穴もそうした岩の隙間で冷やされた空気が地表に吹き出しているのだろう。ただ、ここの風穴は少し気温が高いようで約20℃前後だそうだ。

（※地図はP124参照）

昔は牧峠越えの休憩地だった八方の風穴

風穴の里（稲核風穴）

松本市／家族／徒歩すぐ
遭遇難度★ D P193

国道158号沿い。「道の駅風穴の里」の奥にある風穴で、稲核《いねこき》風穴ともいう。道の駅に車を停め、遊歩道を歩いて風穴に向かう方法もあるが、松本市街地方面からアクセスする場合は、道の駅手前で左折。松本市安曇資料館前を抜けた終点に広場があり、ここに車を置けば、目の前に風穴施設がある。

現在は、松本市内の酒造メーカー3社による「風穴貯蔵酒」熟成施設としても利用され、施設内の手前側は中に入って見学できる（奥の熟成エリアも柵越しに見ることは可能）。また推薦産業遺産としても認定。

崖錐《がいすい》地形の隙間から冷風が吹き出しており、古くは江戸時代の慶安年間（1648～1652）に食品の保存に利用されたこともあった。

しかし注目されたのは、慶応年間（1865～1868）に当地の前田喜三郎が、自宅敷地にあった風穴に蚕種《さんしゅ》を翌年まで保管し、養蚕を試みたところ、良質な繭《まゆ》が取れたことから。これにより繭の生産が効率的になり、明治時代に入ると国の養蚕政策にも合致し、風穴を養蚕に利用する方法が全国に広がったという。

明治末期には、こうした風穴は全国に257基もあり、うち半分の119基が県内にあったそうだ。全国から蚕種貯蔵の注文が殺到したが、大正末期になると、電気冷蔵庫が開発されて風穴は次第に利用されなくなったという。

日本酒熟成施設としても利用される稲核風穴

岳沢の風穴

松本市／一般
徒歩1時間10分（往復2時間15分）
遭遇難度★★ D P193

当然のことながら風穴は、人里に限ったものではなく、山岳地にもある。その一例が、岳沢《だけさわ》の登山道途中にある風穴だ。

上高地バスターミナルから河童橋を渡り、梓川右岸の遊歩道へ。岳沢口湿原を抜けたところが岳沢分岐で、ここから岳沢登山道に足を踏み入れる。深閑とした針葉樹林が続き、しばらく展望は得られないが、次第に高度を稼ぐと、やがて樹間から穂高連峰が顔を出す。

分岐から50分ほどで右手に風穴が見えてくる。付近には岩がゴロゴロと堆積しており、標識も立っている。冷風の気温は不明だが、筆者取材時は確かに冷たい風が出ていた。夏場であれば、顔を近づけて休みたくなる、まさに天然クーラー付きの休憩ポイントだ。

この風穴だけを目的にして登る人はいないと思うので、岳沢小屋付近の岳沢景観も併せて楽しむ日帰り計画で臨みたい。ただし、完全な登山コースとなるので、それなりの装備は準備したい。

風穴を過ぎると、コースはおびただしい岩礫が堆積した岳沢に近づき、これも見どころ。さらにダケカンバ林や灌木帯に続く急坂を越えて小屋見峠に達する。あとは小屋までほんの一投足だ。

岳沢上部の岩壁や明神岳の眺めは圧巻。カメラを向けたいポイントがたくさんある。

岳沢登山道沿いにある岳沢の風穴

妙高山の風穴

新潟県妙高市／健脚
徒歩3時間40分（往復6時間40分）
遭遇難度★★★ D P193

北信五岳《ほくしんごがく》の最高峰にして日本百名山の一つでもある妙高山は、いくつかの登山コースが知られているが、いずれもそこそこ体力を要する健脚向きばかりだ。

燕温泉から燕登山道を登ると約3時間で、赤倉登山道が合流してくる天狗堂（天狗平）に出る。さらに登路を経て光善寺池を過ぎた標高2120mの地点に、標識が置かれた風穴がある。

登山道右手斜面に開いた二つの小さな岩穴がそれ。顔を近づけると、微風が吹き出しており、ひんやりして気持ちいい。特に夏場、汗をかきながら登山道を登って来た身にはありがたい限りだ。冷風を浴びて、一息つきたい。

ここから南峰山頂までは1時間半弱の行程。途中にはスリル満点の鎖場もあり、ちょっと肝を冷やすが、そこさえ過ぎれば汗を絞り取られる以外になんてことはない。

妙高山の最高地点で南峰にあたる妙高大神《みょうこうだいじん》に立ち、大岩がある日本岩を過ぎれば北峰山頂だ。どちらも眺めは申し分ない。

妙高山北峰山頂

妙高山登山道沿いにある妙高山の風穴

神坂の風穴

岐阜県中津川市／家族／徒歩すぐ
遭遇難度★ D P193

中津川市街地から県道7号を経由して大谷霧《おおたにきり》ヶ《が》原《はら》林道（舗装）で神坂《みさか》峠に上がる途中にある。隣にはその昔、東山道《とうさんどう》・鎌倉街道を歩いた旅人が喉を潤した水場・強清水《こわしみず》もあり、1986（昭和61）年に「岐阜県の名水50選」にも選ばれている。

ほかの風穴と同様、明治時代に石室が築かれ、蚕種《さんしゅ》の冷蔵保管場所として利用されたという。1915（大正4）年刊の『西筑摩郡誌』によると、木曽谷にある35基の風穴のうち、神坂地区のものは29基に及んだが、ほとんどは崩壊して原形をとどめていないという。この風穴だけ2006（平成18）年に修復され、かつての様子が再現された。

ちなみに大谷霧ヶ原林道をさらに上がると広い大檜《おおひ》駐車場が見えてくる。ここに車を置き、一般車通行不可の霧ヶ原治山運搬路を歩くこと25分。標識に従って下ったところに幹回り7.22mで推定樹齢300年を超えるといわれるヒノキの巨木「神《み》坂《さか》大《おお》檜《ひ》」がある。1997（平成9）年に発見され、その翌年、「森の巨人たち百選」にも選定。

大檜駐車場から大谷霧ヶ原林道を上がり切ったところが、かつて東山道第一の難所とされた神坂峠。その奥、林道終点の萬岳《ばんがく》荘から登山道を30分たどると富士見台高原に至り、7月中旬～下旬にはササユリが点々と咲くことで知られる。併せて訪問してみたい。

神坂峠の中腹にある神坂の風穴

岩

これを通れって無理…もはや絶叫レベルの岩稜 戸隠山の「蟻の塔渡り」

長野市／上級者／徒歩4時間15分（往復7時間55分・全コース8時間35分）
遭遇難度★★★★ D P193

「うわ〜！　なんじゃこりゃ〜。これを通れって絶対無理に決まってるだろ！」。筆者が戸隠山の蟻の塔《と》渡《わた》りを初めて見た時、思わず口に出たのは、そんな言葉だった。

妙高戸隠連山国立公園の中核をなす戸隠山は、日本二百名山の一つにして北信《ほくしん》五岳《ごがく》にも数えられる名峰だが、この山には、知る人ぞ知る難所・蟻の塔渡りがある。

付近の岩稜は、長さ20ｍの「蟻の塔渡り」と長さ5ｍの「剣の刃渡り」が続き、後者には巻き道もない。途中に曲がった金属パイプらしきものがあるが、これは手すりではなく、何かの残骸にすぎない。しかも最初と最後を除き、肝心の区間には鎖すらなく「ど〜して、ここに鎖がないんだよ」と言いたくなる。

蟻の塔渡りをスリルを味わいながら通るのは、楽しいよ〜。読者のみなさんもぜひ行ってみよう！……なとどは、絶対に言わない。あくまでも、こんなスゴイ岩稜が、日本に存在していることを紹介したいだけだ。実際、毎年のように墜落死亡事故も起きており、決して〝インスタ映え〟する写真を撮ろうなんて思わないことだ。下手すれば命を落とします……。

仮に行ってみるとしても手前から見るだけにしよう。いや、それさえもあまりお勧めではないが……。

山麓側から見た蟻の塔渡り。そのまま歩いて通過するのは非常に危険。ザイルで確保して通過したい。通常は右側の巻き道を利用するが、剣の刃渡りを巻くことはできない

怖いモノ見たさで、どうしても行ってみたい人に一応コースの概略を説明しておこう。

起点となるのは、戸隠奥社参道入口。ここから広い参道を歩き、随神《ずいしん》門をくぐると、樹齢400年ともいわれる荘厳な杉並木だ。

戸隠神社奥社の手前で左に折れ、いよいよ戸隠山登山道へ。しばらく樹林帯の登りが続くが、五十間《ごじゅっけん》長屋と百間《ひゃっけん》長屋と呼ばれる岩壁を過ぎると異様に長い鎖場が連続し、現場が刻々と近づいていることが分かる。コースは険しさを増し、腕力が要求されることもしばしば。しかも、絶叫ポイント到着前なのに、もうすでにスリルがあって、神経をたっぷりすり減らすことになる。

胸突《むなつき》岩の先で、ついに蟻の塔渡りが姿を現す。見た瞬間、誰しもチャレンジ精神が一瞬で消失するのは確実。もし通過する場合は、登山ガイド等の熟達者同行の上でヘルメットとハーネスを装着し、ザイルで確保してもらった方がよい。そうしないと非常に危険だ。

筆者は単独行で、しかもそんな装備が何もない中、しばらく迷いまくった末に意を決して渡ったが、トラウマ（心の傷）になりそうだった。筆者の長い登山経験の中で最も肝を冷やしたといっても過言ではなく、要所要所に鎖が設置された北アルプス「不帰《かえらず》ノ嶮《けん》」よりも怖かった。距離はごく短いが、そのスリルは断トツ間違いない。

なるべく下を見ないようにしながら慎重にソロリソロリと進んだが、「落ちたら終わり」というフレーズが、自分の意志とは無関係に頭の中をぐるぐる回る。とにかく、もう二度と通過したくないのが、正直な感想である。

ウォルター・ウェストンも山岳会の機関誌に寄稿した『日本アルプス登山探検の8年間』と題した記事の中で、蟻の塔渡りのことを「幅2フィート長さが100フィート、しかも両側とも300フィートも下に落ち込んでいるので、目もくらむような岩のナイフエッジを前に、ヨーロッパ人登山者の大方は引き返した」と記しているほどである（1フィート＝約30センチ）。

もし蟻の塔渡りと剣の刃渡りを無事に通過した場合。最後に狭い岩の隙間を抜けると、八方睨《にらみ》と呼ばれる眺めがよいピークに登り立つ。この先は、直前までの冷や汗が信じられないほどに穏やかな尾根歩きとなって、程なく戸隠山山頂に達する。

帰路は稜線をそのまま縦走して、一不動避難小屋から大洞《おおぼら》沢沿いを下る。稜線上にも下山路にも一部、鎖場（またはロープ）はあるが、往路の鎖場と比較すれば余裕レベルだ。

❶戸隠神社奥社下の登山道入口。登山届を必ず提出しよう。❷蟻の塔渡り手前に続く鎖場。鎖が雨にぬれていると、すべりやすい。要注意。❸上から見た剣の刃渡りと蟻の塔渡り。❹百間長屋と呼ばれる岩壁。登山道はその直下に続く。❺蟻の塔渡りの手前にある標識。❻戸隠山山頂。背後は、日本百名山のひとつ高妻山

プラスα

蟻の塔渡りは、次第に痩《や》せている!?

昭和初期に撮影された蟻の塔渡り。この頃は、今よりも明らかに岩稜の幅が広い（写真提供：戸隠地質化石博物館）

現在は、最も狭い場所で、両股で挟めるほどの幅しかない蟻の塔渡りだが、昔はもっと幅が広かった。大正時代や昭和初期に撮影された古い写真を見ると、蟻の塔渡り西側斜面には現在と違って高い木が茂り、高度感はあまり感じなくて済みそうである。しかも岩稜の幅は今よりも広く、1m前後はあるように見える。

その後、雨や風雪の影響で木は失われ、次第に岩稜が痩せてしまったようだ。そのためスリル感が増したわけだが、将来はさらに細くなって通行すら不可能になる可能性もありそうだ。

蟻の塔渡りの古い写真は、戸隠地質化石博物館が何点か所蔵している。常設展示はしていないが、希望すれば見せてもらえる。

●戸隠地質化石博物館DATA
月曜休（祝日の場合は翌日休）・9時～16時30分（入館は16時まで）・入館料大人200円、高校生100円、小中学生50円・長野市戸隠栃原3400・MC 382 623 887*23・☎026-252-2228

岩

地層中の化学成分の違いで大小の穴が無数に開いた？奥裾花渓谷・蜂の巣状風化岩

長野市／家族／徒歩すぐ
遭遇難度★　D P192

まるで蜂の巣のように無数の穴が開いた岩があり、蜂の巣状風化岩と呼ぶ。長野市鬼無里地区には観察地が2ヵ所あり、一つは鬼無里支所北側の沢上流（プラスα参照）だが、本項ではアクセスが容易な奥裾花渓谷の方を紹介したい。

国道406号から奥裾花自然園に向けて県道と市道を北上する。奥裾花ダムの先に市の天然記念物「ケスタ地形」があるので、ここでも車を停めて、ちょっと見学。

この600m先に奇岩「千畳岩」とともに、蜂の巣状風化岩が知られている。どちらも市の天然記念物に指定され、見応えもある。

千畳岩は、縦150m、横80mの巨大な砂岩の一枚岩で、写真をご覧いただければ分かるように、車と比較しても圧倒的に巨大な岩だ。鬼無里が海の底だった頃に堆積した砂岩層が浸食を受けて、最後に固い部分だけが残ったものだという。

一方、蜂の巣状風化岩は、長年の浸食によって、砂岩層の表面に丸や不定形の穴が多数開いていて、見た目、岩とは思えないほど。

風が砂を研磨剤のように使って砂岩の表面に不規則な凹凸を作る「虫喰い状風化」が成因とされたこともあるが、近年では、岩石中の化学成分が関係しているのではないか——と考えられているそうだ。

巨大な一枚岩・千畳岩。それにしても大きい！

プラスα

深谷沢《ふかやざわ》の蜂の巣状風化岩

裾花川を隔てた鬼無里支所の向かいから狭い村道に入り、終点に車を停める。右側の女バチワと呼ばれる沢沿いの小径をたどると、県の天然記念物に指定された「深谷沢の蜂の巣状風化岩」がある。ただ、災害のため村道が通行止めになっており、開通時期は未定。

奥裾花渓谷の蜂の巣状風化岩。固い岩石なのに、こんな感じで穴がポコポコ開くことがあるなんて、ちょっと不思議だ

岩

川の中を進む大蛇のよう 国の天然記念物指定「横川の蛇石」を侮るなかれ

辰野町／家族／徒歩5分（往復10分）
遭遇難度★ D P192

１９４０（昭和15）年に国天然記念物に指定された「横川の蛇石」は、蛇石キャンプ場近くの横川渓谷の中にある。

「どうせヘビに似た石があるだけだろ」と思ったら大間違い。いや、確かにヘビを連想させる形態をしているのは間違いないが、ひと目見てビックリ。筆者の予想以上だった。ヘビというよりも大蛇だ。

粘板岩に閃緑《せんりょく》岩の層が貫入した岩脈に対して、石英脈がほぼ等間隔に区切るように入っているために、まるで蛇腹のように見える。

つまり、実態としてはヘビのような円筒状の岩があるわけではなくて、岩脈の層の断面だけが川底に露出して、一見ヘビのように見えるにすぎないのだが、そうだとしても「蛇石」と命名するしかないほど、リアルに似ている。

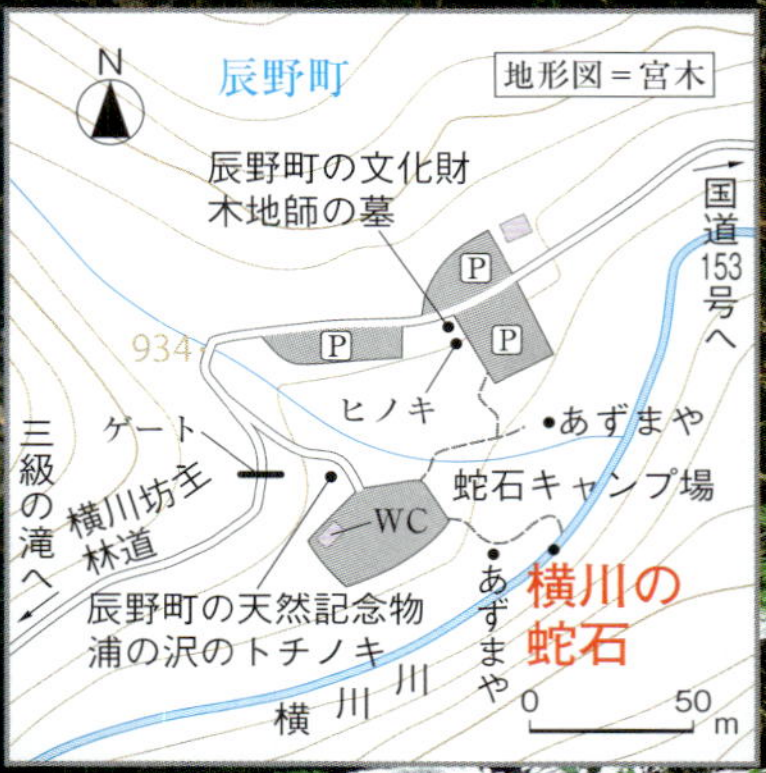

横川の蛇石。周囲の川底が黒っぽいのに対して、蛇石は淡褐色をしているので目立つ。本当に大蛇が川の中を進んでいるみたいだ

廻り目平キャンプ場の大日広場から見たサイコロ岩。上面に木が1本だけ生えているのも味がある

岩

岩の上にさらに岩が乗る なんとも危なっかしい 廻り目平のサイコロ岩

川上村／家族／徒歩すぐ／遭遇難度★ D P192

奥秩父の小川山や金峰山《きんぽうさん》の登山口・廻《まわ》り目平には、必見の岩がある。その名をサイコロ岩。とにかく危なっかしい岩なのだ。

川上村中心部を抜け、川端下《かわはけ》地区に向かう。一帯は廻り目平キャンプ場として整備され、金峰山荘などの施設が点在している。キャンプ場は、入場料が必要だが、大日広場に車を停めて周囲の稜線を見回すと、すぐに気づくはずだ。

立方体状の岩が土台となり、その上に一回り大きな岩が乗っかっている。どう見てもアンバランスで、危なっかしい。地震でもあればゴロンと転がり落ちそうだが、落ちていないところを見ると、意外にも安定しているのかもしれない。ロッククライマーが岩場に向かう道があり、一般的ではないが、サイコロ岩まで行くこともできる。

実は、こうした岩は山岳地では時折見かける。筆者が知る限り、乗鞍岳や鈴鹿の御在所岳、恵那峡、あるいは屋久島・宮之浦岳などにも危なっかしい岩がある。

廻り目平の周囲には岩峰が連なる

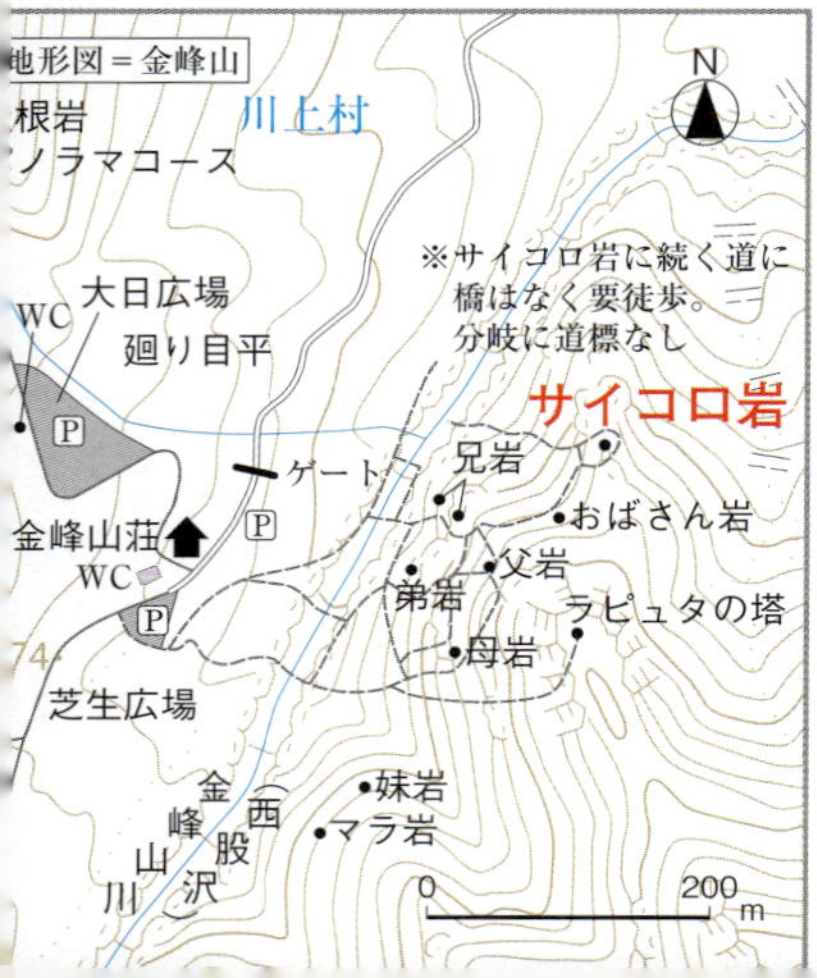

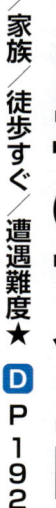

岩

一刀両断にスパッと切ったような形をした駒ヶ根高原の切石と重ね石

駒ヶ根市／家族／徒歩すぐ／遭遇難度★ D P192

駒ヶ根高原・切石公園の切石は、二つの巨岩から構成され、どちらも丸みを帯びた角を持つ複雑な形をしている。その隣り合う両面だけ、なぜか刃物でスパッと切断したかのように真っ平らになっている。

今から約9万年前に氷河によって木曽駒ヶ岳の千畳敷《せんじょうじき》から、しらび平までゆっくりと運ばれ、約2万年前の土石流で駒ヶ根高原へ一気に流れ出たものだそうだ。こうした石を「迷い子石」と呼び、日本では駒ヶ根高原でしか見られないという。二つの岩は、どちらも花崗岩《かこうがん》。この岩は、規則正しく割れる性質があり、現在も隣り合っているということは、千畳敷からの移動の最中ではなく、この地で二つに割れたと考えられる。

また近くの重ね石も目を引く。二つの岩が重なっているが、その境目を横から見ると一直線。やはり切断したように見える。

駒ヶ根高原には、切石公園の切石と重ね石のほか、周辺に地蔵石、袋石、ござ石、蛇石、小袋石と名前が付いた岩が点在している。まとめて七名石《ななめいせき》と呼ばれる。

蚕玉石（こだまいし）とか疱瘡石（ほうそういし）とも呼ばれる重ね石。高さ4.3m

武蔵坊弁慶や坂上田村麻呂が切ったとする伝説もある切石。高さ3.1m

岩

巨岩にぽっかり二つの穴 北アルプス燕岳の稜線上にある風化が生んだメガネ岩

安曇野市・大町市／健脚／徒歩4時間50分（燕岳山頂まで往復8時間25分）

遭遇難度★★★ D P192

読者のみなさんは、穴が貫通した岩をどこかで見たことがあるだろうか？　表面に凹《へこ》んだ穴ができた岩なら珍しくないだろうが、自然状態でその穴が貫通した岩を見た経験は、あまりないと思う。ところが、燕岳には、二つの穴が貫通したメガネ岩があるという。

中房《なかふさ》温泉から合戦《かっせん》尾根を経由して燕山荘へ。ここから燕岳山頂に向けて登山道を進むとメガネ岩がある。巨岩の上部に二つの穴がぽっかり開いて背景の青空が見える。どうして穴が貫通しているのか不思議だが、実は、周辺のほかの岩と同様に花崗《かこう》岩《がん》であることがミソ。

花崗岩は、石英《せきえい》、長石《ちょうせき》、黒雲母《うんも》の3鉱物からなり、それぞれの結晶粒子が大きく、しかも各結晶の熱膨張率が異なるため、気温差が大きければ大きいほど、結晶粒子の結合が緩んで風化しやすい。しかも燕岳の花崗岩は、大天井《おてんしょう》岳の花崗岩のように緻密ではなく、これも風化につながりやすい要因とされる。

複雑な形をした岩全体の風化が進めば、場所により風化の進行に差が生まれて岩の厚みがない部分は、最終的に穴が貫通してしまうこともあり得ることになる。おそらくメガネ岩もこうして生まれたのだろう。今後、風化が進んで穴が大きく広がる可能性も高そうだ。

燕岳稜線上の花崗岩群。独特な景観だ

手前にあるイルカ岩。まさに上を向くイルカ。背景は槍ヶ岳

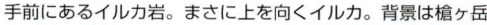

燕岳のメガネ岩。二つの穴がメガネのように並んでいるところが、面白い。細かいことをいうと、右側の穴上部にも、もうひとつ小さな穴がある。ただし、岩に登るのは禁止

岩

登山道に点々と並ぶ磐座 天孫降臨伝説も残る 霊山・位山の迫力ある巨石群

岐阜県高山市／一般／徒歩45分（山頂一巡も含めて往復1時間45分）
遭遇難度★★ D P192

飛騨地方では、次のような両面宿《りょうめんすく》儺《な》伝説が語り継がれている。「位山《くらいやま》の主は、神武《じんむ》天皇へ位を授くべき神なり。身体一つにして顔二面、手足四つの両面四手の姿なりという。天の叢雲《そううん》をかき分け、天空浮船に乗りてこの山のいなだきに降臨し給《たま》ゐ《い》き。この山におきて神武天皇に位を授け給ふ。故に位山といゐ、船のつきたる山をば船山とはいへり」と。

室町中期に飛騨国司を務め、歌人としても知られた姉小路基綱《あねがこうじもとつな》も『飛騨八所和歌集』の裏書で、この伝説を書き残しているという。それにしても『日本書紀』で語られる、出自不明の謎の神・櫛玉饒速日命《くしたまにぎはやひのみこと》が神武東征《とうせい》にせんだって河内国（現在の大阪府交野《かたの》市）に降臨したとする伝説を彷彿《ほうふつ》とさせる。

これが何を意味するのか、筆者は答えを知らない。確かに飛騨高地を構成する山々の中にあって、位山だけ異質な存在感があるのは間違いない。山自体が、式内社《しきないしゃ》・飛騨一宮《いちのみや》水無《みなし》神社の御神体であり、山中には名前が付けられた磐座《いわくら》（古代祭祀《さいし》において神の依《よ》り代《しろ》とされた岩のこと）が点在し、どこか厳粛な空気が漂う。確かに霊山の名にふさわしい。

位山には、道の駅モンデウス飛騨位山がある刈安《かりやす》峠から続く山稜登山道と、ダナ平林道終点から続く巨石群登山道があり、どちらにも磐座が点在している。特に後者は、名前の通りの巨石が登山道沿いに点々とあって見応え十分。今回はこの巨石群を探検するため現地に向かった。

道の駅モンデウス飛騨位山付近から未舗装のダナ平林道を進む。ちなみに四輪駆動車でなくても走行できる路面レベルだ。終点にある駐車スペースに車を置き、早速、登山開始。すぐ上には、金属製球体の本殿が目を引く位山太陽御神殿があり、表現に困る異様な姿をした2体の人面竜像が、参道の両脇を固める。

この先、立派な磐座が次々に出現。どれも巨岩で、人為的に加工されたような形跡はないが、巨岩の上に木が根を張っていたり、こけむしたりして迫力がある。

山稜登山道と合流する直前には、天の岩戸があり、ここだけ祠が祀られている。その前には、根元が三つに分かれて、まるで三脚のような姿をした、個性的な木があるので見ておきたい。

なお、山頂手前には、遠く白山を望む展望広場があり、山頂の奥には、冷水が湧き出す位山御神水もある。山頂部を一巡したら下山しよう。

岩上にも平気で根を張るチョウセンゴヨウが際立つ御門岩（みかどいわ）

岩

語り継がれる国定忠治伝説 関田山脈・牧峠の人面岩は 情に厚い人の表情？

新潟県上越市／家族／徒歩すぐ／遭遇難度★ D P192

牧峠の人面岩。細目で烏帽子（えぼし）をかぶった人の顔に見える

天保《てんぽう》の大飢饉《ききん》(1833〜1839)の頃——。雪が舞う晩秋に旅芸人の一行が、牧峠の炭焼き小屋前を通りかかり「重い病の者がいるので休ませてほしい」と炭焼きに頼んだ。心優しい炭焼きは、飢饉に見舞われ、食べ物が十分になかったにもかかわらず、彼らを山麓の自宅に招待して可能な限りもてなした。

そんな折、「追っ手が迫っている」という知らせが入り、一行は出発を決断。炭焼きや村人が、峠の大岩まで見送った際、村の長《おさ》は、彼らが国《くに》定忠治《さだちゅうじ》一行であることを初めて明かし、忠治は別れの仁義を切った。

村人たちが来た道を戻る途中、ふと峠を振り返ると、一行はまだこちらを見ており、深々と頭を下げていた。その後、忠治が仁義を切った大岩は次第に人の顔のようになった——。この大岩は、関田《せきだ》山脈・牧峠中腹の市道沿いに今もあって人面岩と名付けられている。

国定忠治といえば、江戸後期の侠《きょう》客《きゃく》・博徒《ばくと》として知られ、1851(嘉永4)年には、凶悪罪人として江戸で処刑されたが、山麓の上牧《かみまき》地区では義理人情に厚い立派な人物として代々語り継がれたという。

池の平の市道沿いにある、村の天然記念物に指定された亀甲岩。亀の甲羅のような柱状節理の割れ目が特徴だ

岩

柱状節理の溶岩「亀甲岩」はかつて根羽村の中心部で火山活動があった証拠

根羽村／家族／徒歩すぐ／遭遇難度★ D P192

根羽村の三国山（P46）中腹、池ノ平開拓地には、亀甲岩《かめのこう》という柱状《ちゅうじょう》節理《せつり》の岩がある。市道側から見ると表面は六角形や五角形の亀甲模様が刻まれ、側面を見ると柱を束ねたような断面があらわになっている。

およそ1500万～950万年前の新生代第三紀中期～後期に噴出した玄武岩の溶岩。マグマが冷却する際に収縮して柱状に固まり、柱状節理の割れ目が入っている。解説板には「地上の高さ2.4m」とあるが、とてもそのサイズには見えない。

亀甲岩自体は古くから知られていたものの、それ以外で村内に火山活動の証拠は見つかっていなかった。ところが、2005（平成17）年に火道礫岩の弁天露頭のほか、マグマが爆発噴火した場所が5ヵ所見つかり、当時の火口は直径900mの楕円形をしていたことも判明したという。そこで古根羽火山と命名された。

火山自体の山体は浸食によって失われているが、その痕跡はしっかりと残っていたのだ。

また近くの愛知県側山林内（P46地図参照）や茶臼山高原（P148地図参照）、月瀬《つきぜ》の大杉駐車場にも別の亀甲岩がある。

（※地図はP46参照）

その側面を見ると「柱状」の意味も理解しやすい

岩

傘というよりキノコかも…成因は謎だが見事な出来恵那峡「傘岩」風化の妙

岐阜県恵那市／家族／徒歩4分（往復8分）
遭遇難度★ D P192

実物を目の前で見ると、誰しも目を丸くするのは必然。恵那市の恵那峡公園内にある傘岩は高さ約4・3m、頂部の周囲はなんと約10・2mもあり、くびれ部分の周囲約2・3mという、実に不思議な形をした奇岩である。

例えるとしたら「傘」というよりも「キノコ」。いや、もっといえば「バランスの悪い砂時計」みたいにも見える。とにかく「どうしてこんな形になっちゃったんだろう」と頭の中に「?」マークが100個くらい浮かびそうなほどだ。

ただ、この傘岩の場合も、燕岳《つばくろ》のメガネ岩で説明したことに実はつながってくる。実は傘岩も風化しやすい花崗岩《かこうがん》なのだ。

この岩が生まれた経緯は不明だが、例えば、過去に水位が頻繁に変化するような湖沼とか川とかの中にあったとすると、水没する時間的比率により水蝕《すいしょく》進行に差が生まれ、下部が段階的に削られて、こんな逆円錐状になったのではないか……と、筆者は推測してみた。

しかし、地形図で確認すると、傘岩は周囲でも比較的高い場所にあり、川の中だった可能性は低そうだ。現地解説碑では「風蝕《ふうしょく》と雨蝕《うしょく》による」とあるが、それだけではこの形が生まれた理由を説明したことにはならない。結局、本当の成因は分からないが、「風化の妙」とでも称《たた》えたいほど素晴らしい出来栄えである。

近くの恵那峡駐車場に車を置き、遊歩道と車道をたどる。標識に従って少し入ったところに傘岩がある。さらにその奥には「千畳敷岩」と呼ばれる大きな一枚岩があり、岩上に上がると、恵那峡方面の眺めがいい。傘岩と千畳敷岩。ゆっくり巡っても20分くらいしか要しないので、併せて訪ねてみたい。

左右写真ともに左ページ写真とは違う方向から見た傘岩。頂部は比較的平らになっており、南西方向に傾斜している

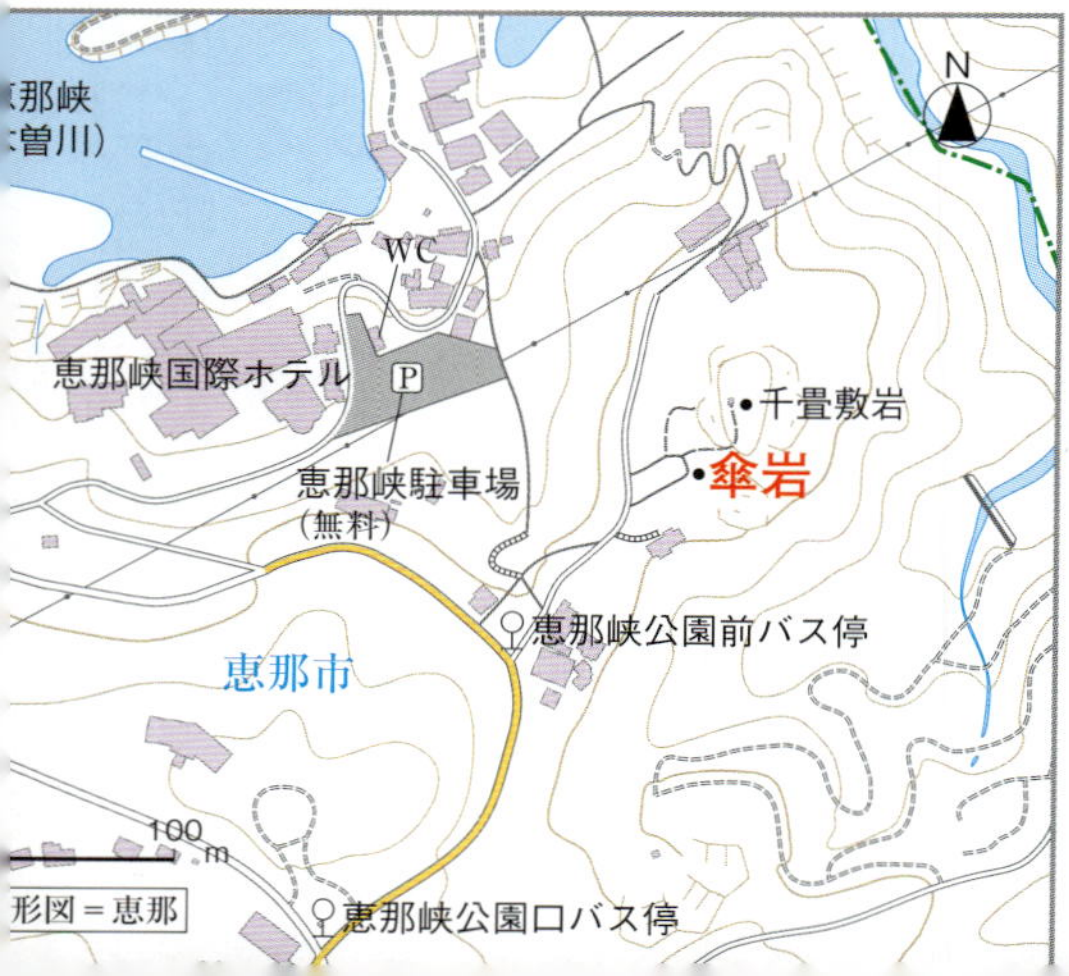

巨大な一枚岩・千畳敷岩も見どころだ。祠があり、眺めもいい

国の天然記念物に指定された恵那峡の傘岩。自然にできたとは思えないほど。もはや芸術品レベルの完成度の高さ

岩

落ちない理由がわからない神レベルのバランス？鏑川で寄り添う夫婦岩

群馬県下仁田町／家族／徒歩3分（往復6分）

遭遇難度★ D P191

川の中にある細長い露岩の上に大きな男岩とひとまわり小さい女岩が、まるで寄り添うように絶妙のバランスでちょこんと載っている。下仁田町の鏑《かぶら》川にある夫婦《めおと》岩は、転がり落ちない理由がわからない〝神レベル〟のバランスを保っている不思議な岩である。

中新世《ちゅうしんせい》の火山活動によって噴出した岩が、転石となって鏑川上流から洪水により運び出され、土砂に埋もれた川底の岩上でたまたま止まった。その後、周囲の土砂が流出したことで残ったのだろうといわれる。

男岩の方は直径約2mもある大岩で、男岩と女岩では、岩質が異なるらしい。見る限り、どちらも露岩との接点はわずかで、しかも露岩自体が南東方向に傾斜しており、通常であれば、すぐに転がり落ちそうである。それなのに安定しているということは、露岩側に凹《へこ》みでもあるのだろうか？

女岩の底部をよく見ると、露岩に突起のようなものがあるのに気づく。また男岩と女岩は明らかに接しており、こうした岩どうしの形状や物理的なバランスが偶然にも安定的な形で一致したのではないか。

全国地質調査業協会連合会と地質情報整備活用機構が「日本の奇岩百景」を選定すべく候補を募っており、夫婦岩も、すでに選定されている。選定数は、すでに100ヵ所を超えたことから現在は、「奇岩二百景」を目指しているそうだ。夫婦岩は、ほかの奇岩と比較しても遜色ないように見える。

こうした「絶妙なバランスを誇る岩」は、ほかにも知られている。例えば国内でいえば、岡山県赤磐《あかいわ》市・岩神神社の御神体の一つ「ゆるぎ岩」が挙げられる。長さ5mもある靴形の岩が台座となる岩の上に不自然な状態で載っており、「かかと」部分を素手で持って力を加えると、シーソーのようにわずかに上下に動くのを確認できる。

世界に目を向けると、さらにすごい岩が知られる。有名なのはミャンマーの「チャイティーヨパゴダ」だろうか。崖の末端に金色の岩がはみ出し気味にあり、さらに岩の上に仏塔が載っている。ほかにエジプトの「マッシュルーム&チキンロック」、アメリカ・アーチーズ国立公園の「バランスロック」、オーストラリアの「デビルズ・マーブルズ」……。

夫婦岩は、鏑川に沿うように続く県道43号から望めるが、付近に駐車できるスペースはない。軽井沢方面からアクセスする場合、夫婦岩の200m先、矢川橋のたもとにある駐車スペースに置いて、歩いて戻る方がよい。夫婦岩前の県道に立つ標識を目印にしよう。

上流側から見た夫婦岩

「神レベルのバランス」と表現するしかない鏑川の夫婦岩。自然は、時に人間の想像を超える粋なことをする

岩
巨岩がパックリ真っ二つ
瑞牆山登山道に現れる
その名も「桃太郎岩」
山梨県北杜市　一般　徒歩1時間20分（往復2時間25分。山頂まで往復4時間55分）遭遇難度★★
D P191

上部の割れ目は「逆くの字」状で左右同じ。もともとは一つの岩で、その後何らかの理由で二つに割れたことがわかる。ちなみに、岩の下に立てかけられた大量の枝は、誰かが勝手に意図して置いたものらしい。実は地元の人からも「汚らしい」と不評を買っている

おそらく昔話「桃太郎」で、桃太郎が生まれた桃に見立てた名前なのだろう。登山口から富士見平小屋を経由して1時間20分。天鳥《あまどり》川を渡ったところにどっしり腰を下ろす桃太郎岩は、高さ約6・5m、幅約10mもの楕円体状の巨岩である。何より注目すべきなのは、真ん中でパックリ割れていることだ。

岩だから当然、割れることもある。しかし、もしこの巨岩が地震や土石流等により、高い場所から現在地に落下した際の衝撃で割れたと仮定した場合。それほど大きな力が一度にかかれば、通常はほかにも複数の大きな割れ目が生じ、もっとバラバラになるものだ。小石ならともかく、桃太郎岩ほどの巨岩が、こんなにあっさり真っ二つになるのも不思議な気がする。

ただ、桃太郎岩もこれまで紹介した奇岩同様、花崗岩《かこうがん》なのだ。切石（P119）でも書いたように規則正しく割れやすい性質がある岩であることは無視できない。

あるいは、桃太郎岩はもともとこの位置にあり、頂部のわずかな隙間に雨がたまって冬季に凍結→体積が膨張→わずかな割れ目が発生→さらにそこに雨がしみ込んで凍結……ということを繰り返すうちについに限界を超えて、全体が二つに割れてしまったという可能性もあるかも。

登山口にある瑞牆《みずがき》山荘で話を聞くと、昔から地元では桃太郎岩と呼んでいるとのこと。伝説みたいな話を聞いたことがないが、由来はやはり桃太郎の桃だろうとのことだった。

その瑞牆山荘がある全線舗装の本《ほん》谷《たに》釜《かま》瀬《せ》林道から少し入ったところに登山者用の駐車場があり、ここから瑞牆山登山道をたどる。

やがて林道を横断。つづら折りの登りとなるが、途中の富士見平小屋にはベンチもあり、ひと息つける。斜面をトラバースし、小さな尾根を越えると、一転下り道となって天鳥川に出る。名前は川だが、実態は沢レベル。橋は架かっていないが、飛び石伝いに余裕で渡れる。

川を渡れば、すぐ前方に桃太郎岩が見えてくるはずだ。瑞牆山登山道で、さらに山頂に達すると、眼下にそそり立つ大ヤスリ岩も見どころなので、足を延ばすプランもお勧めしたい。

途中にある富士見平小屋

天鳥川の徒渉地点。なんてことはない

桃太郎岩の裏側。木の根が覆っている

岩

尾をピンと跳ね上げた鮒のように見える奇岩
丸山神社の「ふな岩」

岐阜県中津川市／家族／徒歩2分（往復4分）／遭遇難度★

D P191

近くの住宅地から見上げる「ふな岩」。前方に目のようなくぼみがあり、マッコウクジラのようでもある

中津川市苗木《なえき》地区には、丸山と呼ばれる小高い丘があり、丸山神社の境内になっている。ふな岩は、その南西側末端にある奇岩だ。

長さ12m、高さ6m、幅8m、推定重量200tを超える花崗岩《かこうがん》の巨岩で、市の天然記念物。住宅地側から見ると、魚のフナのようにも、マッコウクジラのようにも見える。

江戸中期、1773（安永2）年にまとめられた『苗木の里遊山草《さとゆさんぐさ》』では、「船岩と聞こえしは我が日本の船ならで唐土《もろこし》船をそのままに岩になしたるごとくにて見る人これを奇なりとす」と記している。ところが、1883（明治16）年刊の『苗木明細記』では「大岩鮒《ふな》の浮みたる形にして誠に奇岩なるべし」とある。つまり、昔は「船」の意だったが、いつしか「鮒」に変わったらしい。

丸山神社の来歴は不明とされ、ふな岩には伝承すら伝わっていないという。しかも、境内にはほかにも巨岩が点在し、夫婦《めおと》岩という、これまた不思議な形態をした奇岩もある。近くには巨岩・化粧岩、神社の北数㎞には巨石群まであるという。

2018（平成30）年には、ふな岩に春分と秋分おける太陽の方向を観測できる機能が備わっているとする説が新聞で紹介された。ふな岩自体も頭は真西、尾は真東を向いているそうだ。

対となる夫婦岩の一方の奇岩

岩

気が遠くなる歳月をかけて称名滝が削り出した高さ500m「悪城の壁」

富山県立山町／家族／徒歩すぐ／遭遇難度★

D P191

大絶壁・悪城の壁。大自然が生み出した圧倒的な景観を目の前にすると、人間がいかにちっぽけな存在か、あらためて気づかされる。ちなみに写真左上の凹地は、雪崩による浸食作用で生まれたもの

350mという落差日本一の滝「称名滝」は、約10万年前には現在地より15㎞も下流の富山市小見付近にあったと推定されている。

上流から流れてくる岩礫や砂によって溶岩台地の溶結凝灰岩《ようけつぎょうかいがん》層が少しずつ削り取られて1年間に10㎝ずつ後退し、称名渓谷が形成された。その核心部が、一枚岩の大断崖としては日本一ともいわれる「悪城《あくしろ》の壁」と隣接する「恒性寺《こうしょうじ》の壁」である。「悪城の壁」は、河床から岩壁上端まで標高差が500mもあり、見上げると上の方に雲がかかって高度感はハンパない。また「悪王城《あくおうじょう》」とか「千仞《せんじん》のヤグラ」という別名もあり、いずれにしても圧倒的な絶壁を難攻不落の城に例えた名前だ。

称名滝入口の称名平に続く県道を走行すると車窓越しに見ることが可能だが、付近に専用展望台もある。

気象

めったに出現しないが いつかは見てみたい 高山特有のブロッケン現象

北アルプスなど／一般～健脚／遭遇難度★★★★★ D P191

播隆《ばんりゅう》上人は、槍ヶ岳の開山者としても知られる江戸後期の修行僧である。なぜか一般の知名度は高くないが、日本山岳史に燦然《さんぜん》と輝く偉業を成し遂げた人物として、もっと評価されてしかるべきだと思う。

それはともかく。播隆とブロッケン現象には、浅からぬ縁がある。播隆は1823（文政6）年に村人18人とともに登った笠ヶ岳山頂で数回に渡って阿弥陀《あみだ》如来の姿を見たという。さらに1828（文政11）年には、案内人・中田又重《またじゅう》とともに苦難の末に槍ヶ岳初登頂に成功したが、その際にも虹の中に阿弥陀如来が現れたと記録にある。

播隆が遭遇した阿弥陀如来とは、ブロッケン現象のことだろう。太陽を背にした時に自分の影が、前方の霧や雲に大きく映り、その周囲に虹の輪が現れる現象で、大気中の細かい水滴によって太陽光線が回折するために発生する。

ドイツのブロッケン山でよく目撃されたことにちなむ名前だが、日本では「来迎《らいごう》」といわれ、江戸前期の1678（延宝6）年に書かれた橘《たちばな》三喜《みつよし》の『一宮巡詣記《いちのみやじゅんけいき》』に人々が来迎に驚く様子の記述があるという。また近年、世界で初めてこの現象に名前を付けたのは出羽三山の修験者とする説が提唱された。

高山で稀《まれ》に目にできるが、その確率はあまり高くない。筆者は、播隆上人と同じく槍ヶ岳で遭遇したが、その時の状況は次のようなものだった。時刻は午後3時頃。場所は槍ヶ岳山荘前。太陽光線が西から鋭い光を投げかけてくる反面、周囲には雲が立ち、ガスがうっすらとかかっているような状況だった。

こうした気象現象は、どこそこの山に行けば必ず目にできるという性質のものではないため、具体例を挙げたプランを提示できないが、やはり標高の高い北アルプスや南アルプスのような高山が目撃頻度は高いものと考えられる。

プラスα

富山市大山歴史民俗資料館

富山市大山地域の歴史と文化を紹介する施設で、播隆上人の足跡など詳しい展示があり、播隆が笠ヶ岳で見たブロッケン現象について解説されている。

月曜休（月曜が祝日の場合は翌日）と祝日の翌日休・9時30分～17時（入館は16時30分まで）・入館料大人100円、高校生以下無料・☎076-481-1415

播隆上人に関する展示コーナー（上）。そこに展示されている播隆上人像（左）

筆者が、槍ヶ岳で見かけたブロッケン現象

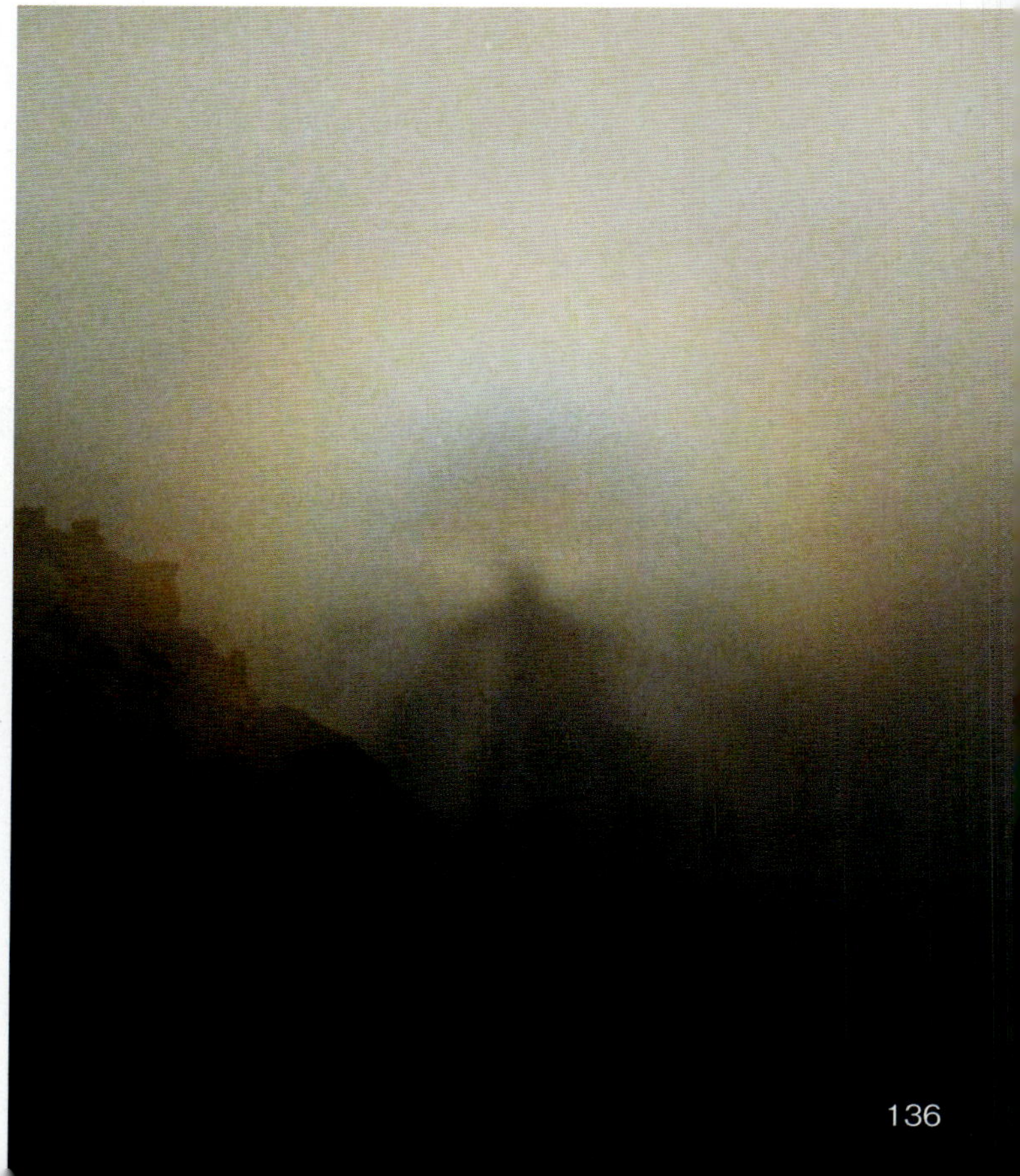

気象

雲海は珍しくないが稜線から雲が落ちてゆく「雲海の滝」は感動モノ

北アルプスなど／一般～健脚／遭遇難度★★★ D P191

夏、稜線からあふれ出る雲海の滝。北アルプス・乗鞍岳

高い山の山頂に立った時、眼下にまるで海のように雲が広がる雲海を目にすることがある。周囲の山々も、まるで島のように顔を出すので余計、海みたいに見える。

雲海は、ある一定の条件がそろえば、比較的目にしやすい自然現象といえる。まず何より発生しやすい場所は、雲がたまりやすい盆地であること。しかも前日に濃霧注意報が出るような湿度が高い状態にあること。次に深夜から早朝にかけて空が晴れ渡り、放射冷却で地表が冷やされていること。加えて無風だと水蒸気が冷やされて生じた霧が盆地内にとどまりやすくなる。これにより、夜明け前から早朝にかけて雲海が発生する可能性が高まると考えられる。

確かに雲海だけでも見応えがあるが、ここではさらに「雲海の滝」を見ることを目指してみたい。雲海の滝とは、雲海が山の稜線からあふれ出るように流れ落ちることをいう。これは感動モノだ。流れ落ちる雲の動きまでよく見え、末端では自然に消滅している。

こうした雲海の滝は、雲海がよく発達して稜線からあふれ出す必要がある。筆者が過去に見た雲海の滝で最も見事だったのは、秋に乗鞍岳・剣ヶ峰山頂から日の出前後に見たものだった。まだ暗いうちに山頂を目指し、ご来光を拝む。やがて上空は曇ってしまったが、空が明るくなるに従い、周囲には雲海が広がり、あちこちに雲海の滝が生じていた。

稜線を越えた雲は、地形に沿って下降。撮影地同

落ち始めた雲海の滝。谷川連峰・平標山

雪

人知れず雪と風が描く大自然の意匠「雪紋」を見に厳冬の稜線にチャレンジする！

【北アルプス八方尾根】白馬村／上級者／遭遇難度★★★ D P191

薄明の時を迎えた八方尾根。あかね色に染まった空にうっすらと照らし出されて、雪面の複雑な模様が浮かび上がる

雪紋《せつもん》とは、風によってつくられた雪面の模様のこと。雪質や気温、湿度、風力、風の向き……等の条件により、その表情は千変万化《せんぺんばんか》する。

筆者が最も感動したのは、中央アルプスで見かけた雪紋（P141）。夏山の残雪上に生じるスプーンカットに似ており、どちらも風が原因で生じる点は共通しているが、両者は若干、成因が異なると思われる。

夏山の残雪上にスプーンカットができる成因については、左ページのプラスα欄を参照いただくとして、冬季のスプーンカット状雪紋については、低温・乾燥したパウダースノー状態で乱気流があると生じると考えられる。一定方向から風が吹くとP140左上写真のようなしま模様が生じるが、これが乱気流だとP141のように入り組んだ模様になるのだろう。

それはさておき、厳冬の稜線に足を運ぶとなると、それなりの技術や知識、冬山装備が必要になり、リスクも大きい。結局、上級者向きといわざるを得ないが、例えば、北アルプスの八方尾根や西穂高岳、あるいは中央アルプスの木曽駒ヶ岳のように冬期も運行される索道が架かる山であればアクセスは容易で、ハードルは低くなる。まわりに経験者がいれば、同行してもらって見に行ってみてはいかがだろうか。

プラスα

夏山の残雪上にできるスプーンカット

夏山の雪渓や残雪上にできるスプーンカットの成因については、1979（昭和54）年に北海道大学低温科学研究所の専門家が、詳しく調べた研究がある。

この論文によると、気温と湿度が高い時に臨界風速以上の強い風が吹き続ける環境下では、融雪面上に丸いくぼみが発達することが判明したという。

ゴミがなくても生じることや雪渓内部のトンネル天井にも発達することから成因はゴミによる融雪ムラ、あるいは日射や雨でもなく、風によるものと結論付けている。

7月、苗場山の残雪に生じたスプーンカット

波状のシュカブラほか、雪が見せるさまざまな表情。左下は、周囲の積雪が風で飛ばされたあとに踏み固められた登山者の足跡部分だけが残ったもの。撮影地は、北アルプス・八方尾根、白馬乗鞍岳、中央アルプスなど

冬にできるスプーンカット状の雪紋。もはや「自然」という作家が生み出した芸術作品といっても過言ではないほどだ。中央アルプス・乗越浄土付近。背景は中岳

雪

冬のイリュージョン ひと晩で樹氷が作り出す ホワイトツリーの森に感動

［北アルプス三股］安曇野市／家族／徒歩すぐ／遭遇難度★★ D P191

北アルプス・蝶ヶ岳登山口の三股。アクセス道路に積雪はほとんどなかったが、三股に行くと見事な樹氷に覆われていた

過冷却水滴が、冷えた木の枝に吹き付けられて凍結すると先太りした尾鰭《おひれ》状構造で樹氷が発達。成長速度は速く一晩で20㎝以上になることもあるという。樹氷は空気を含むために白く、時に雪片も巻き込んで木々はホワイトツリーと化す。

筆者の経験でいうと、11月下旬に蝶ヶ岳登山口、三股に行った時に遭遇した樹氷の森が印象に残っている。蝶ヶ岳へ登るつもりで来たにも関わらず、見事に純白と化した森を前に登山することをすっかり忘れてシャッターを切り続けた。

結局、随分遅れてスタート。ところが1分歩いたところで冬山用のプラ靴がパッカリ割れた。加水分解による劣化だった。翌日、別の革靴で再挑戦したものの、そんなハプニングもあったので余計に印象深い。掲載したのはその時の写真だ。

白馬大池のハート形雪渓。両側に小さな雪渓があるので両手を挙げて登山者を歓迎してくれているかのようだ。撮影は8月下旬

雪

遭遇はタイミング次第
ハート形の雪渓を見つけられたらラッキー

【北アルプス白馬《はくば》大池】小谷村／一般／徒歩3時間35分（往復6時間20分）
遭遇難度★★★ D P191

北アルプス・白馬乗鞍岳から白馬大池を眺めた際、対岸の斜面にハート形をした雪渓があることに気がついた。それにしても左右対称のきれいなハート形だ。ちょっと得したような気分である。

「ハート形の雪渓」でネット検索すると、ほかの山で撮影された写真がいくつか掲載されていた。ただ、白馬大池のハート形雪渓にしても、もっと早い時期にいけば、まるで違う形だったと思われるし、遅い時期であれば確実にハート形が崩れていたはずだ。つまり、要はタイミング次第ともいえる。

季節の進行に伴って、雪渓の融雪が進む段階でタイミングがうまく合えば、ハート形に限らず、五竜岳の「武田菱」や爺ケ岳の「種まきじいさん」のような雪形《ゆきがた》の例を出すまでもなく、何らかの形に似ることもよくあるものと思われる。ただ、ハート形の雪渓を目にすれば、何かいいことでもありそうだけど。

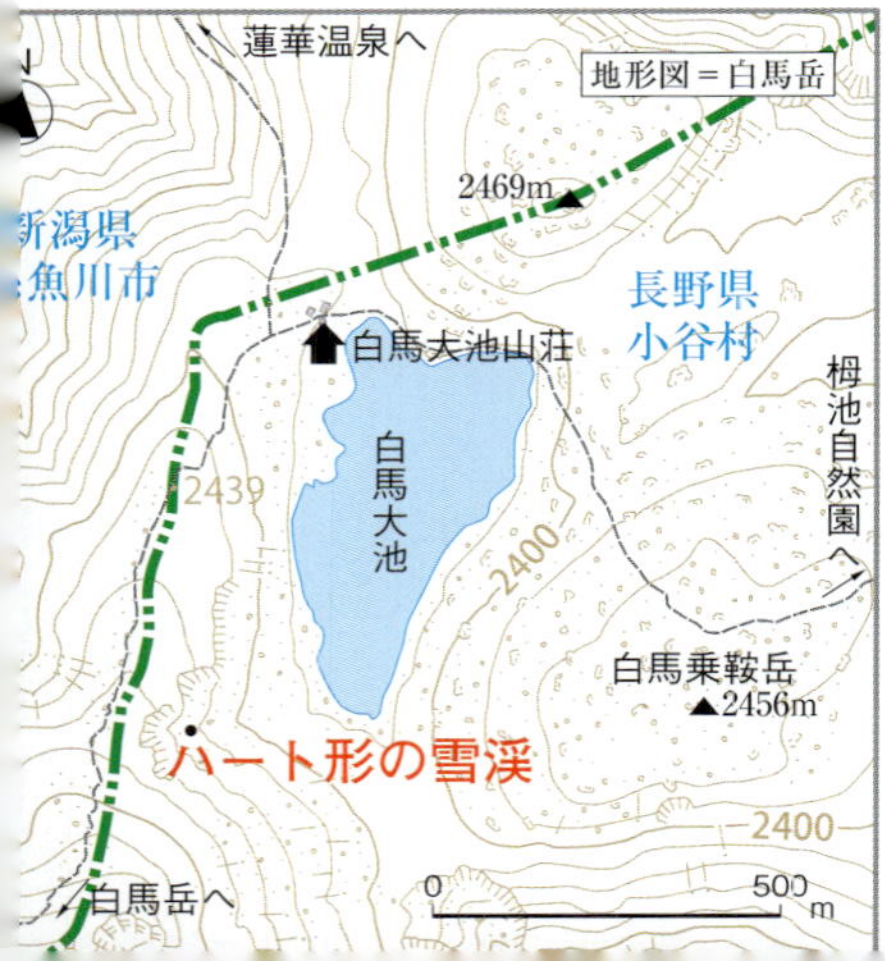

白馬大池と白馬大池山荘

雪

JR森宮野原駅に立つ日本最高積雪地点の標柱 実は日本一じゃない？

栄村／家族／徒歩すぐ／遭遇難度★ D P191

森宮野原駅の日本最高積雪地点標柱。ある意味「日本最高積雪」は間違いではない。少し傾いているのは2011年に発生した長野県北部地震の影響だそうだ

気象庁のサイトには、「歴代全国ランキング」のページがあって、観測史上の最高気温や最低気温などとともに最深積雪の順位表が掲載されている。これを見ると意外にも第1位は1927（昭和2）年2月14日に滋賀県の伊吹山で記録された「11m82cm」。

1位を除けば、15位までは東北地方と新潟県ばかりで、県内では1984（昭和59）年3月22日に野沢温泉村で記憶された11位の3m53cmが最高だった。ところが、飯山線の森宮野原駅には「日本最高積雪地点標柱」が立っているという。あれ？　1位は伊吹山じゃないのか？

その理由は簡単。気象庁の数字は、全国各地の気象台やアメダスなど、気象庁の観測拠点のランキング。一方、森宮野原駅の数字は、国鉄とJRの駅における観測ランキングという違いがある。つまり両者の数字はどちらも、必ずしも実態に即しているとは限らないのだ。

森宮野原駅では1945（昭和20）年2月12日に7m85cmの積雪を記録し、それを示すスケールがホームの端に立てられた。現在の標柱は1990（平成2）年1月から。

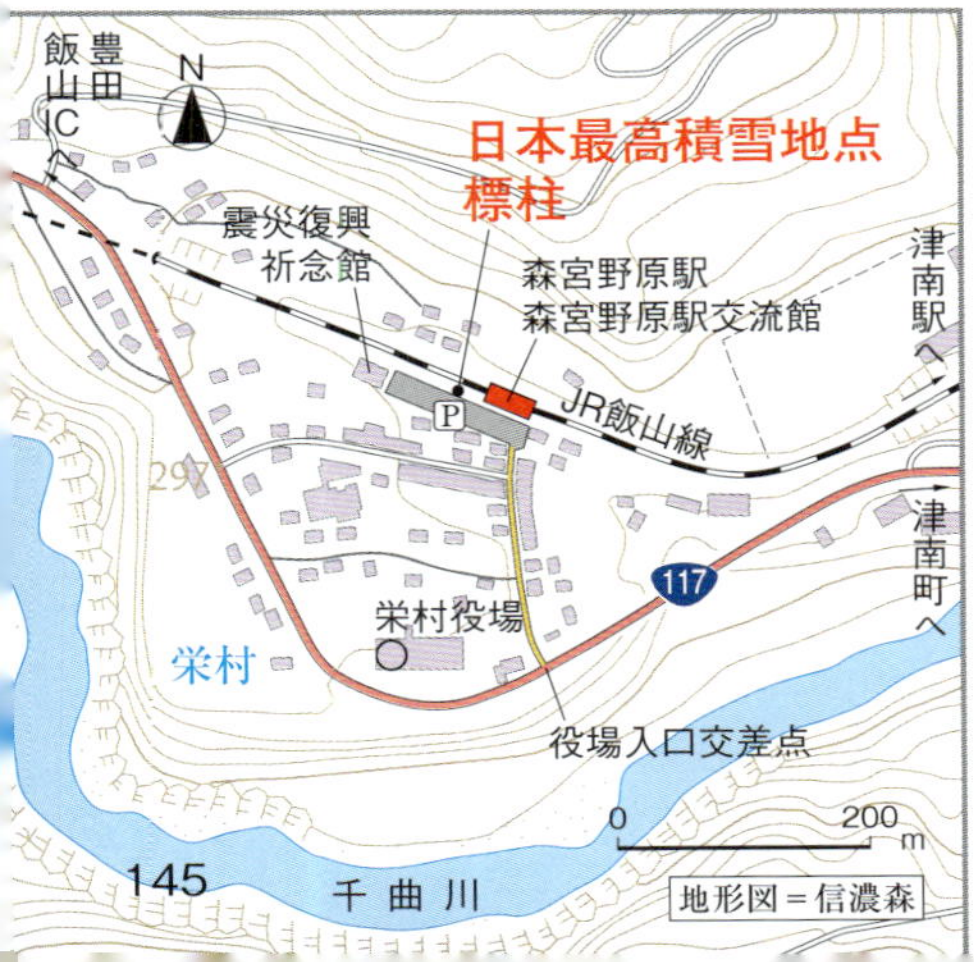

磁場

コンパスが左右に振れる磁場の謎を秘めたスポット皆神神社の下に何が…

長野市／家族／徒歩すぐ／遭遇難度★ D P190

皆神神社の侍従神社前で、スマホの方位コンパス＋磁場計アプリを立ち上げて計測したところ、予想を上回る異常な反応だった!!

近年、パワースポットという言葉をよく聞くが、そもそも「パワー」とは何のことだろう? 「大地の気場」というと、いかにも何かを説明したようではあるが、では「気」とは何か。仮に気が存在していたとしても、すべてのパワースポットから気が発生していることを客観的に確認しているのだろうか。

筆者は必ずしも気というものを疑似科学として切り捨てるつもりはないが、何のパワーなのかよくわからない似非《えせ》パワースポットも世の中にはたくさんあるようだ。

ところで、松代にある皆神山は、岩戸神社（P30）でも少し説明したように、興味深い山である。地質学的にいえば、溶岩ドームということになるが、山容の独特さもあって、余計に神秘的な印象に結びつきやすい。ただ、山頂部に鎮座する皆神神社に磁場の異常があるのは事実だ。

筆者が参拝した際、スマートフォンの簡易方位コンパス＋磁場計アプリで計測したにすぎないとはいえ、磁場計は、山門前で45〜48μT《マイクロテスラ》を示したものの、侍従神社前で50〜65μT、奥の富士浅間神社で50〜67μTとなり、通常の平均的な数値（30〜40μT）と比較すれば、やや高い値になった。また境内のあちこちでコンパスの針が激しく左右に振れ、皆神山の山体内に磁性鉱物（?）でもあるのか、何かが違うとしか考えられない結果だった。

皆神神社宮司の武藤美登《よしと》さんは、過去に磁場が原因と思われる電化製品等の異常が起こったことは一度もないと言うが、筆者の取材時には、車のエアコン切り替えスイッチを何度押しても反応しなくなる事象に遭遇した。この事象は、車購入後の約10年間に一度もなく、皆神神社の駐車場だけで発生した。

境内の池は、長野市の天然記念物に指定されたクロサンショウウオ生息地として知られ、地下で金井山の金井池につながっているという伝承もある。厳粛なたたずまいの侍従神社前でかしわ手を打てば、心身潔斎《けっさい》した気分にもなる。ぜひ参拝して、そのパワーを確かめてみたい。

独特な山容をした皆神山

クロサンショウウオが棲息する池

スマホの位置を少し変えただけでコンパスの針の向き（赤矢印で強調）は90度以上変わった。写真2枚を同じ位置で合成したもの

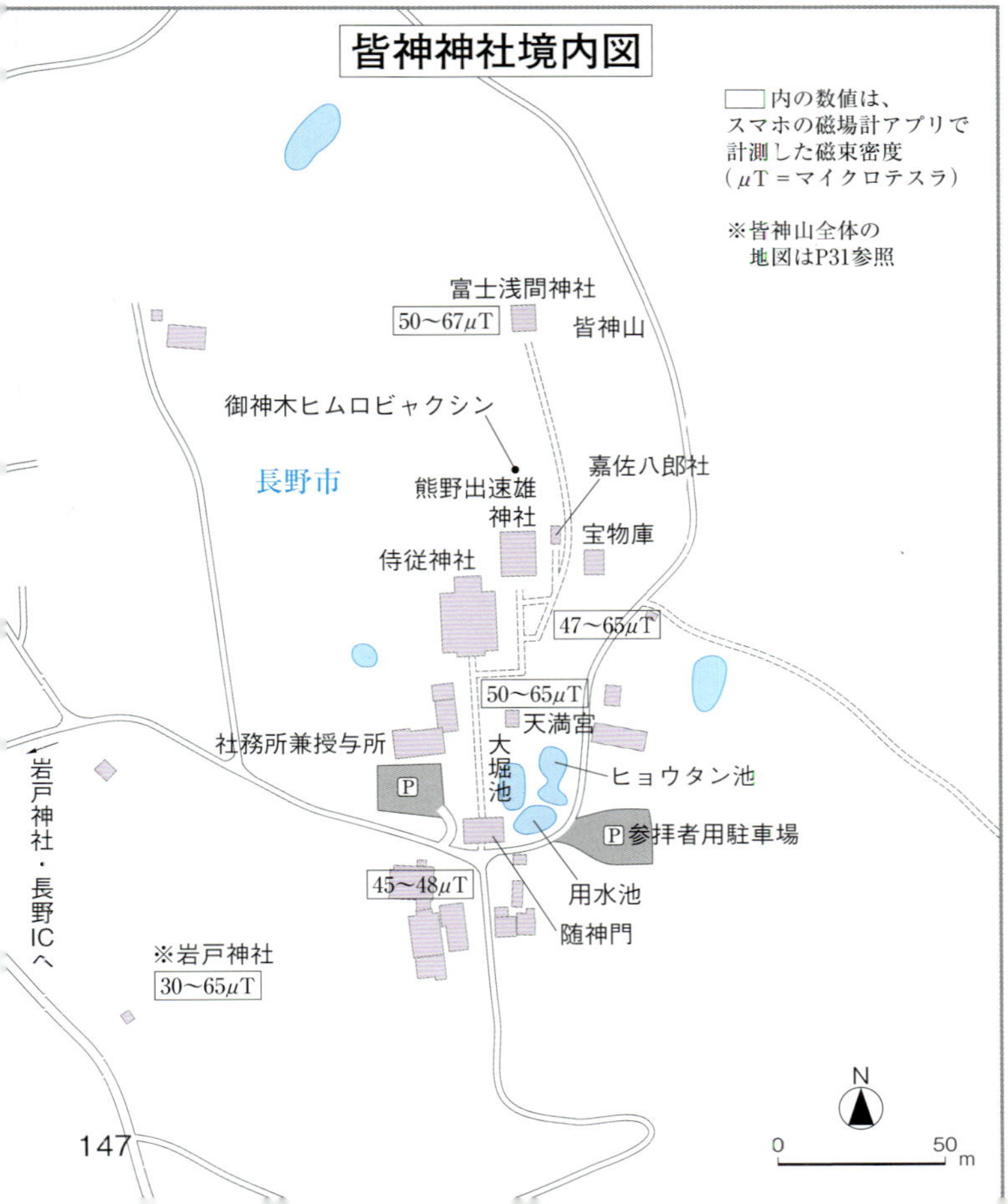

磁場

明らかに“何か”を肌で感じる茶臼山高原のカエル館は有名なゼロ磁場・分杭峠超え？

根羽村／家族／徒歩すぐ

遭遇難度★ D P190

県内のパワースポットの中でも、筆者が皆神神社とともに特筆に値する場所と考えているのが、茶臼山高原にあるカエル館（茶臼山両生類研究所）だ。

一説には、ゼロ磁場で有名な分杭《ぶんぐい》峠を超えるともいわれる。実際に両方を訪ねた経験がある筆者の感想でいえば、分杭峠では特に何も感じなかったが、はっきりとした感覚ではないものの、それでも何かを感じたのはカエル館の方だった。

カエル館の本来の見どころは、P178でも紹介するネバタゴガエルなど、カエルを中心とした両生類の飼育展示だ。だが、それと同時に非常に興味深いのは、茶臼山自体に磁場の異常が見られ、その中腹に立つカエル館内でもその異常に高い磁気を目の前で確認できることである。

館長の熊谷聖秀《くまがいまさひで》さんに促されて、館内東側の一角にある最強スポットで手のひらをかざすと、確かに何かを感じた。敏感な人だとビリビリと感じたり、温かい感覚を得る人もいるというが、筆者はそこまでは感じなかった。手の内部で血行がわずかによくなっているようなジワジワくる感覚に近かった。

温感を抱いた人の手をサーモグラフィーで測ると、確かに体温が上昇していたそうだから錯覚ではないことは証明済み。この場所では、磁場計が250μT《マイクロテスラ》もの数値になるといい、方位コンパスは、左右に大きく振れ、時にくるくる回る。かつて冬期休館の前に鉄の棒を置いたところ、半年後には棒磁石になっていたというから驚きだ。

とはいえ、人によってビリビリ感や温感を得たりするのは、磁場だけでは説明できない。磁気には確かに血行促進効果があって、それにより温感を得る可能性はあるが、カエル館の磁場は、そこまで強力なものではない。例えば、市販されている磁気ネックレスは100～200mT《ミリテスラ》の世界。1mT＝1000μTなので、カエル館内の磁場が異常に高いといっても、磁気ネックレスと比較すると、およそ1000分の1ということになる。この程度の磁気により温感効果が現れるとは考えにくい。これは、何か別の要素があるとしか思えない。

カエル館（茶臼山高原両生類研究所）外観

ひょっとすると、これが「気」というものではないのだろうか。感じ方に個人差があり、感じない人は何も感じないようだが、現代の科学ではまだ明らかにされていない気が存在し、それがビリビリ感や温感につながっている可能性を、安易に否定すべきではないと筆者は思う。

そんな「気」を感じてみたい人は、ぜひカエル館へ。あなたは、ビリビリか、温感を抱くタイプか、それとも何も感じないか……。正体は分からずとも、自身の感覚で体感してみるだけでも面白いではないか。もし、手のひらに何かを感じたら、まさにあなたは、科学がまだ解明していない気を体感しているかもしれないことになる。めったにないワクワク体験だ。

※カエル館の休館日、開館時間、入館料、問い合わせ先についてはP190のデータ欄参照のこと。

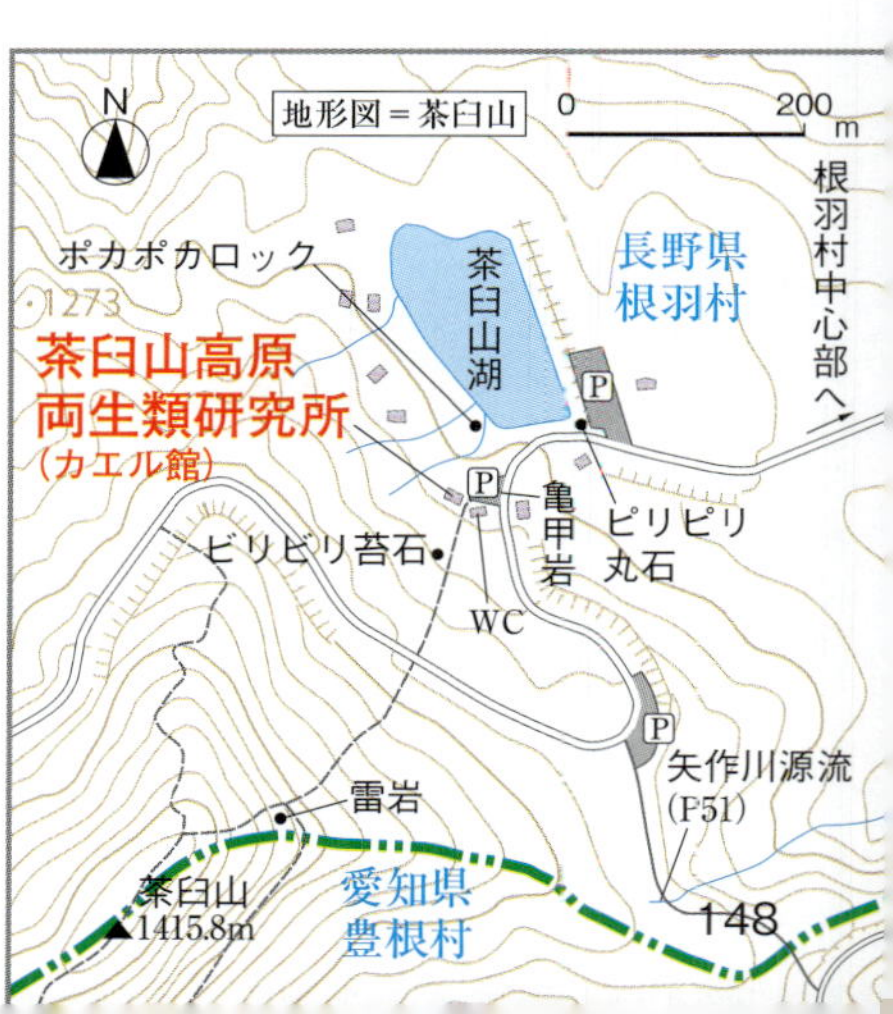

カエル館内の最強パワースポットは、東側のこの一角。どうも「やや鈍感な」部類に属するらしい筆者も、ここでは何かを感じた

プラスα

カエル館の周辺にもパワースポットがある

周辺のパワースポットとしては、茶臼山湖畔のポカポカロック、茶臼山湖の東側駐車場わきにあるピリピリ丸石、茶臼山登山道沿いにあるピリピリ苔石、その分岐点にある雷岩などがある。何かを感じられるかも!!

駐車場わきにあるピリピリ丸石

茶臼山湖畔にあるポカポカロック

王ヶ鼻の開放的な岩場。板状の鉄平石に磁性があるか、確かめてみよう

磁場

繰り返し雷が落ちたため磁気を帯びるようになった美ヶ原「王ヶ鼻」の岩場

松本市／家族／徒歩30分（往復50分）／遭遇難度★★ D P190

美ヶ原の玄関・天狗の露路《ろじ》からゲートを越えて車道を上がり、稜線上を進む。やがて左手の小径に入ると、わずかで王ヶ鼻に出る。

付近は、開放的な岩場で露岩の上には古い石仏が何体も置かれている。眼下には松本平が広がり、その奥に北アルプスの山並みが連なる光景は、何度見ても素晴らしい。

この岩場。一目見ただけで特徴があることに気づく。王ヶ鼻の岩場は、鉄平石《てっぺいせき》からできている。鉄平石というのは、県内の諏訪地方や佐久地方に広く分布する板状《ばんじょう》節理《せつり》が発達した輝石安山岩《きせきあんざんがん》のことで、およそ2500万年前の火山活動で生まれたと考えられている。板状節理により板状にはがれやすく、古くから屋根材として利用されてきた。この鉄平石の岩場で、方位コンパスを近づけて動かしてみると、場所により針が左右に動くのだ。

岩の表面に沿ってコンパスを動かしてみよう

皆神神社（P146）やカエル館（P148）でも紹介したように、磁場の異常が見られる場所は所々にあって、ここ美ヶ原・王ヶ鼻の岩場もある意味、それに似ている。ただ前者2例の磁場異常の原因がまったく不明なのに対して、王ヶ鼻の場合ははっきりしている。それは岩自体に磁性があることだ。

王ヶ鼻は、標高2000m前後の高原台地の末端にあり、周囲に高い木もないので岩場に落雷しやすい。繰り返し落雷を受けるために岩が磁気を帯びるようになったという。王ヶ鼻に行った際は、方位コンパス、もしくはスマートフォンのコンパスアプリで針が動くかどうか確認してほしい。

ちなみに、磁鉄鉱を多く含む玄武岩や黒っぽい蛇紋岩《じゃもんがん》は、磁性を持つことが知られている。

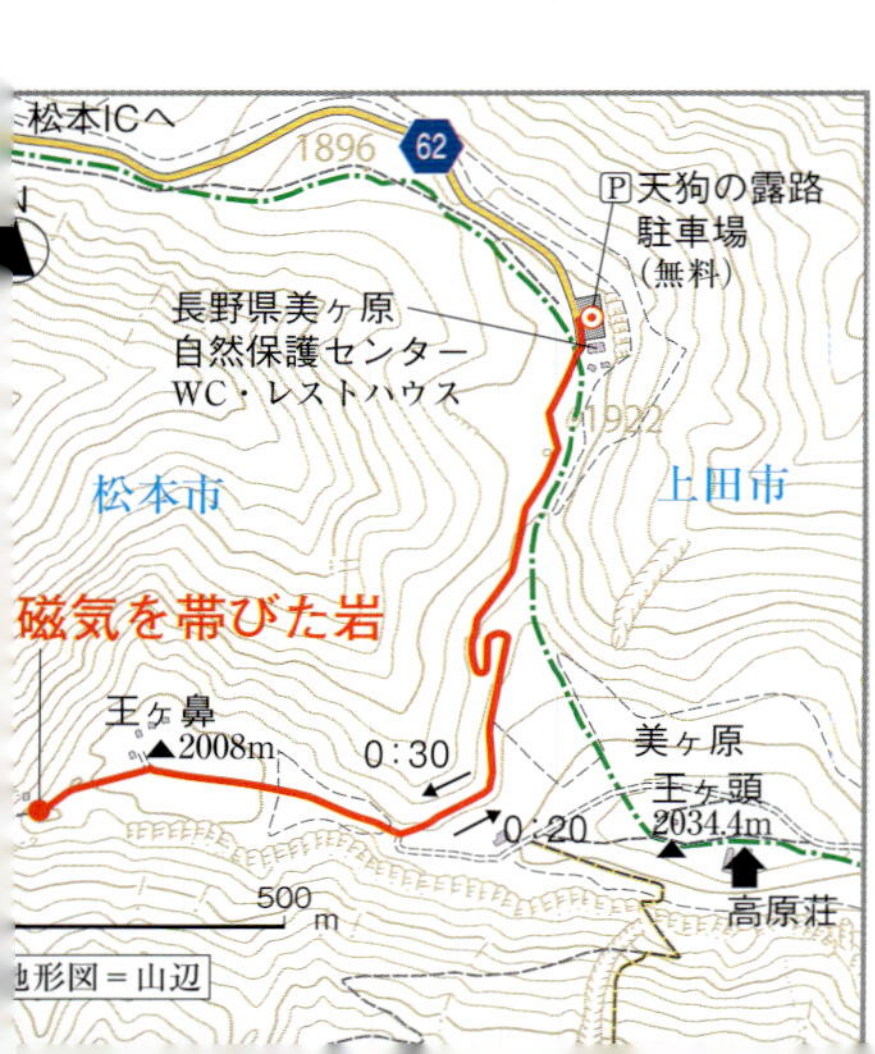

一見すると、なんてことはない普通の坂道だが、一説によるとスゴイらしい

磁場

近年ネットでも注目 大鹿村にある普通の坂道 その名も〝磁場坂〟だが…

大鹿村／家族／徒歩すぐ／遭遇難度★

D P190

大鹿村の「磁場坂」は一見、普通の坂道だ。しかし近年、ネットやテレビ等で取り上げられ、大鹿村観光案内所のツイッター（短文投稿サイト）でも「分杭峠よりパワーがあると言われる大鹿村のゼロ磁場」と紹介している。

現地に標識はなく（今後、設置されるかもしれないが）、場所は少々分かりにくい。大鹿村役場前から国道152号を6㎞南下した左側。写真のような小屋があり、中にマネキンが置かれている。こののどかな山里の坂道がそれ。

ネット上にある訪問者の感想を読むと、「手の先がピリピリした」というものもあるが、筆者は特に違いを感じなかった。スマホの簡易磁場計アプリで計測してみると45〜60μT《マイクロテスラ》。地磁場の数値としてはやや高いくらい。コンパスの針の動きにも異常は見られなかった。筆者よりも感受性が高い人であれば、何かを感じられるかもしれない。

スマホアプリで磁場を計測してみた

交通

地中奥深くに列車が発着
乗るまでの階段290段！
筒石駅はトンネルの中

新潟県糸魚川市／家族／徒歩5分（往復12分）／遭遇難度★ D P190

どこまでも続いていそうな長い地下トンネル。トンネル壁面の染みやコケが、余計に非日常感を増幅させる。この先に駅のホームがあるとは信じられない

改札口を通り抜けて奥に進むと、早速トンネルが口を開けていた。斜めに下るトンネルの天井には、点々と蛍光灯が設置され、ぼやーっとした光が階段を照らし出す。その終点らしき通路が、下の方に小さく見え、ホームまでは結構、距離がありそうだ。慣れた感じでスタスタと上ってくる乗客と行き違いになりながら地下へと降りて行った。もはや、駅というよりもどこかの地下施設を探検している気分……。

えちごトキめき鉄道日本海ひすいラインの筒石《つついし》駅は、全国に5駅しかないトンネル駅の一つとして知られる。トンネル駅とは、地下駅舎と地下ホームが長いトンネルで結ばれた駅のことで、他にJR東日本・上越線の土合《どあい》駅と湯檜曽《ゆびそ》駅（群馬県、下りのみ）、野岩《やがん》鉄道会津鬼怒川線の湯西川温泉駅（栃木県）、北越急行ほくほく線の美佐島《みさしま》駅（新潟県）の4駅がある。

筒石駅の歴史は、国鉄時代に北陸本線の駅として作られた1912（大正元）年に始まる。当時は、現在地よりも約800m海側にあったため土砂災害や海からの塩害に悩まされ続けた。そのため、山側に全長約11kmの頸城《くびき》トンネルを掘削。開通に合わせ1969（昭和44）年、駅もトンネル内に移設された。同トンネルの点検・避難用の斜坑を兼用させる形になったために地下トンネルの駅が誕生したというわけだ。その後2015（平成27）年に第三セクターの同鉄道に経営が移管された。

改札口から最初の階段を下り切ると通路があり、その途中からさらに階段を下ると下りホーム。そのまま直進すれば上りホームに至る（どちらも改札から徒歩で5分程度）。上りホームまでは計280段、下りホームまでは計290段である。

最後の階段とホームの間には、頑丈な引き戸で仕切られていた。これは列車通過時に強風が吹き抜けるため、それを防ぐ目的があるらしい。

ホームに出ても、やっぱり期待通り。地下鉄駅のように、照明が明る過ぎないところがいい。また五つのトンネル駅の中では唯一の複線で対向式ホームなので、予想以上に広い空間が現れる。それにしてもホームに至るトンネルも地下ホームも、非日常感たっぷり。ここが筒石駅の面白いところといえるだろう。

車でアクセスする場合は、国道8号の筒石地区から「筒石駅」の標識を見てわき道に入り、標識に従えばよい。駅前には数台分の駐車場がある。北陸新幹線の開通により、高速通過する特急のごう音と振動を体験する楽しみは減ったが、今も貨物車は走っており、見学者は年間を通して結構多いようだ。

筒石駅の地上駅舎

地下ホームに到着した列車

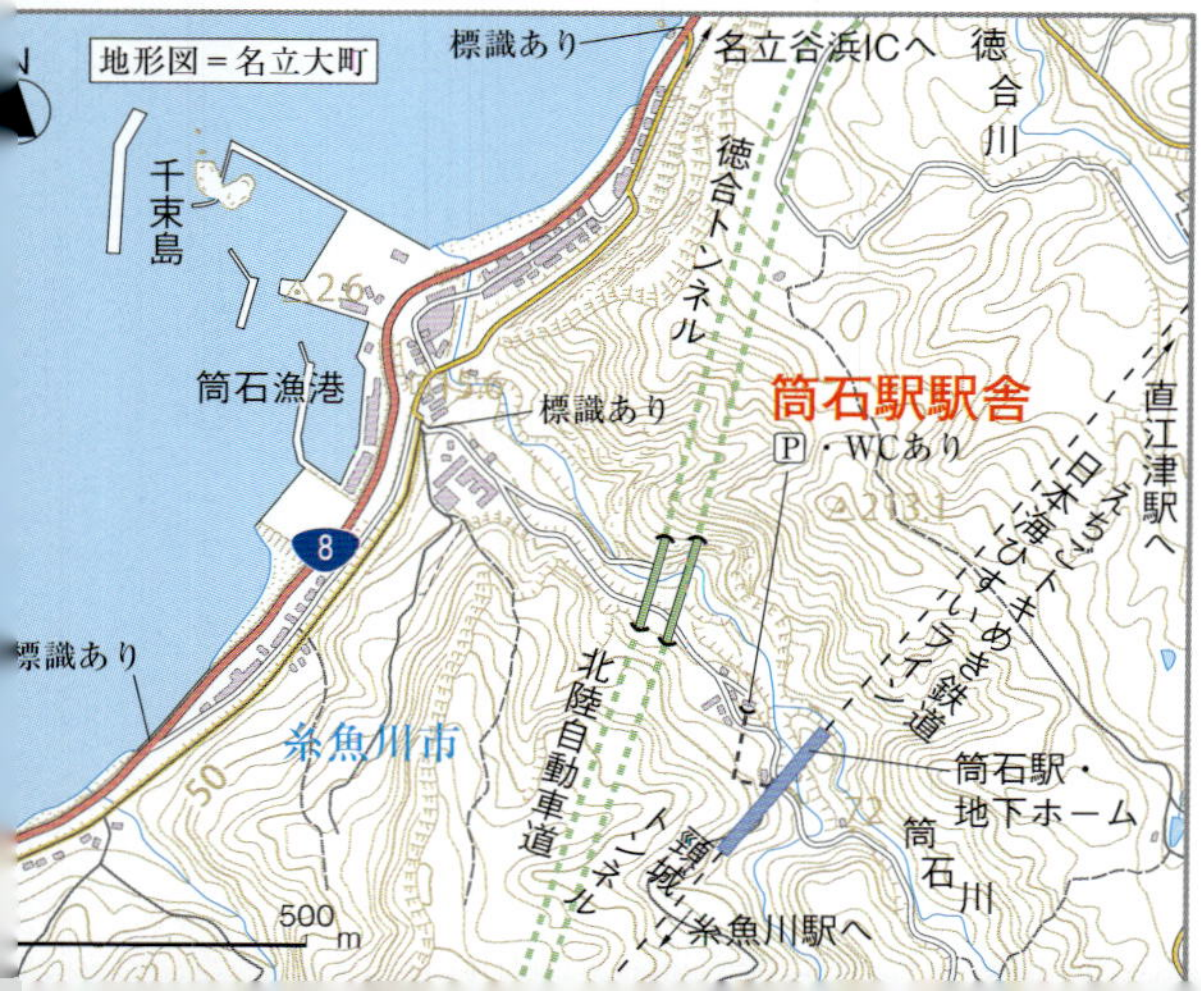

プラスα

鉄道ファン向け入場券も発売中

2019年3月から筒石駅は無人化されたが、鉄道ファン向けの台紙付硬券の来駅記念入場券（大人、小人各1枚ずつセット）210円は、糸魚川、能生《のう》、直江津の各駅で引き続き入手できる。

交通

北アルプス乗鞍岳には「日本一高い所」のバス停がなぜか二つもある!?

松本市・岐阜県高山市／家族／徒歩すぐ／遭遇難度★　D P190

県境付近に新設された標高2716mバス停。アルピコ交通では「バス停」と「バス乗り場」を使い分けている

乗鞍岳・畳平が、日本一高所にあるバス乗り場というのは、言われなくてもなんとなく想像できる話だが、2017（平成29）年7月、畳平手前に「標高2716m」という降車専用バス停が新設された。このバス停の表示板には「日本一標高の高いところにあるバス停」とある。

ところが、畳平にある「乗鞍山頂バス乗り場」にも「バスのりば標高日本一 2702m」と書かれている。若干、言葉は違うが、日本一が二つあるということだろうか?

この背景には、「標高2716mバス停」が乗鞍エコーライン上にあって、乗鞍スカイラインの方がひと足早く開通することもあるようだ。スカイラインは5月15日から開通するため、エコーラインが開通する7月1日までは、畳平の「乗鞍山頂バス乗り場」が日本一になる。

また、「標高2716mバス停」が降車専用なのに対して、「乗鞍山頂バス乗り場」は乗降ともにできる点もあるかも。つまり、どちらも日本一高所のバス停としての資格があるのだ。アルピコ交通は、乗鞍の岐阜県側路線を共同運行する濃飛バスとともに日本一をPRする予定。

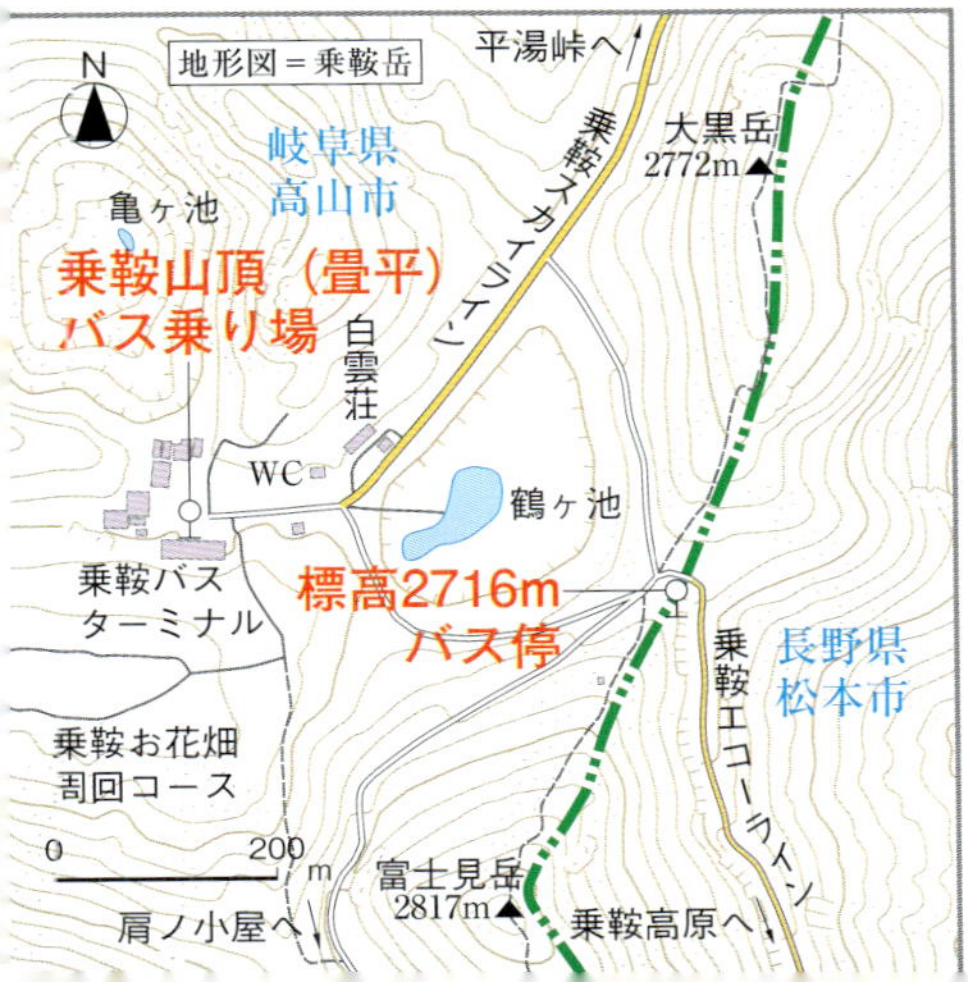

交通

八ヶ岳山麓・野辺山高原のＪＲ鉄道最高地点には分厚い石碑が立っていた

南牧村／家族／徒歩すぐ／遭遇難度★ D Ｐ190

ＪＲ鉄道最高地点の石碑。国道から案内標識に従って少し入ったところにある

ＪＲ東日本の小海線は「八ヶ岳高原線」の愛称がある。名の通り八ヶ岳東麓の高原地帯に延びており、ＪＲ鉄道（普通鉄道）の中で最も標高が高い地点を通ることで有名である。

その地点は、野辺山駅と清里駅の間にある踏切付近だ。国道１４１号からわき道に入ると、手前に木製の標柱、踏切を渡った反対側には石碑があり、どちらも「ＪＲ鉄道最高地点」「標高１３７５ｍ」と表示されている。すぐそばに無料駐車場とトイレが近年、新たに整備され、立ち寄りやすくなった。

ちなみにＪＲで最も高い駅も近くにある。標高１３４６ｍに位置する野辺山駅だ。標高順位でいうと野辺山駅を筆頭に小海線の駅が上位を独占している。

かつては、新軽井沢と草津温泉を結ぶ草軽電気鉄道の国境平駅が、標高１３７１ｍで１位だった。しかし１９６０（昭和35）年に新軽井沢～上州三原間が廃止されたのに伴い、野辺山駅が昇格。ただ、その頃であっても４ｍ差で鉄道最高地点に変動はない。

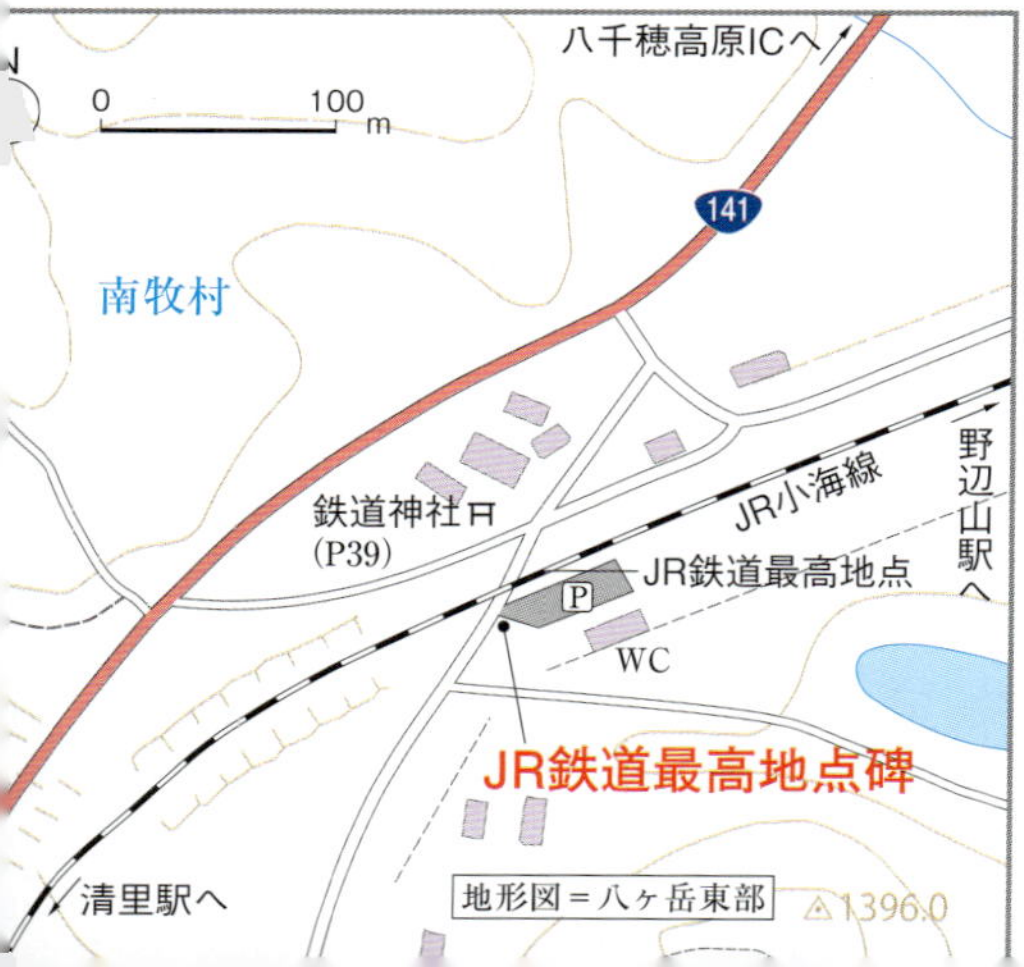

日本国道最高地点に立ち寄ったあとは、近くの渋峠ホテルで発行される日本国道最高地点到達証明書（1枚100円）を入手したい

交通

芳ヶ平や白根の展望抜群 日本の国道最高地点は志賀草津道路の途中にある

群馬県中之条町／家族連れ／徒歩すぐ／遭遇難度★ D P190

群馬県長野原町と新潟県妙高市を結ぶ国道292号のうち、長野県山ノ内町の志賀高原と群馬県草津町の草津温泉の区間は、志賀草津道路とも呼ばれ、横手山や白根山の稜線伝いに続く山岳道路。車窓には絶景が広がり、ドライブコースとしては実にぜいたくな時間を楽しめる。

江戸時代には、善光寺と草津温泉を結ぶ草津街道があり、古くは源頼朝が通ったとする伝承も残る歴史的なルートでもある。

そんな志賀草津道路の途中に日本の国道で最も高い場所がある。地図を見ただけでは、長野―群馬の県境が通る標高2152mの渋峠と思われがちだが、実は峠から草津方面に700m進んだ場所にある。渋峠よりも20m高い標高2172mで「日本国道最高地点」と書かれた石碑が誇らしげに設置されている。

しかし、この地点が日本一の栄誉を得たのは、実は平成に入ってから。それまでは、八ヶ岳連峰を横断する国道299号の麦草峠（標高2127m）が最高地点だった。ところが1992（平成4）年11月に日本道路公団の有料道路だった志賀草津道路が無料開放されて一般国道になったために順位が変わった。ちなみに有料道路として整備される1970（昭和45）年以前は、砂利敷きの県道だったようだ。

冬期閉鎖される例年11月下旬～4月下旬を除けば、ぜひ日本国道最高地点に立ち寄ってみたい。眼下には高層湿原の芳ヶ平が箱庭のように広がり、右手奥には白根山が荒々しい姿を横たえている（P4～5参照）。展望スポットとしてもお勧めだ。

ハイマツの中から周囲を警戒する親鳥（♀）。この時、ヒナ5羽を連れていたが、天敵に気づいたのか、数十分間に渡って同じ場所からピクリとも動かなくなった。乗鞍岳で

生物

国の特別天然記念物 高山に棲むライチョウ 会うにはどうすればいい？

［北アルプス乗鞍岳］松本市・岐阜県高山市／家族～一般／徒歩１～３時間

遭遇難度★★★★ D P189

ライチョウ生息地の一つ、乗鞍岳に行くと、ライチョウ撮影目当てのカメラマンもよくいるし、「ライチョウいましたか？」「今朝は見ましたけど、今はいないですね」みたいな会話を登山者どうしがしていたりする。ライチョウに会いたくて、わざわざ足を運ぶ人も多いようだ。

どうすればライチョウに会えるのだろうか。よく言われるのは、天敵に見つかりにくいガスがかかるような時に、ハイマツの中から出てくることが多いということ。ただ、晴れの日には会えないかというとそうでもない。筆者は、立山や乗鞍岳で快晴日にもライチョウと遭遇している。

結局、運次第なのだが、ダメ元で行ってみるとしたら、比較的アクセスが容易で個体数も多い北アルプス立山の室堂平や乗鞍岳の畳平を勧めたい。現地での散策も手軽だ。

ただ、ライチョウ観察時に、ぜひとも注意してほしい点をP１６１の別欄にまとめた。「ライチョウの行動に影響が及ぶことは慎む」ということに尽きる。ライチョウは、環境省レッドリスト絶滅危惧ⅠB類（EN）の貴重な鳥であることを絶対に忘れないでほしい。

ライチョウは、本州中部山岳地帯の主に高山帯に生息するライチョウ科ライチョウ属の高山鳥である。北半球北部に23亜種が分布するライチョウの中でも、日本のライチョウは、分布の南限にあたる日本固有亜種。国の特別天然記念物に指定され、長野、岐阜、富山の県鳥でもある。北海道にはエゾライチョウがいるが、ライチョウとは別属のエゾライチョウ属だ。

現在わが国においてライチョウが生息するのは、左頁の生息エリア一覧のように分布の中心は北アルプスと南アルプスである。中央アルプスは、1960年代まで生息していたが、駒ヶ岳ロープウェイ開通後の影響で年間数十万人が入山した結果、残飯を求めてキツネやカラス等が高山帯まで侵入し、その際にライチョウを捕食したことで絶滅してしまったといわれている。ただ、2018（平成30）年7月にメス1羽が登山者によって目撃され、採取された羽毛や糞の遺伝子解析結果から北アや乗鞍岳に生息する個体群のDNAと一致したという。

また白山でも絶滅してから70年後の2009（平成21）年にメス1羽を確認し、6年間生存していたようだ。この個体も北ア方面から飛来したものと推定されている。

古くは蓼科山や八ヶ岳にも生息していたが、絶滅している。P94で取り上げた『信濃奇勝録』の立科山（蓼科山のこと。昔はこの字が当てられた）のページには、雷鳥の記述があり、あまりそれらしくない絵も添えられている。こうしたことからもともと個体数が少なく、分布の中心から外れた周辺の山域から絶滅していることがうかがえる。

繁殖していたわけではなく一時的な生息にすぎないが、過去には飯縄山、黒姫山、高妻山、雨飾《あまかざり》山、八ヶ岳連峰・東天狗岳で目撃され、写真撮影されたことがある。

また1960（昭和35）年には富士山で、1967年には金峰山《きんぽうさん》で放鳥が試みられたが、定着には至らなかった。ライチョウにとってハイマツは隠れ場所、営巣場所として重要な要素であり、ハイマツがなく、餌となる高山植物も少ない富士山は生息に適さず、金峰山にはハイマツがあるが、高山帯の面積が狭いため、やはり個体群を維持するのは難しいということのようだ。

ところで文献上、ライチョウが最初に現れるのは、鎌倉時代初期の1200（正治2）年に後鳥羽上皇が詠んだ「しら山の　松の木蔭にかくろいて　やすらにすめるらいの鳥かな」という和歌だといわれる。「しら山」とは白山のことで、「らい」がライチョウを指す。意外にも

ウェストンにとってライチョウは狩猟対象!?

ウォルター・ウェストンといえば、英国人宣教師で日本アルプスを世界に紹介し、日本近代登山の父とも称《たた》えられるが、彼にとってライチョウは狩猟対象にすぎなかったようだ。

著書『日本アルプスの登山と探検』では、仕留めようとして失敗した経験を書いているほか、常念岳では、同行した日本人猟師が捕獲した「白黒まだらの珍しい鳥」を鍋にしたとの記述もあり、これはホシガラスを指すものと思われる。また別の著書『極東の遊歩場』では、ライチョウが地元の猟師から「食料として高く評価されている」とある。

懸念される感染症の感染拡大

高山という下界とは隔離された環境下で生きてきたライチョウは、感染症に関して無防備。ニワトリに感染するひな白痢菌、ニューカッスル病ウイルスやトリアデノウイルス、寄生虫のコクシジウム等に対しての免疫性さえわかっていない。万一感染が拡大すれば絶滅する事態も懸念される。ライチョウ生息地へのペット連れ込みは、もってのほか。

大町山岳博物館指導員でライチョウの生息域外保全にも関わる宮野典夫さんは「ライチョウがどのような細菌やウイルスに感染しやすいのか、また感染した場合にどのような症状になるのか、まだよく分かっていません。卵の殻や食べ残しは絶対に持ち帰ってほしい」と語る。たとえ熱を通した卵でも細心の注意を払う必要がある。

上高地でライチョウ目撃!?

稀《まれ》に標高約1500mの上高地にライチョウが、飛来することがある。筆者の手元には1986（昭和61）年初夏にライチョウのオス1羽が、観光客や登山客から注目を浴びながら、数時間にわたって上高地に滞在した後、去っていったとする資料がある。だが、ライチョウの上高地訪問は、たまにあることだそうだ。

上高地に飛来するのは、なぜかオスばかり。ライチョウにとって春から初夏は縄張りを形成する時期で、その争いに敗れた若い“あぶれオス”が、新しい場所を求めて飛来したらしい。また標高1000m以下の低地で確認されたことも過去に2例あり、いずれもオスで大町市郊外でのことだった。冬期には一時的に降りてくることもあるという。

江戸中期には、白山や立山、乗鞍岳にライチョウが生息していることは一般庶民にも知られていたという。

おそらく最初にこの鳥を認識したのは、山岳修験者だったのだろう。ライチョウが生息する高山は、信仰の対象であり、その後、長い期間にわたって宗教上の理由から殺生は禁じられた。この経緯もあって、日本のライチョウは人を恐れなくなったと思われる。

ところが、1868（明治元）年の神仏分離令、1872年の修験禁止令によって日本の山岳宗教は否定され、猟銃も普及し始める。人を恐れないライチョウは、格好の的となって減少の一途をたどった。ウェストンが日本アルプスにやって来たのもこの頃だ（プラスα参照）。

明治末期には保護鳥となり、1923（大正12）年には国の天然記念物、1955（昭和30）年には特別天然記念物に指定され、以後は手厚く保護されることに。とはいえ、近年はキツネやテン、カラス類など捕食者の増加、地球温暖化の影響など、ライチョウを取り巻く環境も変わってきている。北ア白馬岳のように、生息個体数に変化がない山もあるが、多くの山では減っている。ライチョウの未来は、決して明るいわけではない。

ライチョウ観察時の注意点

多くの人が群がって長時間観察すると、ライチョウが巣に戻れずに卵が冷えることがある。また、人間の方からの接近や、大きな声や音を出すのもNG。その境界線はライチョウの警戒度によっても変わる。首を伸ばすポーズや首をすくめてキョロキョロするポーズは、ライチョウが警戒している証拠。カメラのシャッター音くらいでも上記のような反応を見せたら、撮影はやめよう。もちろん、タバコの吸い殻やゴミの持ち帰りは必須。

ライチョウの生息エリア

山　域	生息状況
頸城山塊・火打山	生息
北アルプス・朝日岳～穂高岳	生息
北アルプス・乗鞍岳	生息
御嶽山	生息
南アルプス・甲斐駒ヶ岳～光岳	生息
中央アルプス・木曽駒ヶ岳	絶滅。2018年に約50年ぶりに確認
蓼科山	絶滅
八ヶ岳連峰	絶滅
白山	絶滅。2009年に約70年ぶりに確認
金峰山	放鳥後絶滅
富士山	放鳥後絶滅

プラスα

市立大町山岳博物館

大町市郊外にある市立の山の博物館。北アルプスと人との関わり、登山の歴史、北アルプスの自然などをテーマに展示解説されている。ライチョウに関する詳しい展示も見どころ。付属園では、ライチョウやニホンカモシカなどが飼育され、見学もできる。ほかに山岳図書資料室やミュージアムカフェ・ショップもある。

9～17時（入館は16時30分まで）・月曜休（祝日の場合は翌日休。7～8月は無休）・入館料大人400円、高校生300円、小中学生200円・大町市大町8056-1・MC 691 329 203*20・☎0261-22-0211

ライチョウも飼育する大町山岳博物館

生物

山で遭遇するのは怖いけど一度は出合ってみたい気も…それがツキノワグマ

県内各地／家族〜上級者／遭遇難度★★★★ D P189

　筆者の勝手な認識にすぎないが、山でツキノワグマと一度も遭遇した経験がない人は、ほぼ共通して必要以上に恐れていると思う。「ひとたび人間と遭遇すれば、必殺攻撃に出てくる危険な猛獣」というイメージは、必ずしも実態に即していない。とはいえ、気軽に接する動物ではないのも間違いないだろう。

　クマは危険な動物か、それともそうではないか――。今、皆さんはそんな風に考えようとしていないだろうか。だが、このような二分法的な解釈自体に問題があり、どちらの認識も間違いといわざるを得ない。クマに対する一般的な日本人の認識は、かなり歪《ゆが》んでいると思う。

　基本的にツキノワグマは、臆病な性格であり、稀《まれ》に人間を攻撃することがあったとしても、それは恐怖からくる自己、または子を守るための防衛行動である。2016（平成28）年に秋田県の十和利山山麓で若いオスグマの〝スーパーK〟を中心とした襲撃により4人が犠牲になった人食いクマ事件があったが、これは特殊なケースと考えるべきだろう。

　ところで、筆者がツキノワグマと遭遇した経験は、過去に計8件ある。そのうち数キロ先にいるのを双眼鏡で観察した1件と車の運転中に目撃した2件を除けば、あとの5件は、近距離で遭遇した。時間帯としては、早朝が一番多かった。

　その5件の中で、襲われた、または襲われそうになったことは一度もない。ほとんどは筆者よりも先にクマが気づいて、大慌てで逃げ去った。ツキノワグマは、人間を恐れていることがよく分かった。ただし、クマの行動は人間が想像するほど単純ではない。常に例外はあり得る。少し距離を置いた遭遇なら逃走するのに、鉢合わせだと驚いて襲うこともあるし、親子だと子を守ろうとして攻撃してくる可能性はぐんと高まると思われる。もちろん、クマにも個体差がある。

　2017（平成29）年7月初旬、戸隠山でのこと。八方睨《にらみ》から下って（P110で紹介した）蟻の塔《と》渡《わた》りを過ぎた鎖場と鎖場の間で、筆者はザックを下ろして休憩していた。現場は険しいやせ尾根上にあり、両側は木が茂っているが、急斜面であることは容易に分かる。そんな場所なのに何かの動物が近くにいるようだ。ガサゴソと音がし、木の枝が大きく揺れている。こういう場合、ほとんどはサルの仕業だ。

　ところが、ややあって20mほど後方の登山道に黒くて大きな動物が上がってきたのが見えて、ビックリした。木を揺らしたのはサルではなかった。黒くて大きな動物とは、いうまでもなくクマである。クマは、通常、人間よりも先に気づいて人間を回避するものだが、この時は自らガサゴソ音を立てていたので、筆者の存在にはまるで気づかなかったのだろう。

　過去何度も遭遇しているとはいえ、これまでとは違う状況に「どう対処するべきか？」と一瞬、頭の中が真っ白になった。現場はやせ尾根上の限りなく狭い場所。しかも熊撃退スプレーを持参していなかった。

　荒い息遣いまで聞こえ、程なくしてクマも筆者の存在に気づいたようだ。だが、しばらくじっと見ていたクマが、次に取った行動を見て、かなりほっとした。なぜなら視線を外して下を向いたからである。

　確かにクマは、筆者を異質な存在と感じ、気にはなったようだ。だが、危険対象として認識しているのであれば、恐怖心から視線は外せないはず。まずは威嚇《いかく》行動に出るだろう。しかし、そんな緊迫した行動が一切ないのは、大して警戒していない明らかな証拠だ。人間を恐れない、いわゆる〝新世代グマ〟なのだろう。そのため、筆者も少し心に余裕が生まれて、カメラを構えて撮影したのが、左ページの写真である。

　結果的に筆者はクマに襲われなかったが、もちろん、かなり緊張した。ただ、このような形で間近に出合えたことは貴重な体験となった。

戸隠山登山道で遭遇したツキノワグマ。じーっと視線を送ってくる（上）。やがて反対側に向けて歩き出した（下右）が、その途中で何度も振り返って筆者を見ていた。やはり異質な存在として気になったようだ（下左）

普通の草っぱらにしか見えないが、国の天然記念物に指定された貴重な場所だ。石碑には「天然記念物天狗ノ麦飯産地」とある

生物

国の天然記念物でもある小諸の「天狗の麦飯産地」はただの草っぱらだけど…

小諸市／家族／徒歩4分（往復8分）／遭遇難度★　D P189

麦飯に似ているが、正体がよく分からないとされる「天狗の麦飯」。読者の皆さんもどこかで聞いたことがあるかもしれない。

JR小海線・東小諸駅近くにその産地があり、国の天然記念物に指定されている。さぞかし変わった景観を楽しめるに違いない……と思って現地に行ってみると、ただただ普通の草っぱらが広がっているだけ。

しかし、行ってみて損はない。草っ原しかないとはいえ、その地下に謎の天狗の麦飯があると想像するだけでも楽しいではないか（天狗の麦飯の説明は左頁プラスα参照）。そこがどんな場所なのか、確認するだけでも立派な探検だ。

ただ、付近に公共駐車場がないので小諸駅周辺の有料駐車場を利用し、小海線に乗り換え東小諸駅で下車する。並行するしなの鉄道には東小諸駅がないので注意したい。

東側の駅出入り口から国道141号に出て左折。100mほどで民家とコンクリートブロック擁壁の間に坂道がある。そこを上がったところが目的地。

小海線やしなの鉄道の線路と国道に挟まれた、眺めがいい約3haの台地で、解説板と天然記念物を示す石標が立つ。古くから通称「味噌塚」と呼ばれ、地下に天狗の麦飯が眠る。立ち入りは自由だが、地面を掘ることは法律で禁止されている。

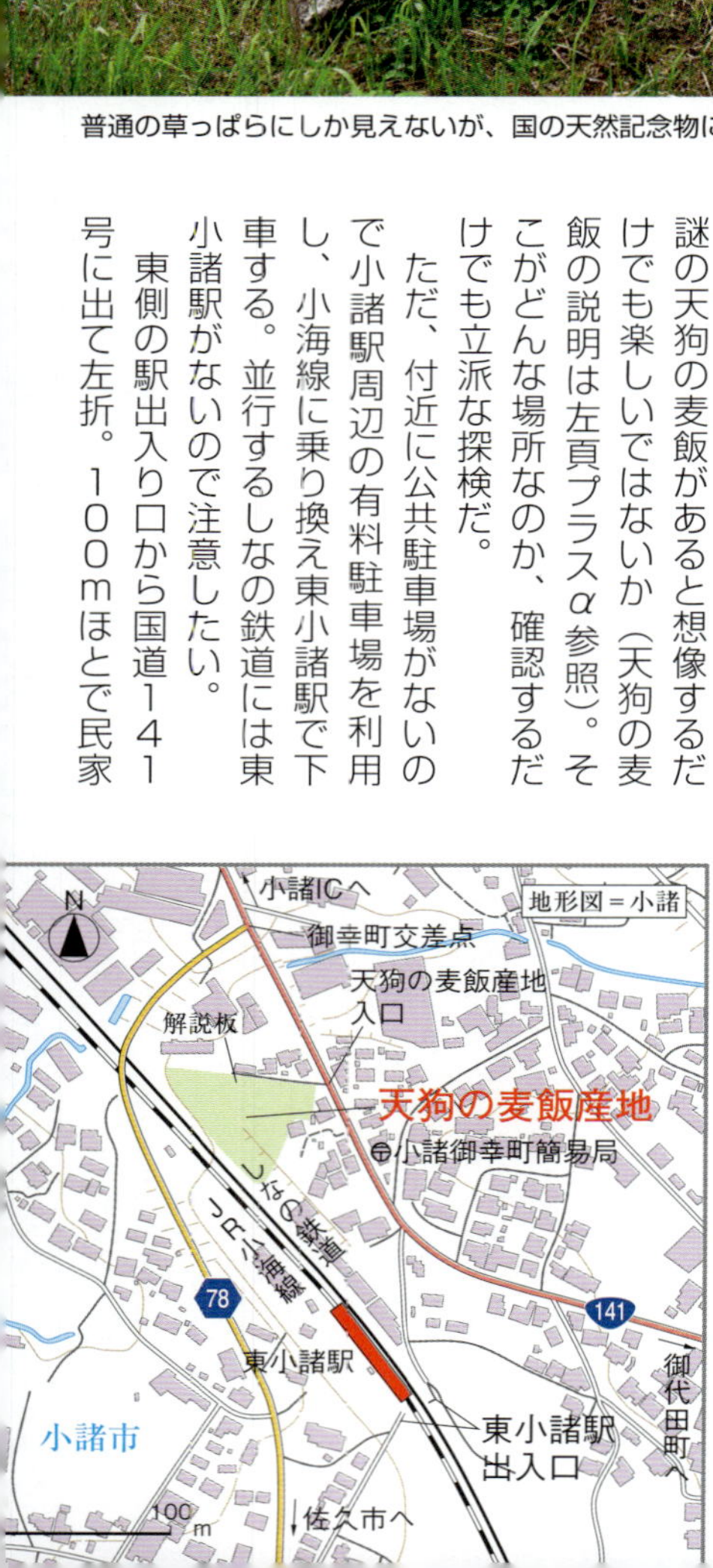

プラスα 天狗の麦飯ってどんなもの？

前項・小諸市味噌塚の産地は、「珍奇又は絶滅に瀕した植物の自生地」という理由で1921（大正10）年3月に国の天然記念物に指定されたが、その後、専門家の見解も二転三転する。

産地は、ここ以外にも長野県と群馬県の火山地帯に何ヵ所も見いだされており、過去にはあったものの失われた場所もあれば、今も健在な場所もある。古い文献を探索すると、地質学的には共通して凝灰《ぎょうかい》質堆積層にあり、可燃性天然ガスの発生が伴うと書かれたものも見受けられるが、後者について真偽のほどは不明である。

古くは、江戸後期の1843（天保14）年に出版された『善光寺《ぜんこうじ》道《みち》名所《めいしょ》図《ず》会《え》』という本で、著者の豊田庸園《ようえん》（利忠ともいう）が飯縄か岳山頂で「飯砂」を目にし、「まるで麦飯のようで、また粟飯のようにも見える」と記したのが最初とされる。「飯縄」の名も「飯砂」に由来するのだろう。

その名の通り、昔から“食べられる砂”とされ、修験者が食用にしていたとも伝わる。味も香りもないが、口に入れるとやわらかいそうだ。

P94で紹介した『信濃奇勝録』にも記載があるほか、あの俳人・小林一茶も「涼しさや　飯を掘出す　いづな山」と天狗の麦飯を題材にした句を詠んでいる。

天狗の麦飯に触ったことがある嬬恋郷土資料館文化財保護担当の樋《とい》美《み》沙《さ》樹《き》さんは「寒天の粒状になっているものや水分量の多いゼリー状のものがあり、ひんやりと湿っていて指で擦り合わせるとすり潰されてなくなってしまった」と語る。「麦飯」とか「砂」とかに例えられるが、実際には寒天やゼリーに近い感触のようだ。

近年の研究では、少なくとも10種類以上の細菌から構成される微生物塊で、産地によって粒子状とペースト状の2タイプが知られ、前者は寒天質状の直径0.7～4mmの微細な粒子からなる、とされる。色も淡茶褐色や褐色、白色があり、構成される微生物についても産地に共通する細菌もあれば、違うこともあり、すべての産地における天狗の麦飯が、類似の微生物群集構造をなしているわけではないことが判明している。

特に注目すべきは、構成細菌の中に分厚い細胞外マトリックス（細胞の外にある不溶性物質のこと）を持つものがあり、これが天狗の麦飯の寒天質状質感につながっているとみられている。

また、天狗の麦飯産地の断面を調べると、複数の微生物層が見られ、表層には多くの微生物が棲息していたのに対して、下部の各層にはほとんど棲息していなかったとのことだ。

群馬県嬬恋村の産地で撮影された天狗の麦飯（写真提供：嬬恋郷土資料館）

ベニサシニリンソウ。萼片の縁に赤みが差すタイプで、上高地では比較的よく見かける

ギンサカズキイチゲ。萼片が半八重咲きになるタイプ。遭遇頻度は極めて低い

生物

変わり種のニリンソウを上高地で探してみよう 見つけたら幸せになれる？

松本市／一般／徒歩1～2時間（往復2～4時間）
遭遇難度★★★ D P189

上高地・古池付近の見事なニリンソウ群生地。
ミドリニリンソウやベニサシニリンソウは
このあたりで探そう

ミドリニリンソウ。萼片が完全に緑色のタイプ。緑に溶け込んで目立たないが、上高地には割と多い

ミドリニリンソウ。不完全なタイプ。緑には赤みも入り、ベニサシニリンソウとの中間

ニリンソウといえば、新緑が目にまぶしい森の中でよく目にするキンポウゲ科イチリンソウ属の野草だ。県内における代表的な群生地といえば、やはり上高地だろう。5月下旬、明神から徳沢にかけての沿道には、見事な群生が広がる。

　こうした群生地で探すと、ちょっと変わったニリンソウを見かけることがある。ニリンソウの、花弁のように見える白い部分は、実は萼片《がく》だが、これが緑色をしているものがあり、ミドリニリンソウと呼ぶ。緑色が萼片全体に広がるものもあれば、部分的にとどまるものもある。あるいは、緑の方に紅色が差したタイプもあり、ベニサシニリンソウという。

　ミドリニリンソウは、かつてニリンソウの一品種とされたが、近年ネット上では「マイコプラズマ感染による」との、どこかのネタ元から次々に引用された記述が目立つようになってきた。しかし、植物分類学や植物病理学の学会や学術誌サイトで「マイコプラズマ　ミドリニリンソウ」と入力して検索しても1件もヒットしない。ひょっとしてファイトプラズマではないか……と推測して検索してみると、それらしい記事が見つかった。

　マイコプラズマとファイトプラズマ。どちらも細菌なので「ウイルス感染症」との記述は明らかに間違いだが、後者が植物に感染すると、花が緑色になる葉化《ようか》病や多数の枝葉が出る天狗巣病、背丈が低くなる萎縮などの症状が出ることが知られている。ニリンソウの花弁が葉化するのもファイトプラズマ感染に一因があるとも想像される。ヨコバイやアブラムシによって媒介されるため、ほかの植物にも感染する。

　植物写真家・梅沢俊《しゅん》さんの著書『北の花つれづれに』には、ダムの湖底に沈む運命にあったミドリニリンソウの株を移植したところ、翌年には普通のニリンソウに戻ってしまったと書かれている。また、試験栽培をすると2年で普通の株に戻ったとのネット上の記述もあった。つまり、形態を決定する遺伝子による発現とは限らないことは明らかだ（＝品種ではない可能性あり）。

　ちなみにファイトプラズマは、わりと身近で商業利用されている。クリスマスが近づくと、街で見かける機会が増えるポインセチア。実は市販される、ほぼすべてのポインセチア品種には育種後、人為的にファイトプラズマを感染させてあるという。その結果、葉が多くなり、背丈も低くなる。未感染のポインセチアは高さ5m以上にもなるため、商品価値を高める上で好都合というわけだ。緑色の花を咲かせるグリーンアジサイも同様の場合がある。

　半面、江戸時代にはファイトプラズマ病と思われる病気の発生が記録され、近代以降もクワの萎縮病によって養蚕業に甚大な被害が及んだこともある。1967（昭和42）年に日本人研究者によって初めてファイトプラズマが発見されたのち、現在では1000種以上の植物に感染する病原体として知られている。

　ところで、もともとイチリンソウ属は、キンポウゲ科の中でも形態に変異が起きやすいといわれる。萼片数にも幅があり（プラスα参照）、中には半八重咲きのギンサカズキイチゲや完全な八重咲きのヤエザキニリンソウも知られている。

　こうした八重咲き品種は、ミドリニリンソウと比較すると圧倒的に稀《まれ》で、めったにお目に掛かれない。筆者は、埼玉県の武甲山《ぶこうざん》で偶然、ギンサカズキイチゲに遭遇したことがある（P166掲載写真）。長野県内では一度もないが、同様に稀《まれ》に発生すると思われ、運がよければ目にできるだろう。

　上高地におけるミドリニリンソウの出現率はほかよりも高いと思われ、特に古池周辺で丁寧に探せば次々と見つかる。今後、ファイトプラズマ感染率が変わって出現率が低下する可能性もないとはいえないが、ミドリニリンソウ狙いなら、上高地がお勧めである。

明神館裏手のニリンソウ群生地

徳沢のニリンソウ群生地

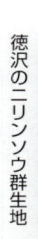

プラスα

ニリンソウの萼片数は花によって幅がある!?

上高地のニリンソウ群生地に行った際は、ぜひ萼片数にも注目してみたい。植物によって花弁や萼片の数が決まっているものもあれば、そうでないものもあり、ニリンソウは後者の代表例。

筆者が、群生地で数えてみると５～７枚で、その範囲から外れた花は見つけられなかった。が、専門家が埼玉県飯能《はんのう》市の自生地で調べたところ、最少はたったの３枚で、最大は９枚。最も多かったのは５枚だったが、北海道の函館山で行われた別の調査では６～７枚が多かったという。それにしても萼片が落ちたものを専門家が誤認したはずもなく、たったの３枚の花があるとは意外だ。

萼片数は花によって幅がある。萼片数５枚のもの（左）と６枚のもの（右）。新潟県妙高高原で撮影

生物

志賀高原の岩場に自生 妖しく黄緑色に光るヒカリゴケを探してみる

山ノ内町／家族／徒歩10分(往復20分)／遭遇難度★★ D P189

志賀高原・日影湿原付近の岩場で光るヒカリゴケ。見事なエメラルド色だ

ヒカリゴケは、ヒカリゴケ科ヒカリゴケ属の1科1属にわずか1種のみ知られる、原始的なコケ植物である。胞子から発芽した後の状態を原《げん》糸体《したい》というが、ヒカリゴケの原糸体は、糸状細胞のほかに球状のレンズ状細胞を多く持つ。このレンズ状細胞が、外からの光を反射させることで光るメカニズムだが、この細胞には、葉緑体が多く含まれるため反射光が黄緑色がかって見える。

北半球に分布し、日本では本州中部地方以北と北海道の主に標高1000m以上の岩の隙間や洞窟などに生息する一方、低地にも見られ、なぜか人為的に作られた洞窟や石垣などに多い。国天然記念物に指定された江戸城の自生地や、埼玉・吉見百穴《よしみひゃっけつ》の自生地はその好例である。

標高が高い自生地の中で比較的手軽に行ける候補としては、志賀高原が挙げられる。具体的には、上ノ小池と三角《みすま》池の中間。田の原湿原入口側から行く場合は、日影湿原の手前あたりの岩場にある。

志賀高原では、ほかに大沼林道にも自生地が知られている。

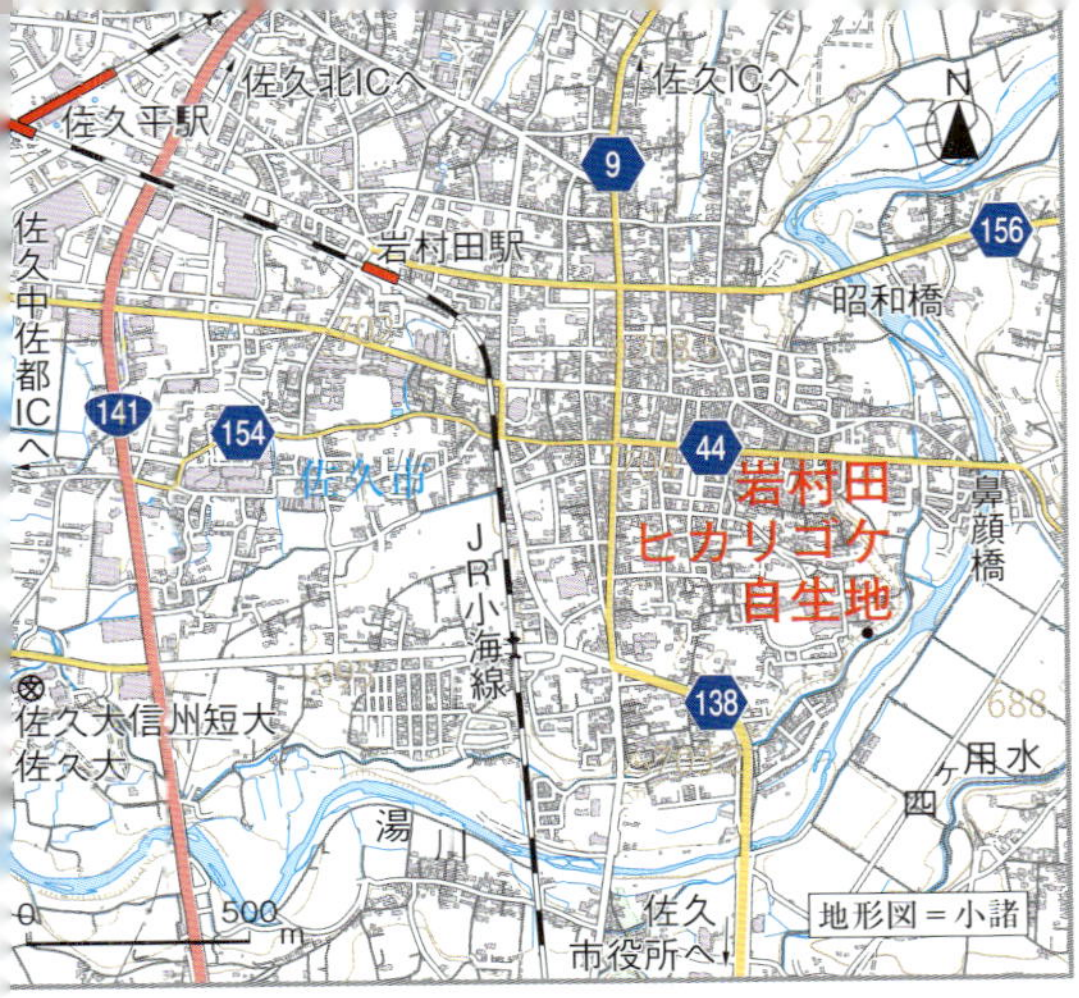

岩村田のヒカリゴケ自生地

佐久市／家族／徒歩すぐ
遭遇難度★ D P189

1910（明治43）年、県立野沢中学校（当時）の生徒が通学の途中に北佐久郡岩村田《いわむらだ》町（現・佐久市）の千畳敷洞穴内で光る土を発見し、教諭・小山海太郎のもとへ持参した。しかし、小山にも分からなかったため、東京帝大の三好学《まなぶ》博士に送って同定《どうてい》を依頼したところ、ヒカリゴケと判明。日本で最初に確認されたヒカリゴケ自生地となった。1921（大正10）年3月3日には、三好の推薦もあって国天然記念物に指定されている。

場所は、JR小海線・岩村田駅の南東約1.4km付近。どちらかというと西側の県道138号よりも北側の県道44号からアクセスする方が分かりやすい。

県道から「ひかりごけ」と書かれた標識に従って狭い市道を南下すると、やがて右手に見えてくる。

常木用水路沿いの崖に開いた洞穴内に自生し、入り口には柵が設置されているが、柵ごしに光り輝くヒカリゴケを目にできる。ただ、洞穴の奥の方にあるので、少し距離がある。撮影時は、カメラやスマホを柵に押しつけるとブレを防げる。

隣の御代田町にもヒカリゴケ自生地が知られている。目標はしなの鉄道御代田駅の約1km南側辺り。県道137号の久保澤橋北側左岸に県天然記念物「御代田のヒカリゴケ自生地」がある。ただし、現地は分かりにくい。

岩村田のヒカリゴケ自生地

4月下旬～10月に石垣の隙間で光るヒカリゴケ

ヒカリゴケが自生する光前寺参道の石垣

光前寺のヒカリゴケ自生地

駒ヶ根市／家族／徒歩すぐ
遭遇難度★★ D P189

宝積山《ほうしゃくざん》・光前寺《こうぜんじ》は、駒ヶ根市にある天台宗の寺院で、創建は860（貞観《じょうがん》2）年。天台宗信濃五山の一つに数えられ「霊犬早太郎伝説」にも登場する名刹《めいさつ》だが、境内にヒカリゴケ自生地があることでも有名だ。

約170m続く参道の石垣。その隙間に点々と見られるが、時間帯によっては奥に外光が差し込まないため、肝心のヒカリゴケがまったく見えないこともある。LEDライトを持参して、一つ一つの隙間に光を当てながら探した方が確実。

筆者は、かなり探して見つけられず、最後にはお寺の方に聞いて、ようやく見ることができた。その方によると、いつも尋ねられて案内するのは、大講堂入り口付近の三角形の隙間とのこと。それ以外でも見られるポイントは多々ある。

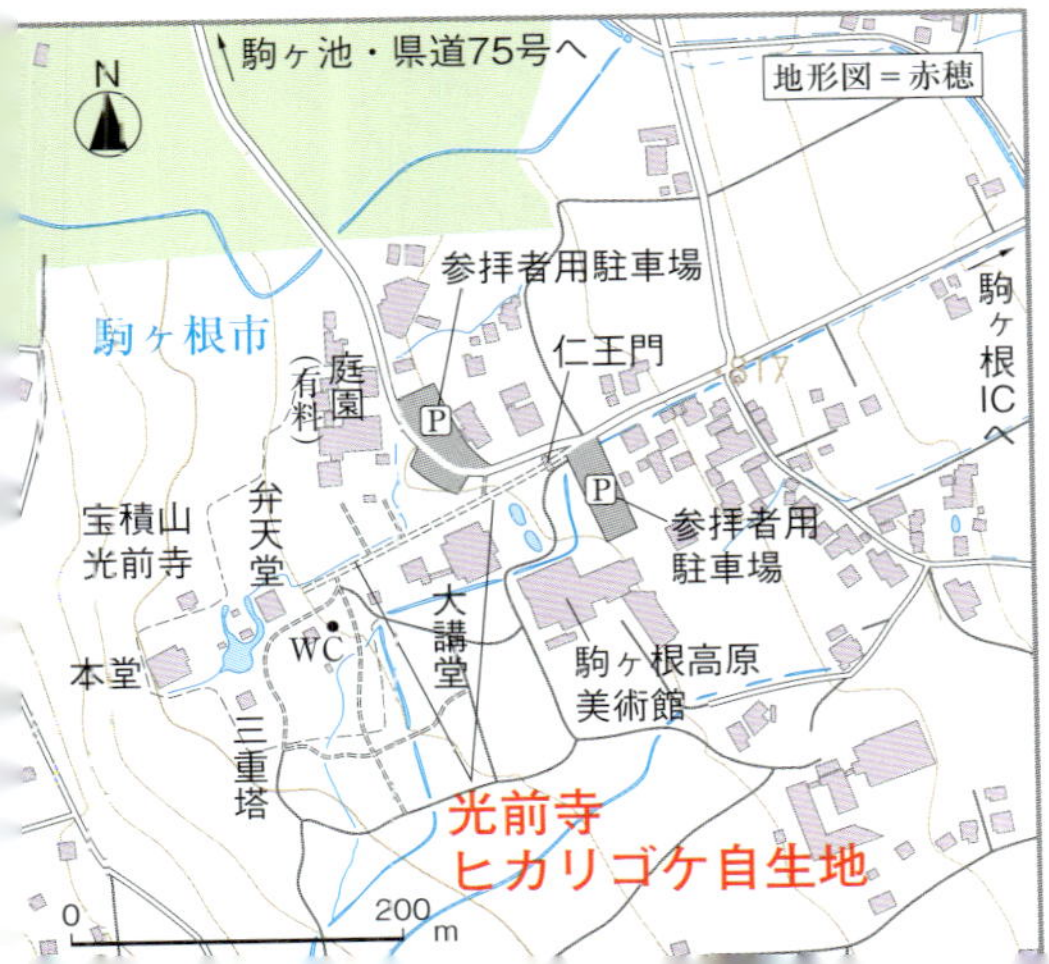

生物

災難を跳ねのける力強さ…志賀高原・三角池の木はU字に曲がって上を目指す

山ノ内町／家族／徒歩10分（往復20分）
遭遇難度★　D P189

自然林を歩いていると、時々「どうしてこんな形になってしまったんだろう？」と目を見張る木に遭遇することがある。それぞれの樹種に対して典型的な樹形があるが、時にはさまざまな理由からそうなれなかった木も存在するのだ。

特に雪国では、雪による影響は大きいと想像できる。雪の加重により幹が曲がったり折れたりした木が、その後、傷口を修復して見事に復活して立ち上がったとしか思えない樹形に遭遇すると、感動さえ覚える。

志賀高原の三角池《みすま》近くに、そんな木の一例がある。枝が高い位置にあって葉を間近に観察できないため、あくまで推定だが、樹種はコメツガと思われる。

おそらく、もともとは岩上に根を張り、上へ向かって真っすぐにのびていたのだろう。しかし、岩上だけに根が浮きやすく、何かのきっかけで下向きに倒れたと考えられる。その後、幹を反転させ、根も張り直して見事に復活。よく見ると途中からのびた枝が岩で遮られ、結果的に主幹の支柱のようになっているところも面白い。

見た目は、U字状の個性的な姿だが、災難を跳ねのける逞《たくま》しさは、注目に値する。人間も少しは見習いたいものである。

（※地図はP170）

プラスα

ユニークな姿をした木は、山で時々見かける

志賀高原のU字状コメツガに限らず、災難を見事に克服したとしか思えない木は、時々ある。筆者の経験でいうと、例えば、岐阜県下呂市の巖立峡《がんだて》・三ツ滝付近には、やはりU字状の木（樹種不明）が2本もある（写真右）。また関田山脈・天水山《あまみずやま》では、一体どうなっているのかわからないほどに奇妙に曲がったブナもあった（写真左）。堅い木でも案外、柔軟に対応できるようだ。

どんな困難がふりかかっても、それをものともせずに克服して精いっぱい生きようとする姿に勇気づけられないか

生物

横倒しに負けず成長続ける 湯の丸高原・池の平の〝不屈のカラマツ〟の勢い

東御市／家族／徒歩10分（往復20分）／遭遇難度★★

D P188

湯の丸高原・池の平にも見事過ぎる"不屈の木"がある。樹種はカラマツで、過去に強風等により、完全に横倒しになったとみられる。ところが、幸運なことに根の一部が土中に残っていて枯死することなく、そのまま成長を続けたのだろう。

主幹は完全に寝ているが、そこから各枝が真っすぐ上に伸びて櫛の歯状になりながらも、このまま成長を続けそうな勢いである。

筆者が12年前に撮影した写真と比較しても幹や枝の太さに大差がなかったことから、倒れたのはかなり昔のことと思われた。しかし、湯の丸高原ビジターセンターに確認すると1982～1983（昭和57～58）年頃の台風が原因だったそうだ。

この不屈のカラマツは、池の平駐車場から見晴歩道を経由して村界の丘へ向かう手前右側にある。

池の平にある不屈のカラマツ。櫛の歯状の姿がなんとも個性的だが、今後も元気に成長を続けてほしいものだ

生物

想像を絶するほどのアクロバティックな幹の形 乗鞍高原「ねじねじの木」は必見

松本市／家族／徒歩6分（往復12分）／遭遇難度★ D P188

乗鞍高原・牛留池の「ねじねじの木」。樹種はチョウセンゴヨウ。回転部分の最下端は地面に接しているようで、実は接していない

「U字状のコメツガ」に「不屈の櫛《くし》の歯状カラマツ」と、ユニークな木を2件紹介したが、極めつけといえるのが乗鞍高原にある通称「ねじねじの木」だ。

この木があるのは、水面に映る「逆さ乗鞍」が見どころの牛留池《うしどめいけ》のほとり。休暇村乗鞍高原前の公共駐車場向かいには、遊歩道入口が三つもあるが、右手二つのどちらに入っても牛留池に行ける。突き当たりの分岐は右でもよいが、左の方が少し近い。牛留池を回り込んだ東側のあずまや近くに目指す「ねじねじの木」がある。目の前で実物を見ると、とにかく目が点になるほどだ。

主幹が、時計回りにぐるりと一回転。「アクロバット」と形容するしかないほどの異様な姿。さすがにこんな木は、ほかにはないだろう。

おそらく若木の頃に、強風か積雪の影響で幹が折れたのだろう。この時、幹が完全に折れずに内部の道管《どうかん》と師管《しかん》の一部が残っていたために枯死せずに済み、その後、長い時間をかけて折れた箇所を修復。左上部の突起は、その修復跡と思われる。しかも幹がねじれるように立ち上がったために、結果的に回転した姿になったと想像される（左図参照）。

折れた幹の位置が、もう少しズレていればN字状の姿になった可能性もありそうだ。

推測「ねじねじの木」はこうしてできた？

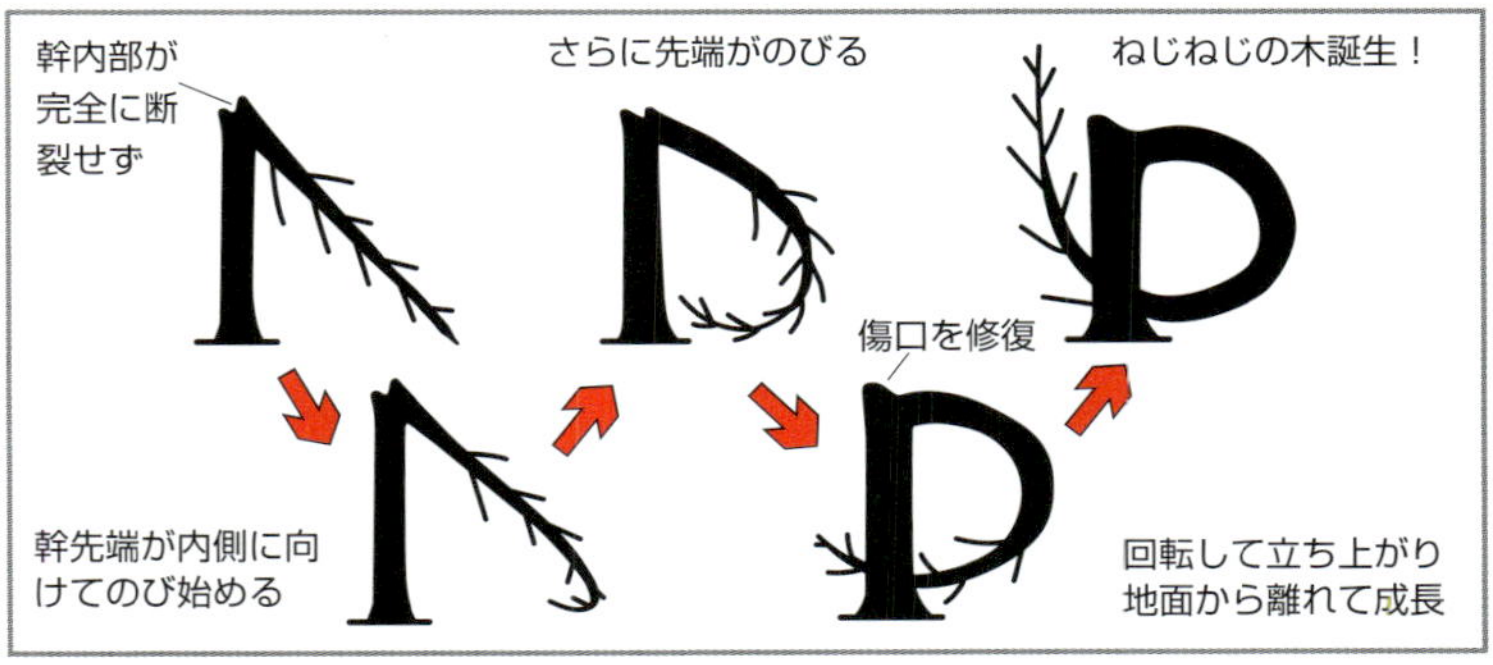

生物

茶臼山高原に生息する変わった鳴き声のネバタゴガエル「ワン！」

根羽村／家族／徒歩すぐ

遭遇難度★（野生個体は★★★★） D P188

茶臼山高原で見いだされたネバタゴガエル。筆者は当初、野生個体の撮影を目指し、生息地で探索したが、一匹も見つけられずに断念。写真はカエル館の飼育個体である

「ワン」とも「キャン」とも聞こえる、変わった鳴き方をするカエルがいる。その名もネバタゴガエル。アカガエル科アカガエル属に属し、本州～九州に広く分布する普通種のタゴガエルと近縁だが、鳴き声だけでなく、染色体数も異なる（タゴガエルが2n＝26に対してネバタゴガエルが2n＝28）。

根羽村の茶臼山高原両生類研究所、通称「カエル館」周辺で最初に見いだされ、2006（平成18）年に国際的に権威がある学術誌で新種として認められた。鳴き声がユニークなこともあって、このカエルは瞬く間に有名になった。

和名は、もちろん根羽村にちなみ、同年には村の天然記念物にも指定。とはいえ、茶臼山や根羽村の固有種というわけではない。現時点ではP180の地図に示した範囲まで生息していることがわかっているが、今後の調査で分布域が、さらに広がる可能性もある。

このカエルが新種として見いだされた背景には、カエル館の熊谷聖秀《くまがいまさひで》館長の存在がある。当然のことながら、かつては茶臼山周辺に新種のカエルがいることは誰も知らなかった。もちろんカエルの研究者であってもだ。熊谷館長とて例外ではなく、あくまでタゴガエルと認識し、このカエルは、犬のような鳴き方をするものだと思っていた。

こんなこともあった。館長が情報を提供して、新聞紙上で茶臼山の犬のように鳴くカエルを取り上げることになった。記者が、両生類も飼育する鳥羽水族館にコメントを求めたところ、「犬のように鳴くのは中国・台湾原産のカエルしかいない。タゴガエルはグゥと鳴く」との返事。

熊谷館長は、それを聞いて驚き、交流があったカエルの研究者に確認すると「ここのタゴガエルは普通じゃない。新種の可能性がある」といわれて、さらにビックリ。つまり、鳥羽水族館は「グゥ」と鳴くタゴガエルしか知らなかった。一方、熊谷館長は「ワン」と鳴くタゴガエルしか知らなかった。でも、どちらの認識も事実とは、少しばかり違っていたことになる。

2003（平成15）年10月、染色体数や声紋パターンが異なることから、この研究者により「新タイプのタゴガエル」として発表された。さらにタゴガエルとの交配実験を繰り返したところ、胚の発生に異常が生じたり、交雑に成功しても成体には繁殖能力がないことから、両者には繁殖隔離があり、新種と判断された。この研究がのちに世界的に認められたのは前述の通りである。染色体数が2本違うということは、ヒト（2n＝46）とチンパンジー（2n＝48）ほどの違いがあるという。

新種のカエルを見てみたい――。そう思った人は、発見の舞台となった茶臼山高原のカエル館に行ってみよう。ネバタゴガエルが飼育展示されている。

カエル館周辺の沢や近くのアテビ平小鳥の森にもネバタゴガエルが生息しているが、通常は隠れて出てこないため、野生個体を見つけるのは至難の業だそうだ。繁殖期であれば、オスが求愛のために鳴くこともあるが、それでも姿を目にするのは容易ではないらしい。生息地に行くと、確かにカエルを何匹も見かけるが、ほとんどはヤマアカガエルだという。

なお、近年の調査・研究では、恵那山や中央アルプスでも「ワン」と鳴くタゴガエルが見つかっている。ところが、染色体数を調べたところ、普通のタゴガエルだったそうだ。今後、タゴガエルの分類学的な研究が進めば、いろいろなことが判明しそうである。

生物

キノコのような寄生植物 稀産キヨスミウツボは これでも実を付ける

根羽村／家族／徒歩すぐ／遭遇難度★★ D P188

寄生植物キヨスミウツボ。見ようと思って見られる植物ではないが、花期にカエル館に行けば出合える

キヨスミウツボと聞いて、すぐにその姿が思い浮かぶ人は、かなりの植物通だと思う。ハマウツボ科キヨスミウツボ属の寄生植物だが、この属には世界でキヨスミウツボ1種しか知られていない。

1882（明治15）年に千葉県の清澄山で採集されたことが和名の由来だが、その半世紀以上前に最初に見つけて標本にしたのは、あのシーボルトである。

葉緑体を持たないため全体が白く、例年6月中旬～下旬になると茎の先に5～10個の花を付ける。その姿はちょっとキノコのようでもあり、かなり個性的だ。

ネズミモチやアラカシ、エゴノキ、アジサイなど、さまざまな樹種の根に寄生して栄養を横取りする。寄生された寄主《きしゅ》は枯死することもあり、逆もある。両者の生存競争は、生きるか死ぬかの厳しいものらしい。また図鑑には「果実は蒴果《さくか》」とあるが、近年の研究で、実は液果だったことも判明している。

北海道～九州まで広く分布するが、見かける頻度は極めて低い。そんな稀産植物にもかかわらず、花期にさえ行けば、ほぼ確実に目にできる場所がある。実は、前出のカエル館の周辺だ。

ここで掲載した写真は、筆者が20年前に茶臼山で偶然見かけて撮影したものだが、カエル館の熊谷聖秀《くまがいまさひで》館長によると、周辺では毎年かなり多くの株が出るという。極めて貴重な場所といえる。ただし、キヨスミウツボは寄生植物なので、自宅で育てようと掘り取っても、寄主がなければ100％育たない。盗掘しても無駄である。（※地図右頁参照）

生物

鉄鉱石を掘り出した鉱山に生育するチャツボミゴケ公園は国の天然記念物

群馬県中之条町／家族　徒歩一巡30分／遭遇難度★★ D P188

チャツボミゴケは強酸性の温泉水を好み、ここは群生地として東アジア最大。園内は桟道で一巡できる。その景観は圧巻だ

群馬鉄山は、太平洋戦争末期から1966（昭和41）年まで鉄鉱石を採掘していた鉱山である。この露天掘り採掘跡のくぼみ（穴地獄とも呼ばれる）には、チャツボミゴケという珍しいコケが生育している。

以前は企業の保養所敷地だったが、中之条町に譲渡され、チャツボミゴケ公園に生まれ変わった。2015（平成27）年には芳ヶ平湿原とともにラムサール条約登録湿地に、翌々年には「六合《くに》チャツボミゴケ生物群集の鉄鉱生成地」として国天然記念物に指定された。

ところで生物活動によって無機鉱物が生成される作用をバイオミネラリゼーションというが、群馬鉄山は、こうした作用で生まれた沼鉄鉱と呼ばれる鉄鉱床で、その中では国内最大という。主に鉄酸化細菌とチャツボミゴケによって作り出された。

生物

コケと温泉が作り出した奇観 濁河温泉「材木滝」にある 温泉湧出地の石灰華ドーム

岐阜県下呂市／一般／徒歩40分（往復1時間10分）

遭遇難度★★ D P188

材木滝・温泉湧出地の石灰華ドーム。6月は雪解けのゴミが目立ち、コケの緑もイマイチ。緑が鮮やかになる7～8月がお勧め。すぐ先には、柱状節理が材木のように見えることから名付けられた材木滝があり、こちらも見事

温泉成分中の炭酸カルシウムが沈殿して成長したものを石灰華《せっかいか》ドームという。具体的には、岩手県夏油《げとう》温泉の石灰華ドーム（国特別天然記念物）や長野県・湯俣温泉の噴湯丘《ふんとうきゅう》（国天然記念物）などが有名だ。

あまり一般に知られていないが、御嶽山中腹の濁河《にごりご》温泉近くにも石灰華ドームがある。兵衛谷《ひょうえだに》に懸かる材木滝手前に温泉湧出地があり、石灰華ドームを形成している。リムストーンと呼ばれる棚田状構造も見られるが、表面をコケが覆っているので、石灰華ドームらしく見えない。

材木滝温泉湧出地のそれは、トゥファと呼ばれる孔隙《こうげき》質で軽くて軟らかいタイプ。その表面に手や足を絶対に載せてはいけない。

石灰華ドームとはいえ、景観として貢献しているのは、圧倒的にコケの方なので「生物」で扱った。

土木

前方に巨大な円筒が出現！津南町の山裾に造られた巨大構造物の正体は？

新潟県津南町／家族／徒歩すぐ

遭遇難度★ D P188

砂防ダムと分かると「なぁーんだ」と思ってしまうが…。それにしても目を見張る規模である。完成したのは2014年4月

上越市街地から津南町へ向けて車を走らせていた時のこと。豊原トンネルを抜けたところで、前方に異様なものが現れて目を見張った。

それは、まるで石油コンビナートの巨大な貯蔵タンクのよう。だが、現場は山間部。こんな場所に石油の貯蔵タンクがあるはずもない。不思議に思って立ち寄ってみると、隣接の駐車場に解説板があった。「トヤ沢砂防堰堤《えんてい》本堤」。分かりやすくいうと「砂防ダム」らしい。

２０１１（平成23）年３月に発生した長野県北部地震により山腹斜面が崩壊し、土砂と積雪が土石流となって国道３５３号に押せ寄せ、その後も二度の土石流が発生した。

そこで鋼鉄製の円筒状セルを設置し、土砂で中埋めする工法が採られた。そのため外見は、まるで貯蔵タンクのようになったというわけだ。

交通アクセス【車】上信越自動車道信州中野ICから県道、志賀中野道路（有料）、国道292号経由で約28km。東京方面からは関越自動車道渋川伊香保ICも利用可だが、白根山の火山活動による志賀草津道路通行規制に注意。田の原湿原入口に無料駐車場がある。【電車＋バス】JR北陸新幹線・信越本線長野駅から長野電鉄長野線乗り換え47分、終点の湯田中駅下車。白根火山行き長電バス乗り換え34分、小池バス停下車。

田の原湿原入口駐車場緯度経度［36° 42′ 18″］［138° 29′ 27″］

田の原湿原入口駐車場 MC 341 734 188*38

問合先 志賀高原観光協会 ☎0269-34-2404（一般的な観光案内）

P174　池の平・不屈のカラマツ

不屈のカラマツ緯度経度［36° 24′ 50″］［138° 26′ 14″］

交通アクセス【車】上信越自動車道東部湯の丸ICから県道、湯の丸高峰林道（舗装）経由で約18km。池の平駐車場（有料）がある。

池の平駐車場緯度経度［36° 24′ 49″］［138° 26′ 24″］

池の平駐車場 MC 85 893 215*27

問合先 東御市観光協会 ☎0268-62-1111（一般的な観光案内）

P176　乗鞍高原・ねじねじの木

ねじねじの木緯度経度［36° 06′ 51″］［137° 36′ 54″］

交通アクセス【車】長野自動車道松本ICから国道158号、県道経由で約41km。休暇村乗鞍高原向かいに第7駐車場（無料）がある。【電車＋バス】JR篠ノ井線松本駅から松本電鉄上高地線で30分、新島々駅で休暇村行きアルピコ交通バスに乗り換え58分、終点下車。

第7駐車場緯度経度［36° 06′ 53″］［137° 36′ 47″］

第7駐車場 MC 620 418 357*47

問合先 のりくら高原観光案内所 ☎0263-93-2147

P178　茶臼山高原のネバタゴガエル生息地

カエル館緯度経度［35° 13′ 51″］［137° 39′ 31″］

交通アクセス【車】中央自動車道飯田山本ICから国道153号、県道、村道経由で約47km。東京方面からは新東名高速道路浜松いなさJCT経由で三遠南信自動車道鳳来峡ICを利用する方が近い。カエル館前に無料駐車場あり。

カエル館前駐車場緯度経度 上記緯度経度とほぼ同じ

カエル館前駐車場 MC 661 214 282*16

茶臼山高原両生類研究所（カエル館）開館期間4月下旬～11月上旬・水、木休（祝日の場合は開館。7月20日～8月末は開館）・10～16時（平日は～15時）・入館料大人400円、小中学生300円。

問合先 茶臼山高原両生類研究所（カエル館）

☎0265-49-2580

P181　茶臼山高原のキヨスミウツボ自生地

カエル館緯度経度［35° 13′ 51″］［137° 39′ 31″］

交通アクセス【車】中央自動車道飯田山本ICから国道153号、県道、村道経由で約47km。東京方面からは新東名高速道路浜松いなさJCT経由で三遠南信自動車道鳳来峡ICを利用する方が近い。カエル館前に無料駐車場あり。

カエル館前駐車場緯度経度 上記緯度経度とほぼ同じ

カエル館前駐車場 MC 661 214 282*16

茶臼山高原両生類研究所（カエル館）開館期間4月下旬～11月上旬・水、木休（祝日の場合は開館。7月20日～8月末は開館）・10～16時（平日は～15時）・入館料大人400円、小中学生300円。

問合先 茶臼山高原両生類研究所（カエル館）

☎0265-49-2580

P182　チャツボミゴケ公園

チャツボミゴケ公園緯度経度［36° 38′ 58″］［138° 35′ 12″］

交通アクセス【車】上信越自動車道須坂長野ICから国道406、292号、県道経由で約74km。チャツボミゴケ公園管理事務所周辺に無料駐車場がある。または上田菅平ICから国道144号を経由するルートもある。東京方面からは関越自動車道渋川伊香保ICも利用可。

公園駐車場緯度経度［36° 39′ 11″］［138° 35′ 48″］

公園駐車場 MC 341 536 899*38

チャツボミゴケ公園 4月下旬～11月末日・期間中無休・9～15時（4～9月）、9時～14時30分（10～11月）・入園料500円（2019年以降は未定）。

問合先 チャツボミゴケ公園管理事務所 ☎0279-95-5111
中之条町観光協会 ☎0279-75-8814

P184　材木滝の温泉湧出地

温泉湧出地緯度経度［35° 55′ 26″］［137° 26′ 01″］

交通アクセス【車】中央自動車道伊那ICから県道、国道361、19、361号、県道経由で約80km。または長野自動車道松本ICから国道158号、県道、国道361号、県道、市道、県道経由で約90km。手前に市営駐車場（無料）がある。

市営駐車場緯度経度［35° 55′ 34″］［137° 26′ 40″］

市営駐車場 MC 509 023 680*14

問合先 飛騨小坂ビジターセンター ☎0576-62-2215、下呂市小坂振興事務所小坂地域振興課 ☎0576-62-3111

材木滝

P186　トヤ沢砂防堰堤

トヤ沢砂防堰堤緯度経度［37° 03′ 04″］［138° 39′ 27″］

交通アクセス【車】上信越自動車道豊田飯山ICから国道117、405号、県道、353号経由で約51km。砂防堰堤前に無料駐車場がある。

駐車場緯度経度［37° 03′ 06″］［138° 39′ 31″］

駐車場 MC 253 454 762*66

問合先 津南町観光協会 ☎025-765-5585

交通アクセス【車】上信越自動車道信州中野ICから県道、志賀中野道路（有料）、国道292号経由で約37km。東京方面からは関越自動車道渋川伊香保ICも利用可だが、白根山の火山活動による志賀草津道路通行規制に注意。国道最高地点に無料駐車場がある。【電車＋バス】JR長野新幹線・信越本線長野駅から長野電鉄長野線乗り換え47分、終点の湯田中駅下車。白根火山行き長電バス乗り換え1時間、渋峠バス停下車。徒歩8分。

国道最高地点駐車場緯度経度 上記緯度経度とほぼ同じ

国道最高地点駐車場 MC 341 559 797*38

問合先 中之条町観光協会 ☎0279-75-8814

P158　ライチョウ生息地

●乗鞍岳・畳平

畳平緯度経度 [36° 07′ 29″] [137° 33′ 15″]

交通アクセス【車】長野自動車道松本ICから国道158号、県道経由で約38.5km。乗鞍高原観光センター前に第1駐車場（無料）などがある。乗鞍山頂畳平行きアルピコ交通バスに乗り換え50分、終点下車。【電車＋バス】JR篠ノ井線松本駅から松本電鉄上高地線で30分、新島々駅下車。休暇村行き同バスに乗り換え52分、乗鞍高原観光センターバス停下車。さらに乗鞍山頂畳平行き同バスに乗り換え50分、終点下車。

乗鞍高原第1駐車場緯度経度 [36° 07′ 20″] [137° 37′ 28″]

乗鞍高原第1駐車場 MC 405 420 248*47

問合先 のりくら高原観光案内所 ☎0263-93-2147（一般的な観光案内）

●立山・室堂平

室堂平緯度経度 [36° 34′ 42″] [137° 35′ 50″]

交通アクセス【車】長野自動車道安曇野ICから県道、国道147、148号、大町アルペンライン経由で約42km。扇沢に有料と無料の大駐車場がある。【電車＋バス】JR大糸線信濃大町駅から扇沢駅行きアルピコ交通バスで35分、終点下車。どちらの場合も扇沢駅から立山黒部アルペンルートに乗り継ぐ。

扇沢駐車場緯度経度 [36° 33′ 32″] [137° 43′ 18″]

扇沢駐車場 MC 691 491 629*22

問合先 立山黒部アルペンルート ☎076-432-2819、立山町観光協会 ☎076-462-1001（どちらも一般的な観光案内）

P162　ツキノワグマ生息地

※特定の場所を紹介するものではないので、データなし。

P164　小諸市・天狗の麦飯産地

天狗の麦飯産地緯度経度 [36° 19′ 06″] [138° 25′ 53″]

交通アクセス【車】付近に公共駐車場なし。【電車】JR小海線東小諸駅から徒歩4分。

問合先 小諸市教育委員会生涯学習課 ☎0267-22-1700

P166　上高地のミドリニリンソウ自生地

ミドリニリンソウ自生地緯度経度

[36° 15′ 09″] [137° 40′ 45″]（ニリンソウ群生地の一例）

交通アクセス【車】長野自動車道松本ICから国道158号経由で約32km。沢渡地区に複数の有料駐車場がある。沢渡地区で上高地行きアルピコ交通バスに乗り換え30分、終点下車。【電車＋バス】JR篠ノ井線松本駅から松本電鉄上高地線で30分、新島々駅下車。上高地行き同バスに乗り換え1時間5分、終点下車。

沢渡市営第1駐車場緯度経度 [36° 09′ 48″] [137° 39′ 32″]

沢渡市営第1駐車場 MC 405 574 193*25

問合先 松本市アルプス山岳郷 ☎0263-94-2221（一般的な観光案内）

P170　志賀高原のヒカリゴケ自生地

志賀高原のヒカリゴケ自生地緯度経度

[36° 42′ 28″] [138° 29′ 27″]

交通アクセス【車】上信越自動車道信州中野ICから県道、志賀中野道路（有料）、国道292号経由で約28km。東京方面からは関越自動車道渋川伊香保ICも利用可だが、白根山の火山活動による志賀草津道路通行規制に注意。田の原湿原入口に無料駐車場がある。【電車＋バス】JR北陸新幹線・信越本線長野駅から長野電鉄長野線乗り換え47分、終点の湯田中駅下車。白根火山行き長電バス乗り換え34分、小池バス停下車。

田の原湿原入口駐車場緯度経度 [36° 42′ 18″] [138° 29′ 27″]

田の原湿原入口駐車場 MC 341 734 188*38

問合先 志賀高原観光協会 ☎0269-34-2404（一般的な観光案内）

P171　佐久市岩村田のヒカリゴケ自生地

岩村田のヒカリゴケ自生地緯度経度

[36° 16′ 00″] [138° 29′ 04″]

交通アクセス【車】上信越自動車道佐久ICから県道、市道経由で約3km。または中部横断自動車道佐久中佐都ICも利用可。付近の路肩に寄せれば駐車可。【電車＋バス】JR北陸新幹線・小海線佐久平駅から付近を通る路線バスがあるが、便数極めて少なく利用は現実的ではない。

路肩緯度経度 上記緯度経度とほぼ同じ

路肩 MC 85 358 555*27

問合先 佐久市教育委員会文化振興課文化財事務所 ☎0267-63-5321

P171　光前寺のヒカリゴケ自生地

光前寺のヒカリゴケ自生地緯度経度

[35° 44′ 09″] [137° 53′ 51″]

交通アクセス【車】中央自動車道駒ヶ根ICから県道経由で約1.5km。光前寺前に参拝者用の無料駐車場がある。【電車＋バス】JR飯田線駒ケ根駅から伊那バス駒ヶ岳ロープウェイ線（しらび平行き）約10分、切石公園下バス停下車、徒歩5分。

光前寺駐車場緯度経度 [35° 44′ 09″] [137° 53′ 54″]

光前寺駐車場 MC 143 828 815*88

宝積山光前寺 無休・8～17時（冬期は～16時30分。庭園の拝観時間は異なる）・ヒカリゴケ自生地は無料。庭園のみ拝観料大人500円、小学生300円、小学生未満無料。

問合先 宝積山光前寺 ☎0265-83-2736

P172　志賀高原・U字状コメツガ

U字状コメツガ緯度経度 [36° 42′ 27″] [138° 29′ 28″]

間、森宮野原駅下車すぐ（冬期は除雪のための運休多い）。上越新幹線越後湯沢駅から南越後観光バスの森宮野原行きもある。

森宮野原駅前駐車場緯度経度 上記緯度経度とほぼ同じ

森宮野原駅前駐車場 MC 579 864 290*32

問合先 栄村秋山郷観光協会 ☎0269-87-3333

JR森宮野原駅（森宮野原駅交流館）

P146 皆神山・皆神神社の磁場異常

皆神神社緯度経度 ［36° 33′ 11″］［138° 13′ 20″］

交通アクセス 【車】上信越自動車道長野ICから県道、国道403号、県道、市道経由で約8km。皆神神社に参拝者用駐車場（無料）がある。

皆神神社駐車場緯度経度 上記緯度経度とほぼ同じ

皆神神社駐車場 MC 177 777 812*21

皆神神社 参拝自由

問合先 皆神神社 ☎026-278-3703、松代観光案内所 ☎026-290-6400（一般的な観光案内）

P148 カエル館のパワースポット

カエル館緯度経度 ［35° 13′ 51″］［137° 39′ 31″］

交通アクセス 【車】中央自動車道飯田山本ICから国道153号、県道、村道経由で約47km。カエル館前に無料駐車場がある。東京方面からは新東名高速道路浜松いなさJCT経由で三遠南信自動車道鳳来峡ICを利用する方が近い。

カエル館前駐車場緯度経度 上記緯度経度とほぼ同じ

カエル館前駐車場 MC 661 214 282*16

茶臼山高原両生類研究所（カエル館） 開館期間4月下旬～11月上旬・水、木曜休（祝日の場合は開館。7月20日～8月末は開館）・10～16時（平日は～15時）・入館料大人400円、小中学生300円。

問合先 茶臼山高原両生類研究所（カエル館）

☎0265-49-2580

P150 美ヶ原・王ヶ鼻の磁気を帯びた岩

王ヶ鼻緯度経度 ［36° 13′ 34″］［138° 05′ 43″］

交通アクセス 【車】長野自動車道松本ICから国道158、143号、県道、美ヶ原スカイライン、県道経由で約28km。天狗の露路に無料駐車場がある。

天狗の露路駐車場緯度経度 ［36° 14′ 04″］［138° 06′ 21″］

天狗の露路駐車場 MC 75 838 662*26

問合先 松本市観光温泉課 ☎0263-34-8307、松本市観光情報センター ☎0263-39-7176（どちらも一般的な観光案内）

P151 磁場坂

磁場坂緯度経度 ［35° 31′ 51″］［138° 01′ 40″］

交通アクセス 【車】中央自動車道松川ICから県道、国道152号経由で約24.5km。付近の路肩に寄せれば駐車可だが、狭いので停め方に注意したい。

路肩緯度経度 上記緯度経度とほぼ同じ

路肩 MC 690 093 291*88

問合先 大鹿村観光協会 ☎0265-39-2929

P152 えちごトキめき鉄道・筒石駅

筒石駅緯度経度 ［37° 07′ 43″］［138° 03′ 36″］

交通アクセス 【車】北陸自動車道名立谷浜ICから県道、国道8号、市道経由で約8.5km。県道431号との交差点を見送った800m先で「筒石駅」標識に従って斜め左の道に入る。以降も標識に従えばよい。また糸魚川方面からは北陸自動車道能生ICも利用可。筒石駅前に無料駐車場がある。【電車】JR北陸新幹線上越妙高駅から直江津乗り換えのえちごトキめき鉄道妙高はねうまライン、同日本海ひすいラインを経由して約35分（乗り換え時間含まず）、筒石駅下車。あるいは北陸新幹線糸魚川駅から日本海ひすいラインで20分。

筒石駅前駐車場緯度経度 上記緯度経度とほぼ同じ

筒石駅前駐車場 MC 707 157 077*57

筒石駅 2019年3月より無人駅になったため、24時間入場は可能。

問合先 えちごトキめき鉄道本社 ☎025-546-5520

P155 日本一高いところにあるバス停

日本一高いところにあるバス停緯度経度

［36° 07′ 27″］［137° 33′ 30″］

交通アクセス 【車】長野自動車道松本ICから国道158号、県道経由で約38.5km。乗鞍高原観光センター前に第1駐車場（無料）などがある。乗鞍山頂畳平行きアルピコ交通バスに乗り換え48分、「標高2716m バス停」下車。【電車＋バス】JR篠ノ井線松本駅から松本電鉄上高地線で30分、新島々駅下車。休暇村行き同バスに乗り換え52分、「乗鞍高原観光センターバス停」下車。さらに乗鞍山頂畳平行き同バスに乗り換え48分、「標高2716ｍバス停」下車。

乗鞍高原第1駐車場緯度経度 ［36° 07′ 20″］［137° 37′ 28″］

乗鞍高原第1駐車場 MC 405 420 248*47

問合先 のりくら高原観光案内所 ☎0263-93-2147

P156 JR鉄道最高地点

JR鉄道最高地点緯度経度 ［35° 56′ 42″］［138° 27′ 14″］

交通アクセス 【車】中部横断自動車道八千穂高原ICから国道299、141号経由で約28km。隣接してJR鉄道最高地点訪問者用の無料駐車場がある。

無料駐車場緯度経度 上記緯度経度とほぼ同じ

無料駐車場 MC 359 099 026*84

問合先 南牧村観光協会 ☎0267-98-2091

P157 渋峠・国道最高地点

国道最高地点緯度経度 ［36° 39′ 38″］［138° 32′ 06″］

恵那峡駐車場 🅜 178 214 094*10
問合先 恵那市観光協会 ☎0573-25-4058

P128　鏑《かぶら》川の夫婦岩
夫婦岩緯度経度 [36° 15′ 20″] [138° 40′ 24″]
交通アクセス【車】上信越自動車道碓氷軽井沢ICから県道経由で約10km。夫婦岩の180m先（東側）左側に駐車スペースがある。東京方面からは上信越自動車道下仁田ICを利用する方が近い。【電車＋バス】町営のしもにたバスがあるが、上信電鉄下仁田駅から途中、乗り換える必要もある上に便数少なく、現実的ではない。
駐車スペース緯度経度 [36° 15′ 21″] [138° 40′ 31″]
駐車スペース 🅜 292 321 282*35
問合先 下仁田町観光協会 ☎0274-67-7500

P130　瑞牆《みずがき》山・桃太郎岩
桃太郎岩緯度経度 [35° 53′ 12″] [138° 35′ 30″]
交通アクセス【車】中央自動車道長坂ICから県道、市道、県道、本谷釜瀬林道（舗装）経由で約27km。または中部横断自動車道八千穂高原ICから国道299、141号、村道、県道、本谷釜瀬林道（舗装）経由で約42km。瑞牆山荘近くに登山者用無料駐車場がある。
登山者用駐車場緯度経度 [35° 52′ 42″] [138° 34′ 49″]
登山者用駐車場 🅜 37 775 000*81
問合先 北杜市観光協会 ☎0551-30-7866、北杜市須玉総合支所地域振興課 ☎0551-42-1433（一般的な観光案内）

P133　丸山神社のふな岩
ふな岩緯度経度 [35° 31′ 14″] [137° 28′ 48″]
交通アクセス【車】中央自動車道中津川ICから国道257号、市道経由で約7km。丸山神社参道入口に参拝者用の無料駐車場がある。【電車】JR中央本線中津川駅から加子母または付知峡行き北恵那交通バスで13分、苗木バス停下車。徒歩5分。
丸山神社駐車場緯度経度 [35° 31′ 14″] [137° 28′ 46″]
丸山神社駐車場 🅜 178 372 086*10
問合先 中津川市文化振興課 ☎0573-66-1111

P134　称名渓谷・悪城《あくしろ》の壁
悪城の壁緯度経度 [36° 34′ 41″] [137° 29′ 47″]
交通アクセス【車】北陸自動車道立山ICから県道経由で約28km。悪城の壁展望台に無料駐車場がある。【電車＋バス】富山地方鉄道立山線立山駅から立山黒部貫光の称名滝探勝バスで12分、悪城の壁バス停下車。
悪城の壁展望台駐車場緯度経度 [36° 35′ 04″] [137° 29′ 34″]
悪城の壁展望台駐車場 🅜 678 899 675*22
問合先 立山町観光協会 ☎076-462-1001

P136　ブロッケン現象
※特定の場所を紹介するものではないので、データなし。

P137　雲海の滝
※特定の場所を紹介するものではないので、データなし。

P138　雪紋
八方尾根（八方池の第三ケルン）緯度経度
[36° 41′ 37″] [137° 47′ 05″]
交通アクセス【車】長野自動車道安曇野ICから県道、国道147、148号経由で約52km。八方アルペンライン八方駅周辺に有料駐車場、少し離れた場所に第3駐車場（無料）などがある。第3駐車場から八方駅まで徒歩10分。【電車＋バス】JR北陸新幹線・信越本線長野駅東口から白馬八方バスターミナル行きなど白馬方面行きのアルピコ交通バスで1時間15分、白馬八方バスターミナル下車。またはJR大糸線白馬駅から栂池高原行き同バスで6分、同バス停下車。ほかに新宿、大阪、京都からの直通高速バスもある。白馬八方バスターミナルから八方駅まで徒歩12分。
八方駅有料駐車場緯度経度 [36° 42′ 08″] [137° 50′ 12″]
八方駅有料駐車場 🅜 535 100 803*23
第3駐車場（無料）緯度経度 [36° 42′ 00″] [137° 50′ 37″]
第3駐車場（無料） 🅜 535 101 558*23
アドバイス タイミングにもよるが、有名山域のメジャーコースであれば、トレースはおおむねできていて、ラッセルの必要はほぼないだろう。
問合先 八方尾根観光協会 ☎0261-85-2870（一般的な観光情報）

P142　樹氷
三股緯度経度 [36° 18′ 12″] [137° 45′ 25″]
交通アクセス【車】長野自動車道安曇野ICから県道、烏川林道（舗装）経由で約18km。三股登山口駐車場（無料）がある。
三股登山口駐車場緯度経度 上記緯度経度とほぼ同じ
三股登山口駐車場 🅜 158 181 006*28
問合先 安曇野市観光情報センター ☎0263-82-9363（一般的な観光情報）

P144　ハート形の雪渓
ハート形の雪渓緯度経度 [36° 46′ 52″] [137° 47′ 35″]
交通アクセス【車】長野自動車道安曇野ICから県道、国道147、148号、県道経由で約59km。栂池パノラマウェイ栂池高原駅前に栂池高原中央駐車場（有料）がある。【電車＋バス】JR北陸新幹線・信越本線長野駅東口から栂池高原、または白馬乗鞍行きのアルピコ交通バスで1時間35分、栂池高原バス停下車。また新宿、大阪、京都からの直通高速バスもある。
栂池高原中央駐車場緯度経度 [36° 44′ 55″] [137° 52′ 16″]
栂池高原中央駐車場 🅜 535 234 417*23
蓮華温泉駐車場緯度経度 [36° 48′ 40″] [137° 47′ 59″]
蓮華温泉駐車場 🅜 535 486 850*23
アドバイス 栂池高原のほかに新潟県側の蓮華温泉から登るコースもある。
問合先 なし（栂池パノラマウェイは白馬観光開発栂池営業所 ☎0261-83-2255）

P145　JR森宮野原駅・日本最高積雪地点標柱
森宮野原駅緯度経度 [36° 59′ 21″] [138° 34′ 39″]
交通アクセス【車】上信越自動車道豊田飯山ICから国道117号、村道経由で約37km。森宮野原駅前に無料駐車場がある。【電車】JR北陸新幹線・飯山線飯山駅から飯山線で約1時

奥社参道入口駐車場 MC 1004 009 234*24
問合先 戸隠観光協会☎026-254-2888

P114　奥裾花渓谷・蜂の巣状風化岩

蜂の巣状風化岩緯度経度 [36° 45′ 27″] [137° 58′ 58″]
交通アクセス【車】上信越自動車道長野ICから県道、国道117号、県道、国道406号、県道、市道経由で約44km。すぐ手前、千畳岩前の路肩に駐車スペースがある。
駐車スペース緯度経度 上記緯度経度とほぼ同じ
駐車スペース MC 535 328 429*23
問合先 長野市教育委員会文化財課文化財保護担当 ☎026-224-7013

P116　横川の蛇石

横川の蛇石緯度経度 [35° 58′ 20″] [137° 53′ 52″]
交通アクセス【車】長野自動車道塩尻ICから国道20、153号、県道、町道経由で約24km。または中央自動車道伊北ICから国道153号、県道、町道経由で約18km。蛇石キャンプ場に無料駐車場がある。
蛇石キャンプ場駐車場緯度経度 [35° 58′ 22″] [137° 53′ 51″]
蛇石キャンプ場駐車場 MC 171 783 302*82
問合先 辰野町観光協会☎0266-41-1111

P118　廻り目平・サイコロ岩

サイコロ岩緯度経度 [35° 54′ 33″] [138° 38′ 41″]
交通アクセス【車】中部横断自動車道八千穂高原ICから国道299、141号、県道、村道経由で約43.5km。廻り目平キャンプ場に駐車場がある(1人100円の入場料が必要)。
廻り目平キャンプ場駐車場(大日広場)緯度経度 [35° 54′ 33″] [138° 38′ 26″]
廻り目平キャンプ場駐車場(大日広場) MC 664 842 637*81
問合先 金峰山荘☎0267-99-2428

P119　駒ヶ根高原の切石と重ね石

切石緯度経度 [35° 44′ 28″] [137° 53′ 48″]
重ね石緯度経度 [35° 44′ 30″] [137° 53′ 52″]
交通アクセス【車】中央自動車道駒ヶ根ICから県道経由で約1.5km。「駒ヶ根高原ホテル」の案内看板を目印に右折すぐ。切石前に駐車スペースあり。【電車+バス】JR飯田線駒ケ根駅からしらび平行き中央アルプス観光バスまたは伊那バスで11分、切石公園バス停下車。徒歩すぐ。
切石前の駐車スペース緯度経度 上記緯度経度とほぼ同じ
切石前の駐車スペース MC 143 857 509*88
問合先 駒ヶ根観光協会☎0265-81-7700

P120　燕岳《つばくろ》のメガネ岩とイルカ岩

メガネ岩緯度経度 [36° 24′ 21″] [137° 42′ 46″]
イルカ岩緯度経度 [36° 24′ 06″] [137° 42′ 52″]
交通アクセス【車】長野自動車道安曇野ICから県道、国道147号、県道経由で約28km。中房温泉手前に市営の中房登山口駐車場(無料)がある。【電車+バス】JR大糸線穂高駅から南安タクシーの中房温泉行き定期バスで55分、終点下車。
中房登山口駐車場緯度経度 [36° 23′ 21″] [137° 44′ 52″]
中房登山口駐車場 MC 158 480 273*28
問合先 安曇野市観光情報センター☎0263-82-9363

P122　位山《くらいやま》巨石群

位山巨石群緯度経度 [36° 02′ 47″] [137° 11′ 33″] (御門岩)
交通アクセス【車】長野自動車道松本ICから国道158号、安房峠道路(有料)、国道41号、県道、ダナ平林道(未舗装)経由で約98km。ダナ平林道終点に駐車スペースがある。
駐車スペース緯度経度 [36° 02′ 50″] [137° 11′ 29″]
駐車スペース MC 711 473 249*46
問合先 高山市一之宮支所☎0577-53-2211

位山巨石群・天の岩戸

P124　牧峠の人面岩

人面岩緯度経度 [37° 01′ 02″] [138° 25′ 25″]
交通アクセス【車】上信越自動車道豊田飯山ICから国道117号、県道、みゆきのライン、市道経由で約31km。人面岩前に駐車スペースがある。
駐車スペース緯度経度 上記緯度経度とほぼ同じ
駐車スペース MC 293 651 636*65
問合先 上越市牧区総合事務所地域振興グループ ☎025-533-5141

P125　池ノ平の亀甲岩《かめのこう》

亀甲岩緯度経度 [35° 17′ 27″] [137° 34′ 04″]
交通アクセス【車】中央自動車道飯田山本ICから国道153号、村道経由で約37km。国道153号の赤坂峠から4.8km先の信玄塚を右折する。亀甲岩前には駐車スペースはないが、前後の少し離れた路肩に寄せれば駐車可。ただ、通行する車はごく少ないので、短時間であれば亀甲岩前に車を停めて見学することは可能かもしれない。東京方面からは新東名高速道路浜松いなさJCT経由で三遠南信自動車道鳳来峡ICを利用する方が近い。
亀甲岩前緯度経度 上記緯度経度とほぼ同じ
亀甲岩前 MC 368 443 464*16
問合先 根羽村観光協会☎0265-49-2103

P126　恵那峡の傘岩

傘岩緯度経度 [35° 28′ 44″] [137° 24′ 30″]
交通アクセス【車】中央自動車道恵那ICから県道、市道、県道経由で約5km。恵那峡に無料駐車場がある。徒歩4分。【電車】JR中央本線恵那駅から蛭川行き、または恵那峡公園前行き東鉄バス恵那峡線で15分、恵那峡公園前バス停下車。徒歩2分。
恵那峡駐車場緯度経度 [35° 28′ 45″] [137° 24′ 24″]

号、県道、町道経由で約45km。道の駅信越さかえの300m先で新潟県に入ってすぐ「無印良品津南キャンプ場」の案内標識に従って左折。この先も同キャンプ場案内標識に従う。同キャンプ場を見送った1.2km先。風穴入口に無料駐車場がある。

風穴駐車場緯度経度 [37°01′39″][138°34′43″]

風穴駐車場 MC 790 669 864*65

問合先 津南町観光協会 ☎025-765-5585

P107　見倉の風穴

見倉の風穴緯度経度 [36°54′27″][138°38′31″]

交通アクセス 【車】上信越自動車道豊田飯山ICから国道117、405号、東秋山林道（舗装）経由で約59km。見倉登山口に無料駐車場がある。

見倉登山口駐車場緯度経度 [36°54′29″][138°38′30″]

見倉登山口駐車場 MC 790 257 521*32

アドバイス 現地に立っている地図看板の「大栃」と「風穴」の位置関係はおかしい。明らかに道の分岐状況と矛盾し、間違っていると思われる。

問合先 津南町観光協会 ☎025-765-5585

P107　上野原の風穴

上野原の風穴緯度経度 [36°50′55″][138°37′37″]

交通アクセス 【車】上信越自動車道豊田飯山ICから国道117、405号経由で約68km。路肩に寄せれば駐車可。

路肩緯度経度 上記緯度経度とほぼ同じ

路肩 MC 790 045 408*32

問合先 栄村秋山郷観光協会 ☎0269-87-3333

P107　八方の風穴

八方の風穴緯度経度 [37°01′00″][138°25′27″]

交通アクセス 【車】上信越自動車道豊田飯山ICから国道117号、県道、みゆきのライン、市道経由で約31km。風穴の前に駐車スペースがある。

駐車スペース緯度経度 上記緯度経度とほぼ同じ

駐車スペース MC 93 651 578*65

問合先 上越市牧区総合事務所地域振興グループ ☎025-533-5141

P108　風穴の里（稲核《いねこき》風穴）

稲核風穴緯度経度 [36°09′20″][137°45′16″]

交通アクセス 【車】長野自動車道松本ICから国道158号経由で約20km。風穴前に無料駐車場がある。【電車＋バス】JR篠ノ井線松本駅から松本電鉄上高地線で30分、新島々駅下車。上高地行き（ほかに休暇村、または白骨温泉行き）のアルピコ交通バスに乗り換え16分、水殿ダムバス停下車。徒歩4分。

風穴の里・風穴施設外観

稲核風穴駐車場緯度経度 上記緯度経度とほぼ同じ

稲核風穴駐車場 MC 405 555 267*25

稲核風穴 4月中旬～11月中旬・期間中無休・8時30分～17時・見学無料

アドバイス 道の駅風穴の里からは、徒歩7分。

問合先 道の駅風穴の里 ☎0263-94-2200

P108　岳沢《だけさわ》の風穴

岳沢の風穴緯度経度 [36°15′46″][137°38′37″]

交通アクセス 【車】長野自動車道松本ICから国道158号経由で約32km。沢渡地区に複数の有料駐車場がある。沢渡地区で上高地行きアルピコ交通バスに乗り換え30分、終点下車。【電車＋バス】JR篠ノ井線松本駅から松本電鉄上高地線で30分、新島々駅下車。上高地行き同バスに乗り換え1時間5分、終点下車。

沢渡市営第1駐車場緯度経度 [36°09′48″][137°39′32″]

沢渡市営第1駐車場 MC 405 574 193*25

問合先 松本市アルプス山岳郷 ☎0263-94-2221（一般的な観光案内または一般的な登山情報）

P109　妙高山の風穴

妙高山の風穴緯度経度 [36°53′20″][138°07′10″]

交通アクセス 【車】上信越自動車道妙高高原ICから県道経由で約12km。燕温泉に無料駐車場がある。【電車＋バス】えちごトキめき鉄道妙高はねうまライン関山駅から妙高市営バス妙高山麓線で19分、燕温泉バス停下車。

燕温泉駐車場緯度経度 [36°54′04″][138°08′52″]

燕温泉駐車場 MC 469 228 663*24

問合先 妙高市観光協会 ☎0255-86-3911、妙高高原ビジターセンター ☎0255-86-4599（どちらも一般的な観光案内または一般的な登山情報）

P109　神坂《みさか》の風穴

神坂の風穴緯度経度 [35°28′40″][137°36′46″]

交通アクセス 【車】中央自動車道中津川ICから国道19号、県道、大谷霧ヶ原林道（舗装）経由で約21km。風穴前に駐車スペースがある。

駐車スペース緯度経度 上記緯度経度とほぼ同じ

駐車スペース MC 178 208 866*11

問合先 中津川市神坂事務所 ☎0573-69-4111

P110　戸隠山・蟻の塔渡り

蟻の塔渡り緯度経度 [36°46′02″][138°03′14″]

交通アクセス 【車】上信越自動車道長野ICから県道、国道117、19号、県道、戸隠バードライン、県道経由で約34km。戸隠神社奥社参道入口に有料駐車場がある。【電車＋バス】JR北陸新幹線・信越本線長野駅善光寺口からループ橋経由戸隠高原行きアルピコ交通バスで1時間8分、戸隠奥社入口バス停下車。

奥社参道入口駐車場緯度経度 [36°45′19″][138°04′43″]

差点を左折した付近の路肩に駐車スペースがある。【電車＋バス】JR北陸新幹線・信越本線長野駅善光寺口からループ橋経由戸隠行き、若槻団地・若槻東条行きのアルピコ交通バスで約20分、浅川農協前バス停下車。徒歩約30分。

駐車スペース緯度経度 [36°41′14″][138°11′34″]

駐車スペース MC 54 368 075*24

浅川油田跡 見学自由

問合先 浅川地区住民自治協議会 ☎026-244-5165（一般的な観光案内）

P95　天神沢の地獄

天神沢の地獄緯度経度 [36°23′45″][137°56′04″]

交通アクセス【車】長野自動車道安曇野ICから県道、国道19号、県道、村道経由で約12.5km。地獄前の村道路肩に駐車スペースがある。【電車＋バス】JR篠ノ井線明科駅から生坂村営バスで10分、小立野バス停下車。徒歩7分。

駐車スペース緯度経度 上記緯度経度とほぼ同じ

駐車スペース MC 58 532 105*20

問合先 生坂村観光協会 ☎0263-69-3112

P96　中央構造線・北川露頭

北川露頭緯度経度 [35°40′35″][138°03′52″]

交通アクセス【車】中央自動車道駒ヶ根ICから県道、国道153号、県道、国道152号経由で約22.5km。ただし県道49号の終盤は狭いため、少し遠まわりになるが、伊那ICから国道361号を経由するルートの方が運転はしやすい。東京方面からは中央自動車道諏訪ICも利用可。北川露頭入口に無料駐車場がある。

北川露頭駐車場緯度経度 [35°40′38″][138°03′53″]

北川露頭駐車場 MC 690 608 784*88

問合先 中央構造線博物館 ☎0265-39-2205、大鹿村観光協会☎0265-39-2929

P98　中央構造線・城《じょう》の腰《こし》露頭

城の腰露頭緯度経度 [35°33′01″][138°02′09″]

交通アクセス【車】中央自動車道松川ICから県道、国道152号経由で約22km。東京方面からは中央自動車道諏訪ICも利用可。城の腰露頭遊歩道入口の200m手前に駐車帯がある。入口まで徒歩3～4分。露頭まで徒歩10～15分。

アドバイス 現在、露頭に続く道は台風で荒れている。詳細については、中央構造線博物館に問い合わせを。

200m手前の駐車帯緯度経度 [35°33′10″][138°02′17″]

200m手前の駐車帯 MC 690 154 868*88

問合先 中央構造線博物館 ☎0265-39-2205、大鹿村観光協会☎0265-39-2929

P98　中央構造線・安康《あんこう》露頭

安康露頭緯度経度 [35°29′23″][138°00′55″]

交通アクセス【車】中央自動車道松川ICから県道、国道152号経由で約30km。東京方面からは中央自動車道諏訪ICも利用可。安康露頭入口に無料駐車場がある。徒歩2分。

アドバイス 2018年9月の筆者取材時は、地蔵峠に続く国道152線が安康露頭手前で通行止めだった。

安康露頭駐車場緯度経度 [35°29′22″][138°00′51″]

安康露頭駐車場 MC 625 857 302*85

問合先 中央構造線博物館 ☎0265-39-2205、大鹿村観光協会☎0265-39-2929

P98　中央構造線・溝口露頭

溝口露頭緯度経度 [35°47′30″][138°04′57″]

交通アクセス【車】中央自動車道伊那ICから県道、国道153、361、152号、市道経由で約19.5km。美和郵便局の先を右折する。溝口露頭入口に無料駐車場がある。

溝口露頭駐車場緯度経度 [35°47′32″][138°04′56″]

溝口露頭駐車場 MC 171 145 607*88

問合先 伊那市長谷公民館 ☎0265-98-2009

P100　糸魚川市フォッサマグナパーク

フォッサマグナパークの露頭緯度経度 [36°58′11″][137°52′20″]

交通アクセス【車】長野自動車道安曇野ICから県道、国道147、148号経由で約88km。または北陸自動車道糸魚川ICから国道148号経由で約7.5km。国道148号沿い入口と下根知農村公園に無料駐車場がある。【電車】JR大糸線根知駅から徒歩15分。

国道148号沿い駐車場緯度経度 [36°58′16″][137°52′07″]

国道148号沿い駐車場 MC 314 194 168*56

問合先 フォッサマグナミュージアム ☎025-553-1880

P102　早川河原のブナ立ち木

ブナ立ち木緯度経度 [37°00′05″][138°00′21″]

交通アクセス【車】北陸自動車道糸魚川ICから国道148、8号、糸魚川東バイパス、県道、農免農道長平線経由で約20km。糸魚川東バイパスと県道270号との立壁交差点から10.3km進んで右折（標識等なし）。三津屋橋を渡った先で左折し早川左岸に続く農免農道長平線（舗装）に入る。立ち木入口に立つ大きな解説板が目印。付近の路肩に寄せれば駐車可。

入口路肩緯度経度 [37°00′00″][138°00′19″]

入口路肩 MC 469 571 570*57

問合先 糸魚川市観光協会観光案内所 ☎025-553-1785、糸魚川ジオパーク協議会（糸魚川市役所ジオパーク推進室内）☎025-552-1511

早川河原のブナ立ち木・遊歩道入口と解説板

P104　山伏山の風穴

山伏山の風穴緯度経度 [37°01′38″][138°34′48″]

交通アクセス【車】上信越自動車道豊田飯山ICから国道117

交通アクセス【車】上信越自動車道須坂長野東ICから国道403号、県道、国道406、144、292号経由で約66km。または上田菅平ICから国道144号を経由するルートもある。東京方面からは関越自動車道渋川伊香保ICも利用可。草津温泉に無料駐車場が複数ある。最も近いのは天狗山第6駐車場（駐車場の位置はP86地図参照）。【電車＋バス】JR吾妻線長野原草津口駅から草津温泉行きJRバス関東で25分、終点で白根火山行き同バスに乗り換えて5分、草津温泉スキー場下車。

天狗山第6駐車場緯度経度 [36°37′52″] [138°35′14″]

天狗山第6駐車場 MC 341 475 325*38

アドバイス 常布の滝に続くルートは今後も荒れて、さらに不明瞭になる可能性がある。ひとつ覚えておきたいのは、常布の滝入口～常布の滝間のルート上で、大沢川に降りることは一度もないということ。ルートはすべて右岸側の斜面をトラバースしている。

問合先 草津温泉観光協会 ☎0279-88-0800（一般的な観光案内）

P76　嫗仙《おうせん》の滝

嫗仙の滝緯度経度 [36°36′27″] [138°37′03″]

交通アクセス【車】上信越自動車道須坂長野東ICから国道403号、県道、国道406、144、292号、町道経由で約70.5km。または上田菅平ICから国道144号を経由するルートもある。東京方面からは関越自動車道渋川伊香保ICも利用可。国道292号沿いにあるセブン-イレブン群馬草津東店を目印にわき道へ入る。途中、「嫗仙の滝」の道標に従うと、終点に嫗仙の滝駐車場がある。

嫗仙の滝駐車場緯度経度 [36°36′44″] [138°37′02″]

嫗仙の滝駐車場 MC 341 419 073*38

問合先 草津温泉観光協会 ☎0279-88-0800

P80　惣滝の野湯

惣滝の野湯緯度経度 [36°54′18″] [138°08′14″]

交通アクセス【車】上信越自動車道妙高高原ICから県道経由で約12km。燕温泉に無料駐車場がある。【電車＋バス】えちごトキめき鉄道妙高はねうまライン関山駅から妙高市営バス妙高山麓線で19分、燕温泉バス停下車。

燕温泉駐車場緯度経度 [36°54′04″] [138°08′52″]

燕温泉駐車場 MC 469 228 663*24

問合先 なし

P82　香草《かくさ》温泉

香草温泉緯度経度 [36°38′43″] [138°33′20″]

交通アクセス【車】上信越自動車道須坂長野東ICから国道403号、県道、国道406、144、292号経由で約66km。または上田菅平ICから国道144号を経由するルートもある。東京方面からは関越自動車道渋川伊香保ICも利用可。草津温泉に無料駐車場が複数ある。最も近いのは天狗山第6駐車場。【電車＋バス】JR吾妻線長野原草津口駅から草津温泉行きJRバス関東で25分、終点で白根火山行き同バスに乗り換えて5分、草津温泉スキー場下車。

天狗山第6駐車場緯度経度 [36°37′52″] [138°35′14″]

天狗山第6駐車場 MC 341 475 325*38

問合先 なし

P88　切明温泉・河原の湯

河原の湯緯度経度 [36°48′30″] [138°37′12″]

交通アクセス【車】上信越自動車道豊田飯山ICから国道117、405号、村道経由で約75km。または上信越自動車道信州中野ICから県道、志賀中野道路（有料）、国道292号、県道、雑魚川林道（舗装）、村道経由で約57km。切明温泉・雄川閣の駐車場は、河原の湯訪問者の利用可。

雄川閣駐車場緯度経度 [36°48′34″] [138°37′13″]

雄川閣駐車場 MC 579 209 684*32

アドバイス「河原の湯」では、すでにいくつかの湯船が掘ってあるが、雄川閣でスコップを貸してくれるので、自分で作ることもできる（2019年度以降は未定）。

問合先 栄村秋山郷観光協会 ☎0269-87-3333

P89　草津白根山・鏡池の構造土

※草津白根山は、火山活動のため、2019年3月現在立ち入り不可。草津白根レストハウス有料駐車場も利用できない。いずれ火山活動が終息した場合に備えての参考情報として示しておく。

鏡池緯度経度 [36°37′25″] [138°32′20″]

交通アクセス【車】上信越自動車道信州中野ICから県道、志賀中野道路（有料）、国道292号経由で約44km。東京方面からは関越自動車道渋川伊香保ICも利用可だが、白根山の火山活動による志賀草津道路通行規制に注意。草津白根レストハウス周辺に有料駐車場がある。【電車＋バス】JR北陸新幹線・信越本線長野駅から長野電鉄長野線乗り換え47分、終点の湯田中駅下車。白根火山行き長電バス乗り換え1時間15分、終点下車。

草津白根レストハウス駐車場緯度経度 [36°38′17″] [138°31′59″]

草津白根レストハウス駐車場 MC 341 499 160*38

問合先 草津天狗山ネイチャーセンター ☎0279-88-4972
草津白根パークサービスセンター ☎0279-88-6645
草津温泉観光協会 ☎0279-88-0800（一般的な観光案内）

P90　茂菅《もすげ》の油徴地

茂菅の油徴地緯度経度 [36°40′02″] [138°09′22″]

交通アクセス【車】上信越自動車道長野ICから県道、国道117号、県道、国道406号、市道、農道経由で約12km。頼朝山トンネル手前で左折して国道406号の旧道に入り、県道76号を見送った先で「茂菅保育園」の案内標識に従って右折。その100m先で左折し坂を下る。信州煙火工業の工場を抜けた未舗装の農道終点手前。農道路肩に寄せれば駐車可。【電車＋バス】JR北陸新幹線・信越本線長野駅善光寺口から滝屋または鬼無里行きアルピコ交通バスで15分、茂菅バス停下車。徒歩15分。

入口路肩緯度経度 上記緯度経度とほぼ同じ

入口路肩 MC 54 274 603*24

問合先 なし

P92　浅川油田跡

浅川油田跡緯度経度 [36°41′17″] [138°11′34″]

交通アクセス【車】上信越自動車道長野ICから県道、国道117号、県道、国道406号、市道、県道経由で約14.5km。浅川油田跡の80m先、マレットゴルフ場案内看板がある交

号、県道、村道経由で約45km。矢作川源流入口に無料駐車場がある。
矢作川源流入口駐車場緯度経度 [35°13′44″][137°39′38″]
矢作川源流入口駐車場 MC 661 214 078*16
問合先 根羽村観光協会☎0265-49-2103

P52　日本で海岸線から一番遠い地点

日本で海岸線から一番遠い地点緯度経度
[36°10′36″][138°34′49″]
交通アクセス【車】中部横断自動車道佐久臼田ICから県道(下小田切バイパス)、国道141号、県道経由で約10.5km。滝ヶ沢林道入口に駐車スペースがある。
滝ヶ沢林道入口の駐車スペース緯度経度
[36°11′04″][138°33′47″]
滝ヶ沢林道入口の駐車スペース MC 292 037 688*84
問合先 佐久市観光協会臼田支部(佐久市役所臼田支所)
☎0267-82-3111

P56　ゼロポイント

ゼロポイント緯度経度 [36°00′00″][138°00′00″]
交通アクセス【車】中央自動車道伊北ICから国道153号、町道経由で約9km。ゼロポイントに続く遊歩道入口に駐車スペースがある。
駐車スペース緯度経度 [35°59′40″][137°59′40″]
駐車スペース MC 171 854 861*82
問合先 辰野町観光協会☎0266-41-1111

P56　日本中心の標

日本中心の標緯度経度 [36°00′58″][137°59′26″]
交通アクセス【車】中央自動車道伊北ICから国道153号、町道、王城枝垂栗林道(未舗装)経由で約13km。日本中心の標入口の林道三差路に駐車スペースがある。
アドバイス 岡谷ICを出て、塩尻峠→勝弦峠→しだれ栗森林公園を経由して王城枝垂栗林道を南下するルートでも交通アクセスは可能だが、森林公園の先から狭い未舗装となり、あまり一般的ではない。通常は辰野町市街地側から交通アクセスする方がお勧め。
駐車スペース緯度経度 [36°00′59″][137°59′28″]
駐車スペース MC 75 044 519*82
問合先 辰野町観光協会☎0266-41-1111

P58　日本のおへそ

日本のおへそ緯度経度 [36°00′00″][138°30′00″]
交通アクセス【車】中部横断自動車道八千穂高原ICから国道299、141号経由で約20km。隣接するマレットゴルフ場の無料駐車場は、日本のおへそ訪問者の利用可。
無料駐車場緯度経度 上記緯度経度とほぼ同じ
無料駐車場 MC 359 285 521*84
問合先 南牧村観光協会☎0267-98-2091

P59　飛び地(南箕輪村の飛び地)

南箕輪村標識緯度経度 [35°52′12″][137°53′11″]
交通アクセス【車】中央自動車道伊那ICから県道、国道361号経由で約8km。すぐ手前に路側帯がある。
路側帯緯度経度 [35°52′12″][137°53′14″]
路側帯 MC 171 421 025*82
問合先 南箕輪村産業課☎0265-72-2104

P60　平出《ひらいで》の泉

平出の泉緯度経度 [36°06′03″][137°56′24″]
交通アクセス【車】長野自動車道塩尻ICから国道20号、県道、国道153号、県道、市道経由で約4.5km。近くの平出博物館に無料駐車場がある。**【電車+バス】**JR中央本線・篠ノ井線塩尻駅から塩尻市地域振興バスすてっぷくん宗賀線で10分、平出博物館前バス停下車。※日曜・祝日は運休。便数少ない。
平出博物館駐車場緯度経度 [36°05′56″][137°56′16″]
平出博物館駐車場 MC 75 337 447*25
問合先 塩尻市観光協会☎0263-88-8722

P62　龍ヶ窪

龍ヶ窪緯度経度 [36°58′30″][138°37′46″]
交通アクセス【車】上信越自動車道豊田飯山ICから国道117号、県道、町道経由で約46km。入口に龍ヶ窪駐車場(有料。料金は駐車場内の管理事務所で支払うか、料金箱に入れる)がある。
龍ヶ窪駐車場緯度経度 [36°58′38″][138°37′49″]
龍ヶ窪駐車場 MC 253 181 780*32
問合先 津南町観光協会☎025-765-5585

P65　血の池・おはぐろ池

おはぐろ池緯度経度 [36°22′47″][138°31′41″]
交通アクセス【車】上信越自動車道小諸ICから県道、国道18号、町道経由で約15km。追分宿に追分宿駐車場(無料)がある。※登山口は駐車禁止。**【電車+バス】**しなの鉄道中軽井沢駅から軽井沢町内循環バス西コースで21分、追分昇進橋バス停下車。
追分宿駐車場緯度経度 [36°20′25″][138°32′53″]
追分宿駐車場 MC 292 606 394*27
アドバイス 現地での取材とGPSデータから考えると、国土地理院地図で「血の池」と表示されている付近の池沼表示や登山道の配置は、血の滝のページに掲載した地図のように修正すべきと思われる。
問合先 軽井沢観光会館☎0267-42-5538(血の池の地籍は御代田町だが、コースの大半は軽井沢町なので。ただし一般的な観光情報のみ)

P66　血の滝(赤滝)

血の滝緯度経度 [36°22′33″][138°32′00″]
交通アクセス【車】上信越自動車道小諸ICから県道、国道18号、町道経由で約15km。追分宿に追分宿駐車場(無料)がある。※登山口は駐車禁止。**【電車+バス】**しなの鉄道中軽井沢駅から軽井沢町内循環バス西コースで21分、追分昇進橋バス停下車。
追分宿駐車場緯度経度 [36°20′25″][138°32′53″]
追分宿駐車場 MC 292 606 394*27
問合先 軽井沢観光会館☎0267-42-5538

P68　常布の滝

常布の滝緯度経度 [36°38′32″][138°34′07″]

交通アクセス【車】中部横断自動車道八千穂高原ICから国道299、141号経由で約28km。すぐ近くのJR鉄道最高地点に無料駐車場がある。

無料駐車場緯度経度［35°56′42″］［138°27′15″］

無料駐車場 MC 359 099 026*84

問合先 南牧村観光協会 ☎0267-98-2091

P40　雨境峠《あまざかい》の鳴石《なるいし》

鳴石緯度経度［36°09′24″］［138°16′47″］

交通アクセス【車】上信越自動車道東部湯の丸ICから県道経由で約28km。または中央自動車道諏訪ICから国道20、152号、県道経由で約30km。「牛乳専科もうもう」または「蓼科第二牧場」の案内標識が目印。蓼科第二牧場の無料駐車場は、鳴石訪問者の利用可。

蓼科第二牧場駐車場緯度経度［36°09′20″］［138°16′47″］

蓼科第二牧場駐車場 MC 816 243 268*26

問合先 立科町教育委員会社会教育人権政策係 ☎0267-88-8416

P42　焼山峠の子授け地蔵尊

子授け地蔵尊緯度経度［35°47′46″］［138°38′56″］

交通アクセス【車】中央自動車道道一宮御坂ICから国道137号、県道、国道140号、県道、川上牧丘林道（舗装）経由で約27.5km。焼山峠に無料駐車場がある。

焼山峠駐車場緯度経度［35°47′48″］［138°38′56″］

焼山峠駐車場 MC 664 453 187*81

問合先 山梨市観光協会 ☎0553-20-1400

P44　3県境点・三国山（川上村）

三国山山頂緯度経度［35°59′06″］［138°42′46″］

交通アクセス【車】中部横断自動車道八千穂高原ICから国道299、141号、県道、村道（舗装）経由で約48km。三国峠に駐車スペースがある。

三国峠緯度経度［35°58′46″］［138°42′43″］

三国峠 MC 665 220 144*84

アドバイス 埼玉県側からは、未舗装の市道（中津川林道）が延びているが、取材時は三国峠で通行止めになっていた（埼玉県側からのアクセス不可）。

問合先 川上村企画課政策調整係 ☎0267-97-2121

三国山・登山道入口

P46　3県境点・三国山（根羽村）

三国山3県境点緯度経度［35°17′21″］［137°33′42″］

交通アクセス【車】中央自動車道飯田山本ICから国道153号、村道経由で約37km。国道153号で赤坂峠を越えて根羽村に入ってから4.8km先の信玄塚を右折する。登山口の少し先の路肩に寄せれば駐車可。

路肩緯度経度［35°17′27″］［137°34′14″］

路肩 MC 368 443 474*16

問合先 根羽村観光協会 ☎0265-49-2103

P48　川の源流・千曲川源流

千曲川水源地標緯度経度［35°54′47″］［138°43′10″］

交通アクセス【車】中部横断自動車道八千穂高原ICから国道299、141号、県道、村道経由で約43km。毛木場駐車場（無料）がある。

毛木場駐車場緯度経度［35°57′15″］［138°42′38″］

毛木場駐車場 MC 665 130 109*84

問合先 川上村企画課政策調整係 ☎0267-97-2121

P49　川の源流・姫川源流

姫川源流緯度経度［36°37′47″］［137°50′54″］

交通アクセス【車】長野自動車道安曇野ICから県道、国道147、148号経由で約42.5km。姫川源流入口に第1駐車場（無料）がある。【電車】JR大糸線南神城駅から徒歩25分。

第1駐車場緯度経度［36°37′46″］［137°50′38″］

第1駐車場 MC 691 776 139*23

問合先 白馬さのさか観光協会 ☎0261-75-2811

P50　川の源流・木曽川源流（峯越林道）

木曽川源流標柱緯度経度［36°04′25″］［137°45′20″］

交通アクセス 木曽川源流標柱がある峯越林道は、手前の薮原林道入口に施錠されたゲートがあるため、一般車の進入は不可。

問合先 木祖村観光協会 ☎0264-36-2543

P50　川の源流・木曽川源流碑（境峠）

木曽川源流碑緯度経度［36°01′31″］［137°43′11″］

交通アクセス【車】長野自動車道松本ICから国道158号、県道経由で約41km。境峠の手前に駐車スペースがある。

駐車スペース緯度経度［36°01′33″］［137°43′10″］

駐車スペース MC 405 071 651*25

問合先 木祖村観光協会 ☎0264-36-2543

P51　川の源流・天竜川起点

釜口水門緯度経度［36°03′12″］［138°03′11″］

交通アクセス【車】長野自動車道岡谷ICから国道20号、県道経由で約4.5km。隣接する湖畔公園に無料駐車場がある。【電車＋バス】JR中央本線線岡谷駅南口から岡谷市営スワンバスで4分、マルマス前バス停下車。徒歩1分。または同駅から徒歩15分。

湖畔公園駐車場緯度経度［36°03′05″］［138°03′12″］

湖畔公園駐車場 MC 75 171 713*83

問合先 釜口水門管理事務所 ☎0266-22-6866

P51　川の源流・矢作《やはぎ》川源流

矢作川源流緯度経度［35°13′41″］［137°39′38″］

交通アクセス【車】中央自動車道飯田山本ICから国道153

アクセスデータ

紹介場所の緯度経度、および最寄りの駐車場や駐車スペースの緯度経度とマップコード Mcは、インターネットの地図サイトで位置を確認したり、車でアクセスする場合に便利なカーナビゲーションの目的地設定にも利用できます。若干の誤差は、ご容赦ください。

交通アクセスは、主に長野県内からのルートを記載しています。東京など別の方面からは、記載の情報よりもたどり着きやすい高速道路のインター、経由ルートが存在する場合があります。

問合先には、紹介場所について一般的な観光案内のみで、詳しい案内ができないこともあり得るほか、特殊な場所では、案内できる公的機関が存在しない場合があります。また、電話番号は市役所・役場の代表番号である場合もあります。

「マップコード」および「MAPCODE」は(株)デンソーの登録商標です。

P16　ガラン谷

ピーコック碑緯度経度 [36° 41′ 13″] [138° 33′ 56″]

交通アクセス【車】上信越自動車道須坂長野東ICから国道403号、県道、国道406、144、292号、県道、町道経由で約84km。または上田菅平ICから国道144号を経由するルートもある。東京方面からは関越自動車道渋川伊香保ICも利用可。小倉林道ゲート前に2～3台分の駐車スペースあり。

小倉林道ゲート前緯度経度 [36° 39′ 59″] [138° 36′ 27″]

小倉林道ゲート前 Mc 341 598 518*38

問合先 中之条町役場六合支所経済観光グループ ☎0279-95-3111 (一般的な観光案内)

P26　小串《おぐし》硫黄鉱山跡

小串硫黄鉱山跡緯度経度 [36° 36′ 14″] [138° 27′ 30″]

交通アクセス【車】上信越自動車道須坂長野東ICから国道403号、県道経由で約33km。東京方面からは関越自動車道渋川伊香保ICも利用可だが、白根山の火山活動による志賀草津道路通行規制に注意。毛無峠に駐車スペースがある。

毛無峠緯度経度 [36° 36′ 39″] [138° 26′ 55″]

毛無峠 Mc 341 369 816*21

問合先 なし

P30　皆神山・岩戸神社

岩戸神社緯度経度 [36° 33′ 00″] [138° 13′ 24″]

交通アクセス【車】上信越自動車道長野ICから県道、国道403号、県道、市道経由で約7km。岩戸神社入口先の路肩に寄せれば駐車可。

神社入口路肩緯度経度 上記緯度経度とほぼ同じ

神社入口路肩 Mc 177 777 545*21

岩戸神社 参拝自由

アドバイス 併せて皆神神社(P146)も訪問したい。

問合先 皆神神社 ☎026-278-3703、松代観光案内所 ☎026-290-6400 (一般的な観光案内)

P32　北沢大石棒

北沢大石棒緯度経度 [36° 09′ 51″] [138° 28′ 30″]

交通アクセス【車】中部横断自動車道佐久穂ICから町道、県道経由で約1.5km。付近の県道路肩に駐車スペースがある(ただし駐車可否は不明)。

駐車スペース緯度経度 [36° 09′ 54″] [138° 28′ 32″]

駐車スペース Mc 359 882 373*84

アドバイス 大石棒に続く道は、未舗装で草に覆われている。雨のあとは靴がぬれるので、それを見越した準備を。

問合先 佐久穂町産業振興課商工観光係 ☎0267-88-3956

P33　渋森林軌道跡

渋森林軌道跡緯度経度 [36° 02′ 06″] [138° 22′ 59″] (一例)

交通アクセス【車】中部横断自動車道八千穂高原ICから国道299、141号、県道、町道経由で約20km。みどり池入口に駐車スペースがある。

みどり池入口駐車スペース緯度経度 [36° 02′ 29″] [138° 23′ 44″]

みどり池入口駐車スペース Mc 359 422 535*83

問合先 松原湖観光案内所 ☎0267-93-2005 (一般的な観光案内)

P34　豊科本村《ほんむら》の神代文字碑

豊科本村の神代文字碑緯度経度 [36° 17′ 30″] [137° 54′ 04″]

交通アクセス【車】長野自動車道安曇野ICから県道、市道経由で約3km。神代文字碑前に駐車スペースがある。**【電車】**JR大糸線南豊科駅から徒歩2分。

駐車スペース緯度経度 上記緯度経度と同じ

駐車スペース Mc 158 138 555*25

問合先 安曇野市観光情報センター ☎0263-82-9363

P36　上原《わっぱら》遺跡のストーンサークル

上原遺跡緯度経度 [36° 31′ 16″] [137° 48′ 27″]

交通アクセス【車】長野自動車道安曇野ICから県道、国道148号、県道、市道経由で約32km。扇沢に続く大町アルペンラインの途中に上原遺跡の案内標識があるので、それに従えばすぐ。上原遺跡に駐車スペースがある。**【電車+バス】**JR大糸線信濃大町駅から平(高瀬入方面)コース大町市民バスで27分、上原バス停下車。徒歩8分。※便数少ないので注意。

駐車スペース緯度経度 上記緯度経度とほぼ同じ

駐車スペース Mc 691 382 128*28

問合先 大町市教育委員会文化財センター ☎0261-23-4760

P38　蚯蚓《きゅういん》神社

蚯蚓神社緯度経度 [36° 13′ 45″] [138° 14′ 28″]

交通アクセス【車】上信越自動車道上田菅平ICから国道144、18、152、142号、町道経由で約25km。大和橋交差点で国道152号を見送り、400m先の青原交差点を右折。駐車場はないので、邪魔にならないように路肩に寄せて停める。**【電車+バス】**しなの鉄道大屋駅から支所・診療所経由男女倉方面行き長和町営バスで1時間6分、下和田中組バス停下車。※便数少なく、運休日にも注意。

アドバイス 距離はごく短いが、最後の数十mは草に覆われた山道となる。それなりの靴を履いて行きたい。

問合先 信州・長和町観光協会 ☎0268-68-0006

P39　鉄道神社

鉄道神社緯度経度 [35° 56′ 43″] [138° 27′ 13″]

●取材・編集協力（掲載順・敬称略）

皆神神社宮司　武藤美登
群馬県立自然史博物館学芸員　菅原久誠
戸隠地質化石博物館学芸員　田辺智隆
大鹿村中央構造線博物館学芸員　河本和朗
フォッサマグナミュージアム学芸員　茨木洋介
茶臼山高原両生類研究所所長　熊谷聖秀
市立大町山岳博物館指導員　宮野典夫
嬬恋郷土資料館文化財保護担当　通美沙樹

木曽森林管理署
独立行政法人水資源機構　味噌川ダム管理所
佐久市臼田支所経済建設環境係
辰野町産業振興課
富山市大山歴史民俗資料館
えちごトキめき鉄道株式会社
アルピコ交通株式会社

総合索引

●参考図書

『ガラン谷史話』鈴木広義著／吾妻新聞社（1978）
『六合村誌』六合村誌編纂委員会／六合村（1973）
『山と高原地図　志賀高原』下谷昌幸／昭文社（1994）
『新・美しい自然公園15　草津』財団法人自然公園美化管理財団（1997）
『パークガイド草津白根』財団法人自然公園財団（2009）
『草津温泉誌　自然・科学編Ⅰ』草津町誌編纂委員会／草津町（1984）
『山の自然学入門』小泉武栄・清水長正編／古今書院（1996）
『長野県上水内郡誌　自然編』上水内郡誌編纂会（1970）
『上水内郡地質誌』八木貞助著、八木健三増補／長野県上水内教育会（1958）
『御代田町誌　自然編』御代田町誌編纂委員会／御代田町誌刊行会（1996）
『生坂村誌　自然編』生坂村誌編纂委員会（1992）
『嬬恋村誌』嬬恋村誌編纂委員会／嬬恋村（1977）
『長野の大地　やさしい地学事典』地学団体研究会長野支部編／ほおずき書籍（2012）
『新潟焼山火山』早津賢二／妙高火山研究所（2015）
『国道の謎』松波成行／祥伝社（2009）
『全国森林鉄道』西裕之／JTBパブリッシング（2008）
『近代化遺産　国有林森林鉄道全データ《中部編》』矢部三雄ほか／信濃毎日新聞社（2015）
『日本ピラミッド超文明』伊集院卿・大平光人著／学習研究社（1988）
『富山県 立山博物館常設展示総合解説』富山県立山博物館（1991）
『増補改訂　立山道を歩く』富山県ナチュラリスト協会編／北日本新聞社（2001）
『出羽三山』岩鼻通明／岩波書店（2017）
『雪と氷の自然観察』（財）日本自然保護協会編集・監修／平凡社（2001）
『雪と氷の疑問60』公益社団法人日本雪氷学会編／成山堂書店（2016）
『雪と氷の図鑑』武田康男／草思社（2016）
『分杭峠を100倍楽しむ本』宮本高行／学習研究社（2015）
『新・北アルプス博物誌』大町山岳博物館編／信濃毎日新聞社（2001）
『山と渓谷1986年9月号』山と渓谷社（1986）
『日本アルプスの登山と探検』ウェストン著・青木枝朗訳／岩波書店（1999）
『極東の遊歩場』ウェストン著・岡村精一訳／山と渓谷社（1984）
『大町山岳博物館総合案内』大町山岳博物館（1994）
『八ヶ岳火山』八ヶ岳団体研究グループ編著／ほおずき書籍（2004）
『立山自然ハンドブック』石坂久忠編／自由国民社（1996）
『クマを追う』米田一彦／どうぶつ社（1996）
『ツキノワグマの生態学』信州大学山岳科学総合研究所編／オフィスエム（2014）
『ツキノワグマ　追われる森の住民』宮尾嶽雄編著／信濃毎日新聞社（1989）
『熊と人間』富山県立山博物館（1994）
『増補改訂版ヒグマ』門崎允昭・犬飼哲夫／北海道新聞社（2003）
『フィールドウォッチング3 早春の季節を歩く』河野昭一監修・田中肇編／北隆館（1991）
『北の花つれづれに』梅沢俊／共同文化社（1999）
『ワンと鳴くカエル 信州・根羽村「カエル館」物語』山口真一／一兎舎（2010）
『キヨスミウツボの生活』中西收・小林禧樹・黒崎史平著／兵庫県植物誌研究会（2006）

●参考文献

井島信五郎：野尻湖附近天然ガス地域の地質について，石油技術協会誌第20巻5号，8-15（1955）
安國昇・遠藤昭二：野尻湖附近天然ガス地域の地化学調査，石油技術協会誌第20巻5号，16-24（1955）
木川田喜一・川井智・大井隆夫：草津温泉主要源泉における溶存ヒ素濃度経年変化とヒ素負荷量の見積，地球化学40巻3号，125-136（2006）
高橋修平：融雪面の窪み模様に関する研究，低温科學物理篇第37輯，13-46（1979）
近重史朗：関東山地北東部縁部寄居溶結凝灰岩類の磁性鉱物と残留磁化，日本大学文理学部自然学研究所研究紀要No.37，91-99（2002）
中村浩志：ライチョウ *Lagopus mutus japonicus*，日本鳥学会誌56巻2号，93-114（2007）
宮下英明ほか：新たに再発見した産地から採取した「天狗の麦飯」の微生物群集構造解析，土と微生物68巻2号，106（2014）
宮下英明ほか：「天狗の麦飯」微生物群集構造の産地間比較，日本微生物生態学会講演要旨集28巻，155（2012）
宮下英明ほか：「天狗の麦飯」微生物群集構造の深度別比較，日本微生物生態学会講演要旨集25巻，7（2009）
柿澤茂行：ファイトプラズマ　植物の形を変える怠け者細菌，日本微生物生態学会誌33巻2号，50-55（2018）
中庭正人：茨城県新産種のヒカリゴケ，日本蘚苔類学会会報第3巻第12号，189-191（1984）
富永孝昭：栃木県の低山で見つかったヒカリゴケ，蘚苔類研究9巻11号，355-356（2009）
樋口正信・村田和彦・伴邦教：東京都北の丸公園のヒカリゴケ，蘚苔類研究10巻9号，253-254（2012）
Ryuzaki, M., Y. Hasegawa, and M. Kuramoto：A new brown frog of the genus Rana from Japan (Anura: Ranidae) revealed by cytological and bioacoustic studies . Alytes. Paris 31: 49-58（2014）
佐竹研一：蘚苔類における重金属蓄積（特別講演，第15回大会講演要旨），日本蘚苔類学会会報4巻6号，104（1986）
赤井純治・川本光基・赤井くるみ：生物が関与して生成した鉄鉱石　群馬鉄山産鉄鉱石(goethite)のTEM観察，鉱物学雑誌第26巻第2号，93-97（1997）
狩野彰宏：淡水成炭酸塩トゥファの特徴と成因，地球科学51巻，177-187（1997）

日野　東（ひの・あずま）

1964年広島県生まれ。出版社に編集者として勤務後フリー。全国の自然と花をテーマに撮影取材を続けるフォトライター。著書に『信州高原トレッキングガイド 増補改訂版』『日本湿原紀行』『信州湿原紀行』『滝めぐり』（以上、信濃毎日新聞社）『東海トレッキングガイド』（風媒社）などがある。また『信州登山口情報400』（信濃毎日新聞社）『新潟県登山口情報300』（新潟日報事業社）などの刊行を通して、登山口に特化した情報提供を行う全国登山口調査会を主宰。

メールアドレス＝way@mx8.ttcn.ne.jp
URL＝http://naturelog.main.jp/
全国登山口調査会URL＝http://tozanguchi.halfmoon.jp/

◆ブックデザイン　酒井隆志
◆地図製作／DTP　株式会社千秋社
◆編集進行　内山郁夫

本書掲載の地図の作成に当たっては、国土地理院長の承認を得て、同院発行の数値地図（国土基本情報）電子国土基本図（地図情報）、数値地図（国土基本情報）電子国土基本図（地名情報）、数値地図（国土基本情報20万）及び基盤地図情報を使用した。（承認番号平30情使、第1419号）
「マップコード」および「MAPCODE」は（株）デンソーの登録商標です。

信州探検隊　B級スポット 未知への探訪
長野・群馬・新潟・岐阜・山梨・富山

2019年4月25日　初版発行

著　者　日野　東
発行所　信濃毎日新聞社
〒380-8546 長野市南県町657番地
TEL 026-236-3377　FAX 026-236-3096
https://shop.shinmai.co.jp/books/
印刷所　株式会社シナノパブリッシングプレス

ISBN978-4-7840-7347-4 C0026